ରବୀନ୍ଦ୍ରନାଥ ଓ ଗଙ୍ଗାଧର

ରବୀନ୍ଦ୍ରନାଥ ଓ ଗଙ୍ଗାଧର

ପ୍ରଫେସର ମଣୀନ୍ଦ୍ର କୁମାର ମେହେର

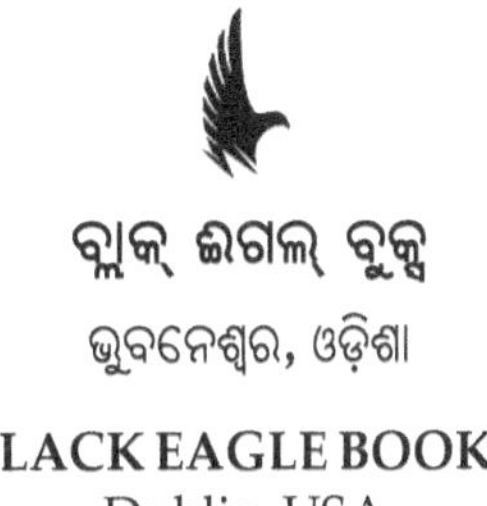

ବ୍ଲାକ୍ ଈଗଲ୍ ବୁକ୍ସ
ଭୁବନେଶ୍ୱର, ଓଡ଼ିଶା

BLACK EAGLE BOOKS
Dublin, USA

 BLACK EAGLE BOOKS

USA address:
7464 Wisdom Lane
Dublin, OH 43016

India address:
E/312, Trident Galaxy, Kalinga Nagar,
Bhubaneswar-751003, Odisha, India

E-mail: info@blackeaglebooks.org
Website: www.blackeaglebooks.org

First International Edition Published by
BLACK EAGLE BOOKS, 2022

RABINDRANATH O GANGADHAR
by **Prof. Manindra Kumar Meher**

Cover: **Deepak Bose**
Interior Design: Ezy's Publication

ISBN- 978-1-64560-279-8 (Paperback)

Printed in the United States of America

ଉତ୍ସର୍ଗ

ମୋର ପୂଜନୀୟ ତିନି ବଡ଼ଭାଇ

ମିହିର ଦାଦା

ମହେନ୍ଦ୍ର ଦାଦା

କୁନୁ (ମହେଶ) ଦାଦାଙ୍କୁ....

ସ୍ନେହାଶ୍ରିତ

ମଣୀନ୍ଦ୍ର

ହୃଦେ ତୁମ୍ଭ ପ୍ରତି ଭକ୍ତି

ବାଲ୍ୟକାଳରୁ ଦେଖି ଆସିଛି ଆମ ଘର କାନ୍ଥରେ ସଜ୍ଜିତ ହୋଇଥିବା ଦୁଇଟି ପ୍ରାଣବନ୍ତ ଆଲୋକ-ଚିତ୍ର। ଗୋଟିଏ ହେଲା ସ୍ୱଭାବକବି ଗଙ୍ଗାଧର ମେହେର ଓ ଦ୍ୱିତୀୟଟି ବିଶ୍ୱକବି ରବୀନ୍ଦ୍ରନାଥ। ସ୍ୱଭାବକବି ମୋର ପରମପୂଜ୍ୟ ପ୍ରପିତାମହ ହୋଇଥିବା ଦୃଷ୍ଟିରୁ ଯେପରି ଅତ୍ୟନ୍ତ ଆପଣାର ମନେହେଉଥିଲେ, ସେହି ଆନ୍ତରିକତାଠାରୁ ଭିନ୍ନ କରି ରବୀନ୍ଦ୍ରନାଥଙ୍କୁ କେବେ ଦେଖିପାରିନାହିଁ। ଏହି ଚିତ୍ରଦୁଇଟିକୁ ମୋର ପରମପୂଜ୍ୟ ପିତାମହ କବିପୁତ୍ର ଭଗବାନ ମେହେର କାହିଁକି ଏପରି ସଜ୍ଜିତ କରି ରଖିବାର ନିର୍ଦ୍ଦେଶ ଦେଇଥିଲେ, ତାହାର କାରଣ କେବେ ଜିଜ୍ଞାସା କରିନାହିଁ। ରବୀନ୍ଦ୍ରନାଥଙ୍କ ଗୋଟିଏ ଫଟୋଚିତ୍ର, ଯାହା ନୋବେଲ ପୁରସ୍କାର ଗ୍ରହଣ ସମୟର ପୋଷାକରେ ସେ ଆପାଦ ସ୍କନ୍ଧ ଦେଶ ପର୍ଯ୍ୟନ୍ତ ପରିଶୋଭିତ। ଏହା ବ୍ୟତୀତ ଆମ ପଢ଼ାଘରେ ମଧ୍ୟ ବିଶ୍ୱକବିଙ୍କ ଏକ ରଙ୍ଗୀନ କାଚବନ୍ଧା ଫଟୋ ସୁସଜ୍ଜିତ ହୋଇ ରହିଥାଏ, ଯେଉଁଠି ରବୀନ୍ଦ୍ର ନିମଜ୍ଜିତ ରହିଥା'ନ୍ତି ଏକ ପୁସ୍ତକ ପଠନରେ। ବାଲୁତ କାଳରୁ ହୃଦୟ ମଧ୍ୟରେ ଯେଉଁ ଅନୁରକ୍ତି ସୃଷ୍ଟି ହୋଇଥିଲା ଉଭୟଙ୍କ ପ୍ରତି, ପରବର୍ତ୍ତୀ ସମୟରେ ତାହା ସ୍ୱତଃ ସୁବିକଶିତ ରୂପ ପରିଗ୍ରହ କରିଛି।

ଗଙ୍ଗାଧର ମେହେରଙ୍କ କବିତା ଯଦି ଇଂରାଜୀ ଭାଷାରେ ଅନୂଦିତ ହୋଇପାରିଥାନ୍ତା, ତେବେ ସେ ନୋବେଲ ପୁରସ୍କାର ଲାଭ କରିପାରିଥା'ନ୍ତେ ବୋଲି ଓଡ଼ିଶାର ବହୁ ବିଶିଷ୍ଟ ବ୍ୟକ୍ତି ଗଙ୍ଗାଧର ଜୟନ୍ତୀ ପାଳନ ସମୟରେ ପ୍ରକାଶ କରିଛନ୍ତି। ଗଙ୍ଗାଧର ନୋବେଲ ପୁରସ୍କାର

ପାଆନ୍ତୁ ବା ନ ପାଆନ୍ତୁ, ସେ ଯେ ସେହି ଉଚ୍ଚ ସ୍ତରାଶ୍ରିତ ଦେବତୁଲ୍ୟ କବି-ସତ୍ତା, ଏହା ବିପୁଳ ଶ୍ରଦ୍ଧାନ୍ୱିତ ପାଠକଙ୍କ ଅନ୍ତରାତ୍ମାର ହେଉଛି ଯଥାର୍ଥ ଅନୁଭବ। ଆଉ କେତେଜଣ ପାଠକ ବା ସମାଲୋଚକ ଏ କ୍ଷେତ୍ରରେ ରବୀନ୍ଦ୍ରନାଥଙ୍କ ଅପେକ୍ଷା ଗଙ୍ଗାଧରଙ୍କ କାବ୍ୟିକ କମନୀୟତାର ଶ୍ରେଷ୍ଠତ୍ୱ ପ୍ରତିପାଦନ କରିବାରେମଧ୍ୟ ଆଗ୍ରହ ପ୍ରକାଶ କରିଥା'ନ୍ତି। ତେବେ ସେହି ବାଲ୍ୟ ଓ କୈଶୋର କାଳରୁ ଉଭୟ କବିଙ୍କୁ ଏକ ଓ ଅଭିନ୍ନ ବୋଲି ଅନୁଭବ କରିଆସିଥିବାରୁ ଓ ପରବର୍ତ୍ତୀ ସମୟରେ ଉଭୟଙ୍କ ସାହିତ୍ୟାଦର୍ଶ ତଥା ଜୀବନାଦର୍ଶ ଦ୍ୱାରା ଉଦ୍‌ବୁଦ୍ଧ ହୋଇଥିବା ହେତୁ ମୁଁ ଉଭୟଙ୍କ ପ୍ରତି ସର୍ବଦା ପ୍ରକାଶ କରିଛି ମୋ ହୃଦୟର ସମାନ ଭକ୍ତି ଓ ଉଭୟଙ୍କୁ ସମୀକ୍ଷା କଲାବେଳେ ମଧ୍ୟ ଦୁଇ ଜଣ ମହିମାନ୍ୱିତ ପ୍ରତିଭାଙ୍କୁ ପ୍ରଣତି ଜ୍ଞାପନ କରିଛି ସମାନ ଭାବରେ ନିଜସ୍ୱ ହାର୍ଦ୍ଦିକତାର ପରିଚୟ ଦେଇ।

ରବୀନ୍ଦ୍ରନାଥ ଓ ଗଙ୍ଗାଧର ଏହି ଉଭୟ କବିଙ୍କ ରଚନା ଅଧ୍ୟୟନ ସମୟରେ ସମାନ ଭାବରେ ମୁଁ ଭାବାବିଷ୍ଟ ହୋଇଛି। ଅତ୍ୟନ୍ତ ନିର୍ଜନ ବେଳାରେ ଏକାନ୍ତରେ ସାନ୍ଧ୍ୟ କାଳୀନ ଓ ରାତ୍ରିକାଳୀନ ସୌନ୍ଦର୍ଯ୍ୟକୁ ଅନୁଭବ କରିକରି ଛାତ ଉପରେ ଏକୁଟିଆ ଉଚ୍ଚକିତ ସ୍ୱରରେ ଗାନ କରିଛି ରବୀନ୍ଦ୍ରଙ୍କ ଗୀତାଞ୍ଜଳି। ସେହିପରି ଯେତେବେଳେ ଅସୁସ୍ଥ ମଧ୍ୟ ଅନୁଭବ କରିଛି ବା ମାନସିକ ଯନ୍ତ୍ରଣା ମୋତେ ବିଚଳିତ କରିଛି, ସେତେବେଳେ ଆଖି ଦୁଇଟି ନିଦ୍ରାଭିଭୂତ ହେବା ପର୍ଯ୍ୟନ୍ତ ଗାନ କରି ଚାଲିଛି ଗଙ୍ଗାଧର-ସଂଗୀତ। ଏତେ ବିଶାଳ ଶାନ୍ତି ଓ ନମନୀୟ ସାନ୍ତ୍ୱନା ସେଥିରୁ ସଞ୍ଚରି ଆସି ମୋତେ ଯେମିତି ପ୍ରଦାନ କରିଛି ଅପୂର୍ବ ସ୍ଥିରତାର ଶକ୍ତି, ତାହା ବାସ୍ତବରେ ଅବର୍ଣ୍ଣନୀୟ।

ହୃଦୟ ମଧ୍ୟରେ ଅଭୀପ୍ସା ଜାତ ହୋଇଥିଲା ଏକଦା ଯେ ମୁଁ ଶାନ୍ତିନିକେତନ ନିଶ୍ଚୟ ଦିନେ ଦେଖିବି ବୋଲି। ୧୯୯୭ ମସିହାରେ ଭାରତୀୟ ସାହିତ୍ୟ ଏକାଡେମୀ ଦ୍ୱାରା ମନୋନୀତ ହୋଇ କଲିକତା ଓ ଶାନ୍ତିନିକେତନ ଭ୍ରମଣ କରିବାର ଅପୂର୍ବ ସୁଯୋଗ ଲାଭ କରିଥିଲି। ବରପାଲିରେ ଥିବାବେଳେ ଯେମିତି ନିଜକୁ ଗଙ୍ଗାଧରଙ୍କ ପ୍ରପୌତ୍ର ବୋଲି ଅନୁଭବ କରେ, ଠିକ୍ ସେହିପରି ଶାନ୍ତିନିକେତନକୁ ପ୍ରବେଶ କରିବା ପରେ ଅନୁଭୂତ ହୋଇଛି ନିଜସ୍ୱ ନୀଡଟିକୁ ଯେମିତି ମୁଁ ବାହୁଡ଼ି ଆସିଛି। କେହି ଜାଣନ୍ତୁ ବରା ନଜାଣନ୍ତୁ ନିଜ ଆତ୍ମାରେ ଏହା ଉପଲବ୍ଧି କରିଛି ଯେ, ମୁଁ ରବୀନ୍ଦ୍ରନାଥଙ୍କ ମଧ୍ୟ ପ୍ରପୌତ୍ର। ଏହାପରେ ବାରମ୍ବାର ଶାନ୍ତିନିକେତନ ଯିବାର ଯେପରି ସୁଯୋଗ ମିଳିଛି, ତାହା ରବୀନ୍ଦ୍ର-ଆତ୍ମାର ଅଦୃଶ୍ୟ ଇଙ୍ଗିତ ପରି ମନେହୋଇଛି ସର୍ବଦା। ପୁନଶ୍ଚ ଶାନ୍ତିନିକେତନରେ ରବୀନ୍ଦ୍ରଙ୍କ ପ୍ରତିଛବି ଦେଖିବାବେଳେ ତାଙ୍କ ମଧ୍ୟରେ ଉଦ୍ଭାସିତ ହୋଇଉଠନ୍ତି ଗଙ୍ଗାଧର ଓ ଓଡ଼ିଶାରେ ଗଙ୍ଗାଧରଙ୍କ ପ୍ରତିକୃତି ପ୍ରତି ଆକର୍ଷିତ ହେଲେ

ରବୀନ୍ଦ୍ରଙ୍କ ଚିତ୍ତ-ସମ୍ମୋହକ ରୂପ ଭାସ୍ୱର ହୋଇଉଠେ। ଉଭୟଙ୍କୁ ମୁଁ ଭିନ୍ନ ଭିନ୍ନ କରି କେବେ ହେଲେ ବିଚାର କରିପାରିନାହିଁ।

ଅନେକ ଦିନରୁ ହୃଦୟ ମଧ୍ୟରେ ଏକ ଆକାଂକ୍ଷା ଜନ୍ମ ନେଇଥିଲା ଯେ, ରବୀନ୍ଦ୍ରନାଥ ଓ ଗଙ୍ଗାଧର - ଉଭୟଙ୍କ ସଂପର୍କରେ ଏକ ତୁଳନାତ୍ମକ ପୁସ୍ତକ ରଚନା କରିବି। ଉଭୟଙ୍କୁ କେନ୍ଦ୍ରକରି କ୍ଷୁଦ୍ରକାୟ ପ୍ରବନ୍ଧ କେତୋଟି ଲେଖିଲି ଯେତିକି ବେଳେ ଏହାକୁ ପୁସ୍ତକାକାରରେ ପ୍ରକାଶ କରିବା ସଂପର୍କୀତ ଚିନ୍ତା ମତେ ଉଦ୍‌ବେଳିତ କଲା। ଉଭୟ କବିଙ୍କୁ ତୁଳନା କରିବା ସମୟରେ କାହାକୁ ଉତ୍କୃଷ୍ଟ ବା କାହାକୁ ନିକୃଷ୍ଟ ବୋଲି ପ୍ରତିପାଦନ କରିବା ଯେ ମୂଢ଼ତାର ପରିଚୟ ବ୍ୟତୀତ କିଛି ନୁହେଁ - ଏହା ହିଁ ଅନୁଭବ କରିଆସିଛି ମର୍ମେ ମର୍ମେ। ରବୀନ୍ଦ୍ରଙ୍କ ସୃଷ୍ଟିକୁ କେତେବେଳେ ବଙ୍ଗଳାରେ ତ କେତେବେଳେ ଓଡ଼ିଆ ରୂପାନ୍ତରରେ ଅଧ୍ୟୟନ କରିଛି। ଆଉ ଏହି ନିବିଷ୍ଟ ଅଧ୍ୟୟନର ଅମୃତମୟ ଉପଲବ୍ଧି ହେଲା ଯେ ରବୀନ୍ଦ୍ର-ଆତ୍ମାକୁ ଏକାନ୍ତ ଆନ୍ତରିକତାର ସହିତ ସ୍ପର୍ଶ କରିବାର ଗଭୀର ଅନୁଭବ ହୋଇପାରେ କେତେ ପ୍ରେରଣାଦାୟକ।

ଏଭଳି ଏକ ତୁଳନାତ୍ମକ ପୁସ୍ତକ ପ୍ରକାଶ କରିବା ପାଇଁ ବ୍ଲାକଇଗଲର ପ୍ରତିଷ୍ଠାତା ଶ୍ରୀଯୁକ୍ତ ସତ୍ୟ ପଟ୍ଟନାୟକ ଆଗ୍ରହ ପ୍ରକାଶ କରିଥିବା ହେତୁ ତାଙ୍କ ନିକଟରେ ମୁଁ ନିଶ୍ଚିତ ଭାବରେ କୃତଜ୍ଞ। ମୋର ଯେଉଁ ପ୍ରିୟ ଛାତ୍ରବୃନ୍ଦ ଏହାର ଚାରୁଲିପି ପ୍ରସ୍ତୁତ କରିଛନ୍ତି ସଯତ୍ନେ, ସେମାନଙ୍କ ପ୍ରତି ମୋର ଆଶିଷ ବର୍ଷା ହେଉଥିବ ଅବିରତ। ଶ୍ରୀମାନ ମାଧବାନନ୍ଦ ପାତ୍ର, ଦର୍ପଦଳନ ରଥ, ଡ. ଶ୍ରୀଧର ବାରିକ, ରାକେଶ ବାରିକଙ୍କ ଆନ୍ତରିକତା ଅନ୍ତଃହୀନ। ତୁଳନାତ୍ମକ ଅଧ୍ୟୟନ କ୍ଷେତ୍ରରେ ଏ ପୁସ୍ତକଟି କିଞ୍ଚିତ୍ ଭାବ-ଉଦ୍ଦୀପକ ହୋଇପାରିଲେ ମୁଁ ନିଜକୁ ଧନ୍ୟମନେ କରିବି।

ମଣୀନ୍ଦ୍ର କୁମାର ମେହେର

ସୂଚୀ

'ତପସ୍ୱିନୀ'ର ପଦଟିଏ ଓ 'ଗୀତାଞ୍ଜଳି'ର କବିତାଟିଏ

ଜଣେ କବିର ଜୀବନ ଦର୍ଶନ ତା'ର କବିତାରେ ଯେପରି ପ୍ରଭାବଶାଳୀ ଭାବରେ ଫୁଟିଉଠେ, ତାହା ଲକ୍ଷ୍ୟ କରିପାରନ୍ତି ମର୍ମଜ୍ଞ ପାଠକବୃନ୍ଦ। ସ୍ୱଭାବକବି ଗଙ୍ଗାଧର ମେହେରଙ୍କ 'ତପସ୍ୱିନୀ' ତାଙ୍କର ଶ୍ରେଷ୍ଠ କାବ୍ୟକୃତି। ସେ ନିଜ ବିସ୍ତୃତ ଜୀବନ-କାହାଣୀ ଲେଖିନାହାନ୍ତି। ସେଥିପାଇଁ ପ୍ରକୃତରେ କୁହାଯାଇପାରେ ଯେ, 'ତପସ୍ୱିନୀ' ହିଁ ହେଉଛି ତାଙ୍କ ଆତ୍ମୋପଲବ୍ଧିର ବିଶାଳ କୀର୍ତ୍ତି। ଚରିତ୍ର ଚିତ୍ରଣରେ ହେଉ, ପ୍ରକୃତି ଚିତ୍ରଣରେ ଅଥବା ଯେକୌଣସି ହୃଦୟସ୍ପର୍ଶୀ ବର୍ଣ୍ଣନା ମଧ୍ୟରେ ତାଙ୍କ ଜୀବନ-ସ୍ପନ୍ଦନକୁ ଅନୁଭବ କରିପାରିବା ଏକ ଭିନ୍ନ ସ୍ତରର ଅତ୍ୟନ୍ତ ସୂକ୍ଷ୍ମତର ଅନୁଭୂତି। ଯେଉଁ ପାଠକମାନେ କେବଳ ବିଷୟବସ୍ତୁରେ ମଗ୍ନ, ସେମାନଙ୍କ ଦୃଷ୍ଟି ପଥାରୁଢ଼ ହୋଇପାରେ ନାହିଁ ଏହି ଶାଶ୍ୱତ ଚିହ୍ନ। ଅପରପକ୍ଷରେ ଯେଉଁମାନେ କାବ୍ୟ ପାଠ କରନ୍ତି ଅଟକି ଅଟକି, କ୍ଷଣେ କ୍ଷଣେ ରହିରହି, ଚକ୍ଷୁ ନିମିଳିତ କରି ସେମାନେ ଦେଖିପାରନ୍ତି କବିଙ୍କ ଅନ୍ତର ମଧ୍ୟରେ ବାସ୍ତବରେ ଘଟୁଛି କ'ଣ। ଏ ଦୃଷ୍ଟିରୁ ଆଲୋଚନା କଲେ 'ତପସ୍ୱିନୀ'ର ମହତ୍ତ୍ୱ ଯେ କିପରି ସ୍ୱତନ୍ତ୍ର, ତାହା ପ୍ରତିପାଦନ କରିବା ଆଜି ନିଷ୍ପ୍ରୟୋଜନ। ଏହି କ୍ଷୁଦ୍ର ଆଲୋଚନାଟିରେ 'ତପସ୍ୱିନୀ'ର ମାତ୍ର ଗୋଟିଏ ପଦ ଉପରେ ଦୃଷ୍ଟିନିବଦ୍ଧ କରାଯାଇଛି।

'ତପସ୍ୱିନୀ'ର ଚତୁର୍ଥ ସର୍ଗ ହେଉଛି ସୁପ୍ରସିଦ୍ଧ ଚୋଖି ରାଗରେ ଲିଖିତ 'ମଙ୍ଗଳେ ଅଇଲା ଉଷା'। ଏହି ସର୍ଗଟିରେ କାବ୍ୟନାୟିକା ସୀତା ମୁନିକୁମାରୀମାନଙ୍କ ଗହଣରେ ଯେତେବେଳେ ତମସା ନଦୀ ତୀରରେ ବିରାଜିତା, ତାହାର ଯେଉଁ ଚରିତ୍ରାୟନ ଘଟାଇଛନ୍ତି ଗଙ୍ଗାଧର ସେଥିରେ ପ୍ରସ୍ଫୁଟିତ ହୋଇଛି ଅପୂର୍ବ ଜୀବନୀ-ଶକ୍ତି। ତମସା

ହୋଇପାରେ ନଦୀଟିଏ, କିନ୍ତୁ ତାହାର ମଧ୍ୟ ରହିଛି ଯେମିତି ଜୀବନ୍ତ ଆତ୍ମାଟିଏ। ସେ କଳକଳ ଛଳଛଳ ନାଦରେ ସଙ୍ଗୀତ ଗାନ କରି ବୋହିଯାଏ ଦୂର ଦୂରାନ୍ତରକୁ। ଆଉ ସେଥିରେ ହିଁ ପ୍ରତିଧ୍ୱନିତ ହେଉଥାଏ ତାହାର ଆତ୍ମ-ସଂଗୀତ। ସମସ୍ତଙ୍କ କର୍ଣ୍ଣଗହ୍ୱରରେ ଏହା ପ୍ରବେଶ କରିପାରେନା। ପ୍ରକୃତିଦେବୀଙ୍କ ତନୟା ସୀତାଙ୍କ ପରି ଶୁଦ୍ଧାତ୍ମା ଶୁଣିପାରନ୍ତି ସେହି ଅଶ୍ରୁତ ଜଳତରଙ୍ଗର ଅନ୍ତର୍ବାଣୀ। ଗଙ୍ଗାଧର ସେହି ମର୍ମଧ୍ୱନି ଚିତ୍ରିତ କରିଛନ୍ତି ଏଠାରେ - ଯାହା ଅନ୍ୟ କୌଣସି ରାମ-ସାହିତ୍ୟରେ ଦୁର୍ଲ୍ଲଭ। ତମସା ନଦୀ ସୀତାଙ୍କୁ ଲାଭ କରିବା ପରେ ଯେଉଁ ସ୍ୱର୍ଗୀୟ ଆହ୍ଲାଦ ଅନୁଭବ କରିଛି, ତାହାର ତୁଳନା ହିଁ ନାହିଁ। ସେ ଯୁଗଯୁଗ ଧରି ସତେ ଯେମିତି ଅପେକ୍ଷା କରି ରହିଥିଲା ଆପଣା ଜୀବନାନୁଭୂତି ସୀତାଙ୍କ ଆଗରେ ବ୍ୟକ୍ତ କରିବା ନିମିତ୍ତ। କେତେ ଯେ କଥା ନ କହିଛି ସିଏ ! ସେ ସବୁର ବିଶଦ ଆଲୋଚନାରୁ ବିରତ ହେଇ ଏପରି ଗୋଟିଏ ମାତ୍ର ପଦପଂକ୍ତି ମଧ୍ୟରେ ଆମେ ନିଜର ଦୃଷ୍ଟି କେନ୍ଦ୍ରୀଭୂତ କରିବା ଯେଉଁଠାରେ ତମସାର ହୃତ୍‌ସ୍ପନ୍ଦନ ଫୁଟିଉଠିଛି ଅପୂର୍ବ ଲାଳିତ୍ୟ ବହନ କରି। ସେହି ସୁବିଖ୍ୟାତ ପଦଟିକୁ ଏଠାରେ ଉଲ୍ଲେଖ କରିଦେବାଦ୍ୱାରା ପାଠକ-ପାଠିକାମାନଙ୍କ ପାଇଁ ତାହା ନେଇ ଆସିବ ପୁନଶ୍ଚ ଏକ ଅଭିନବ ଉଦ୍‌ବେଳନ। ପଦଟି ହେଉଛି -

'ବନେ ବନେ ଭ୍ରମି ଭ୍ରମି ଗଣ୍ଡ-କୁହୁକେ ନ ଭ୍ରମି
ବହୁ ବାଧା ଅତିକ୍ରମି ସ୍ୱଚ୍ଛ ଜୀବନେ
ଅନ୍ଧାର ଦୁଃଖ ନ ଗଣି ଆଲୋକ ସୁଖ ନ ମଣି
ଚଳିଛିଁ ଦୂର ସରଣୀ ନତ ବଦନେ;
ଜନମ କରୁଛିଁ ସଫଳ
ତୋୟ ଦାନେ ତୋଷି ତୀରବାସୀ - ସକଳ।' (୧)

ତମସା ନଦୀର ଆତ୍ମ-ସଙ୍ଗୀତ ମଧ୍ୟରେ ଧ୍ୱନିତ ହୋଇଉଠିଚି ଯେଉଁ ଜୀବନ-ଦର୍ଶନ, ତାହା ସତେ ଯେପରି ଭଗବତ୍ ଗୀତାରେ ବର୍ଣ୍ଣିତ ନିଷ୍କାମ କର୍ମର ବିଶେଷତ୍ୱ ପରି। ତମସା ଯାତ୍ରା କରୁଛି ତାହାର ଅସରନ୍ତି ପଥରେ। କେତେ ଘାତ-ପ୍ରତିଘାତ, କେତେ ଆଲୋକ-ଅନ୍ଧକାର, କେତେ ଦୁର୍ଗମ ପଥ ଅତିକ୍ରମ କରି ପ୍ରବାହିତ ହୋଇ ଚାଲିଛି ସେ ସ୍ୱକର୍ତ୍ତବ୍ୟ ପ୍ରତି ସଚେତନ ରହି। ତା'ର ସମଗ୍ର ଜୀବନଟି ସ୍ୱଚ୍ଛତା ଓ ନିର୍ମଳତାର ଏକ ମହିମ୍ନଧାରା। ସେ ଅନ୍ଧାରକୁ ଦୁଃଖ ବୋଲି ଗ୍ରହଣ କରେନା କିମ୍ବା ଆଲୋକ ଦେଖି ଉଲ୍ଲସିତ ହୋଇଉଠେନା। ବିନମ୍ରତାର ସହିତ ଯେଉଁ ପବିତ୍ର ଜଳରାଶିରେ ସେ ପରିପୂର୍ଣ୍ଣ, ତାହାହିଁ ଅନ୍ୟମାନଙ୍କୁ ପ୍ରଦାନ କରି ଆପଣା ଜୀବନକୁ ମହିମାମଣ୍ଡିତ କରୁଥାଏ ସେ ନିଷ୍କାମ ହୃଦୟ ନେଇ। ମାତ୍ର ଏଥିରେ ଯୁକ୍ତ ହୋଇରହିଥାଏ

ତା' ଅନ୍ତରାତ୍ମାର ସୁନିର୍ମଳ ଶ୍ରଦ୍ଧାଭାବ। ଏପରି ଏକ ପଦ ସଂରଚନାଦ୍ୱାରା ଗଙ୍ଗାଧର କ'ଣ ତମସା ନଦୀର ଆତ୍ମଉପଲବ୍ଧିକୁ କେବଳ ଉନ୍ମୁକ୍ତ କରିଦେଇଛନ୍ତି କି ? ସେତିକିରେ ସରିଯାଉନାହିଁ ଏ କଥାର ମର୍ମବାଣୀ। ବାସ୍ତବରେ ଏହାରି ମାଧ୍ୟମରେ କବି ସତେ ଯେପରି ନିଜ ଜୀବନର ଆଦର୍ଶକୁ ବ୍ୟକ୍ତ କରିଦେଇଛନ୍ତି ଏକ ସ୍ୱତଃସ୍ଫୂର୍ତ୍ତ ପ୍ରେରଣାର ତାଡ଼ନାରେ। ଗଙ୍ଗାଧରଙ୍କ ସମଗ୍ର ଜୀବନଟି ଏହି ତମସା ନଦୀ ପରି ଥିଲା ନିବେଦିତ ଓ ଭଗବାନଙ୍କ ନିକଟରେ ସଂପୂର୍ଣ୍ଣ ସମର୍ପିତ। କୌଣସି ପ୍ରତ୍ୟାଶା ମନରେ ପୋଷଣ ନ କରି କେବଳ ନିଜକୁ ବିନ୍ଦୁ ବିନ୍ଦୁ କରି ଢାଳିଦେଇଥିଲେ ସେ ମାଟି ଓ ମଣିଷ ପାଇଁ। ଏପରି କାମନା-ମୁକ୍ତ ଜୀବନ ହିଁ ହୋଇପାରେ ବୁଦ୍ଧଙ୍କ ଭାଷାରେ ନିର୍ବାଣଯୁକ୍ତ। ସାଂସାରିକ ହିସାବ ଓ ଲାଭକ୍ଷତିର ଊର୍ଦ୍ଧ୍ୱକୁ ଉତ୍ତୋଳିତ ହୋଇଯାଇ ସେ ଯେପରି ଭାବରେ ଉତ୍ସର୍ଗ କରିଦେଇଥିଲେ ନିଜସ୍ୱ ଜୀବନର ପ୍ରତିଟି ମୁହୂର୍ତ୍ତକୁ, ତା' ମଧ୍ୟରେ ଶ୍ରୁତ ହୁଏ ତାଙ୍କର ଆତ୍ମବାଣୀ। ଜଣେ ମହତ୍ କବିର ଲେଖନୀ ନଦୀକୁ ଲେଖୁ ବା ନାରୀକୁ ଲେଖୁ, ଆକାଶକୁ ଲେଖୁ କି ଧରିତ୍ରୀକୁ ଲେଖୁ, ପକ୍ଷୀକୁ ବା ମଣିଷକୁ, ବୃକ୍ଷଲତାକୁ କିମ୍ବା ପ୍ରାଣୀଜଗତକୁ ଲେଖୁ - ସର୍ବତ୍ର ତା' ନିଜ ପ୍ରାଣର ସ୍ପନ୍ଦନ ହିଁ ସେଥିରେ ଭରିରହିଥାଏ ସଂପୂର୍ଣ ଭାବରେ। ଏହି ଦୃଷ୍ଟିରୁ ତାଙ୍କର ଆତ୍ମବିବୃତିମୂଳକ ଏ ପଦଟି ମଧ୍ୟରେ ପୂର୍ଣ୍ଣ ହୋଇରହିଛି ପାଠକକୁ ଉତ୍ତରିତ କରି ନେଇଯିବାର ସକଳ ଶକ୍ତି।

ବିଶ୍ୱକବି ରବୀନ୍ଦ୍ରନାଥ ମଧ୍ୟ ଥିଲେ ଏହି ଭାବଧାରାର ସାହିତ୍ୟଶିଳ୍ପୀ। 'ଗୀତାଞ୍ଜଳି' - ଅନ୍ୟ କିଛି ନୁହେଁ, ତାହା ହେଉଛି ତାଙ୍କ ଆତ୍ମାର ଭକ୍ତି-ପୁଷ୍ପାଞ୍ଜଳି। ଏହି ଉପନିଷଦୀୟ ଭାବଧାରାରେ ପରିପ୍ଲୁତ ପୁସ୍ତକ ପ୍ରତ୍ୟେକଙ୍କ ପ୍ରାଣତନ୍ତ୍ରୀକୁ କମ୍ପିତ କରିଦେଇପାରେ ଚିରକାଳ ନିମିତ୍ତ, କାରଣ ସେଥିରେ ଗୁମ୍ଫିତ ହୋଇ ରହିଛି ଆତ୍ମାନୁଭୂତିର ଶ୍ରେଷ୍ଠ ଅଭିବ୍ୟକ୍ତି। ଗୀତାଞ୍ଜଳିର ଯେକୌଣସି କବିତାରେ ତ ଏହି ଭାବସ୍ନିଗ୍ଧତା ଅତ୍ୟନ୍ତ ସୁଲଭ। ତେବେ ଏ ପ୍ରସଙ୍ଗରେ ଦୃଷ୍ଟାନ୍ତ ଭାବରେ ଗ୍ରହଣ କରାଯାଇଛି ଗୋଟିଏ ମାତ୍ର କବିତାର ଭାବପକ୍ଷକୁ। ଇଂରାଜୀ ଭାଷାରେ ରଚିତ 'ଗୀତାଞ୍ଜଳି'ର ଯେଉଁ ପ୍ରାଣସ୍ପର୍ଶୀ ଅନୁବାଦ କରିଛନ୍ତି ଓଡ଼ିଶାର ବିଶିଷ୍ଟ କବି ହରପ୍ରସାଦ ଦାସ ସେହିଠାରୁ ହିଁ ଦୃଷ୍ଟାନ୍ତମୂଳକ କବିତାଟିଏର ଭାବଧାରା ଏଠାରେ ଉପସ୍ଥାପନ କରାଯାଇପାରେ। ଯେହେତୁ ଇଂରାଜୀ କବିତା ପଂକ୍ତିର ଅନୁସୃଜନରେ ହରପ୍ରସାଦ ଆତ୍ମହରା ହୋଇଯାଇଛନ୍ତି, ଓଡ଼ିଆ ପଦବିନ୍ୟାସ ସେ ଦୃଷ୍ଟିରୁ ଅପୂର୍ବ ଭାବାଲୋକରେ ଉଦ୍‌ଭାସିତ ହୋଇଉଠିଛି। ତେଣୁ ଇଂରାଜୀ ପଦପଂକ୍ତିଟିକୁ ଉଦ୍ଧାର ନ କରି କେବଳ ହରପ୍ରସାଦଙ୍କ ଉପସ୍ଥାପିତ ଅନୁବାଦ ଭିତ୍ତିରେ ରବୀନ୍ଦ୍ର-ପ୍ରତିଭାର ଆକଳନ କରାଯାଇପାରିବ।

ସେହିପରି ତୁଳନାତ୍ମକ ଅଧ୍ୟୟନ କ୍ଷେତ୍ରରେ ମଧ୍ୟ ଏହାକୁ ହିଁ ଉଦ୍ଧାର କରି ଅନୁଶୀଳନ କରାଯାଇପାରିବ ରବୀନ୍ଦ୍ର ଓ ଗଙ୍ଗାଧରଙ୍କ ପ୍ରକୃତ ଗୌରବକୁ। ହରପ୍ରସାଦ ଦାସଙ୍କ ଅନୂଦିତ 'ଗୀତାଞ୍ଜଳି'ର ଯେଉଁ ପୃଷ୍ଠାଟି ଗଙ୍ଗାଧରଙ୍କ ରଚନା ସହିତ ରଖିଛି ଅଦ୍ଭୁତ ସାମଞ୍ଜସ୍ୟ, ତାହାକୁ ଉଲ୍ଲେଖ କରିବାଦ୍ୱାରା ଶୁଣି ହେବ ରବୀନ୍ଦ୍ରଙ୍କ ପ୍ରାଣ-ନିକ୍ୱଣ।

ଇଂରାଜୀ 'ଗୀତାଞ୍ଜଳି'ର ବାର ନମ୍ବର କବିତାରେ ଯେଉଁ ଭାବାର୍ଥ ଭରିରହିଛି, ତାହାର ସାରାଂଶ ହେଉଛି - ଅନେକ ଦିନର ଯାତ୍ରା ପଥରେ ଅକ୍ଲାନ୍ତ ଯାତ୍ରୀ ହେଉଛନ୍ତି ନିଜେ କବି। ଜଗତସାରା ଘୂରିଘୂରି ଯେତେବେଳେ ଚକ୍ଷୁ ତାଙ୍କର ଭାବାଚ୍ଛନ୍ନତାରେ ମୁଦ୍ରିତ ହୋଇଯାଏ, ସେତେବେଳେ ସେ ଦେଖିପାରନ୍ତି ଚାରି ଆରାଧ୍ୟ ପ୍ରଭୁଙ୍କୁ ନିଜ ଭିତରେ।

"ଆସିଲିଣି ଡେଇଁ କେତେ ଗିରିବନ
ଗ୍ରହରେ ତାରାରେ ଛାଡ଼ି ମୋ ଚିହ୍ନ
ଅନୁସରି କେତେମତେ।

\ \ \ \

କେଉଁଠି ଅଛ ହେ
ଡକା ପାରି ଯେବେ
ଖୋଜିଲି ନୟନ ଜଳେ
'ଅଛି, ମୁଁ ଅଛି'ର ସହସ୍ରଧାରା
ବୋହିଗଲା ଧରାତଳେ।" (ଗୀତାଞ୍ଜଳି, ପୃଷ୍ଠା-୨୫)

ଏହି କବିତା ପଂକ୍ତିଗୁଡ଼ିକ ସହିତ 'ତପସ୍ୱିନୀ'ର ଯେଉଁ ପଦଟି ଉପରେ ଆମର ଦୃଷ୍ଟି କେନ୍ଦ୍ରୀଭୂତ, ତା' ସହିତ କ'ଣ ସାମଞ୍ଜସ୍ୟ ରହିଛି ପ୍ରକୃତରେ? ବିଷୟବସ୍ତୁ ସମାନ ନୁହେଁ। ଚରିତ୍ର ମଧ୍ୟ ନୁହନ୍ତି ନାମରେ ଏକା ପରି। ତେବେ ଉଭୟଙ୍କ କବିତାର ସ୍ୱର-ସାମ୍ୟ ରହିଲା କେଉଁଠି? ଏହା ଏକ ବାହ୍ୟସ୍ତରର ସମାନତାକୁ ପ୍ରଦର୍ଶିତ କରେନାହିଁ। ଅନ୍ତର୍ଦୃଷ୍ଟି ନେଇ 'ତପସ୍ୱିନୀ'ର ଉଲ୍ଲିଖିତ ପଦ ଓ 'ଗୀତାଞ୍ଜଳି'ର ଏହି ନିର୍ଦ୍ଦିଷ୍ଟ କବିତାର ଅନ୍ତରାଳରେ ପ୍ରବାହିତ ଯେଉଁ ଅନ୍ତର୍ସତ୍ୟ, ତାହାହିଁ ହେଉଛି ଉଭୟ କବିଙ୍କ ଅନ୍ତରାତ୍ମାର ସମାନ ଅନୁଭୂତି। ରବୀନ୍ଦ୍ର ସେହି ପରମ ସୁନ୍ଦରଙ୍କ ସନ୍ଧାନରେ ବାହାରିଛନ୍ତି ଅଭିଯାତ୍ରୀ ହୋଇ। 'ତପସ୍ୱିନୀ' କାବ୍ୟରେ ତମସା ପ୍ରଧାବିତ ହୋଇ ଚାଲିଚି ଜଳଦାନରେ ନିଜକୁ ଧନ୍ୟ କରିଦେଇ। ମାତ୍ର ତମସା ନଦୀର ଏହି ଯେଉଁ ଅବିରାମ ଗତିଶୀଳତା ତାହା କ'ଣ ନିର୍ଦ୍ଦିଷ୍ଟ କୌଣସି ଲକ୍ଷ୍ୟରେ ପହଞ୍ଚିବା ପାଇଁ ଉଦ୍ଦିଷ୍ଟ ନୁହେଁ? ଏହାର ଉତ୍ତର ଆମେ ଲାଭ କରିପାରିବା ପରବର୍ତ୍ତୀ ପଦଗୁଡ଼ିକରେ। ଯଦିଓ

ପ୍ରତ୍ୟକ୍ଷ ଭାବରେ ରବୀନ୍ଦ୍ରଙ୍କ ବର୍ଣ୍ଣନା ପରି ତମସାର ଉଦ୍ଦେଶ୍ୟ ବ୍ୟକ୍ତ ହୋଇନାହିଁ, ତଥାପି ଏ କଥା ସ୍ପଷ୍ଟରୁ ସ୍ପଷ୍ଟତର ହୋଇଉଠିଚି ଯେ, ସତୀ ସୀତାଙ୍କୁ ଲାଭ କରିବା ସକାଶେ ସେ ନିଜର ଜନ୍ମ ମୁହୂର୍ତ୍ତରୁ ଏ ପର୍ଯ୍ୟନ୍ତ ଯେପରି ସାଧନାରତ। ସେ ଗିରିବନ ଅତିକ୍ରମ କରି ପ୍ରବାହିତ ହୋଇ ଚାଲିଛି ଏଇଥିପାଇଁ ଯେ, ଦିନେ ନା ଦିନେ ସୀତାଙ୍କ ସଂସ୍ପର୍ଶରେ ସେ ହେବ ପବିତ୍ରକୃତ। ତା'ହେଲେ ରବୀନ୍ଦ୍ରଙ୍କ 'ଈଶ୍ୱର' ଆଉ ଗଙ୍ଗାଧରଙ୍କ 'ସୀତା' କ'ଣ ସମାନ? ଏହାର ଉତ୍ତର ଅତ୍ୟନ୍ତ ପରିଚ୍ଛନ୍ନ। ସୀତା ସେହି ଦିବ୍ୟ-ଅଂଶର ଅଧିକାରିଣୀ ଯାହା ଈଶ୍ୱରସତ୍ତା ସହିତ ସଂପୂର୍ଣ୍ଣ ଅଭିନ୍ନ। ରବୀନ୍ଦ୍ର ସଂସାରଯାକ ଘୂରି ବୁଲିବୁଲି ଶେଷରେ ଯେତେବେଳେ ଆଖି ବୁଜି ଅନୁଭବ କରନ୍ତି ପରମେଶ୍ୱର ତାଙ୍କ ଅନ୍ତରାତ୍ମାରେ ବିରାଜିତ, ସେହିପରି ତମସା କେତେକେତେ ଆଲୋକିତ ଓ ଅନ୍ଧକାର ପଥ ଅତିକ୍ରମ କରି ପହଞ୍ଚିଛି ତା'ର ପ୍ରକୃତ ଲକ୍ଷ୍ୟସ୍ଥଳରେ। ତା' ଜୀବନର ଶ୍ରେଷ୍ଠ ଅନୁସନ୍ଧାନ ହେଉଛି ସୀତାଙ୍କ ପ୍ରାପ୍ତି ନିମିତ୍ତ ଗଭୀର ବ୍ୟାକୁଳତା। ଯେତେବେଳେ ରବୀନ୍ଦ୍ର କୁହନ୍ତି ନୟନର ଜଳରେ ଆପ୍ଲୁତ ହୋଇ ଡାକିବା ଦ୍ୱାରା ସେ ଉତ୍ତର ଦିଅନ୍ତି ଯେ - ମୁଁ ଅଛି ତୋହରି ହୃଦୟ ମଧ୍ୟରେ; ଠିକ୍ ସେହିପରି ତମସାର ଧ୍ୟାନମଗ୍ନତା ସାର୍ଥକତା ବିମଣ୍ଡିତ ହୋଇଛି ସୀତାଙ୍କୁ ନିବିଡ଼ ଭାବରେ ଆଲିଙ୍ଗନ କରି। ରବୀନ୍ଦ୍ର ଏକ ଏପରି ସ୍ରୋତର ନାମ, ଯିଏ ନିଜର ଅନ୍ତଃସ୍ଥଳକୁ ଯାତ୍ରା କରିବାର ଉଦ୍ଦେଶ୍ୟରେ ବାହାରିଛନ୍ତି ଅତ୍ୟନ୍ତ ନିର୍ମଳ ଓ ଗଭୀର ଇଚ୍ଛାଶକ୍ତି ବହନ କରି ଆପଣାର ପ୍ରତିଟି ବିନ୍ଦୁରେ। ତପସ୍ୱିନୀରେ ଗଙ୍ଗାଧର ହିଁ ହେଉଛନ୍ତି 'ତମସା' - ଯିଏ ସୀତାଙ୍କ ଦିବ୍ୟ ଆଗମନ ଅପେକ୍ଷାରେ ପ୍ରାର୍ଥନାରତ। ଗଙ୍ଗାଧର ବି ରବୀନ୍ଦ୍ରଙ୍କ ପରି ଏକ ତରଳ ଭକ୍ତିସ୍ରୋତ, ଯାହାର ନାମ ହେଉଛି 'ତମସା'। ଏହି ଅନ୍ତରାନୁଭବ ମଧ୍ୟ ଦେଇ ରବୀନ୍ଦ୍ର ଓ ଗଙ୍ଗାଧରଙ୍କ ଭାବମୟ କବିସତ୍ତାକୁ ଉପଲବ୍ଧି କଲେ ଯାହା ଅନୁଭୂତ ହୁଏ ଅଭିଜ୍ଞ ପାଠକର ଜୀବନରେ, ତାହା ହେଉଛି ଦିବ୍ୟସୌନ୍ଦର୍ଯ୍ୟ, ଦିବ୍ୟ-ଆଲୋକ, ଦିବ୍ୟଶକ୍ତି ତଥା ଦିବ୍ୟ- ସଂହତି ପ୍ରତି ଉଭୟ କବିଙ୍କ ଆକର୍ଷଣର ପ୍ରଗାଢ଼ତା। ଏହି ଭାବବିନ୍ଦୁରେ ଉଭୟ କବି ଯେ ହେଉଛନ୍ତି ଅଭିନ୍ନ, ତାହା ପ୍ରମାଣିତ ହୋଇଯାଏ ଏପରି ଅନ୍ତର୍ଲୋକନଦ୍ୱାରା।

ରବୀନ୍ଦ୍ରନାଥଙ୍କ ଈଶ୍ୱରାଭିମୁଖୀ ଆତ୍ମାର ସଙ୍ଗୀତ ଅନୁରଣିତ ହୋଇଉଠିଚି 'ଗୀତାଞ୍ଜଳି'ରେ। କେତେ ଯେ ଦାୟିତ୍ୱ ଓ ବ୍ୟସ୍ତତା ମଧ୍ୟରେ କବି କାଳାତିପାତ କରୁଥିଲେ। ଏହି ସକଳ କର୍ମଚଞ୍ଚଳତା ମଧ୍ୟରେ ବି ସେ ସଚେତନ ଥିଲେ, ଏହି ଭାବ ନେଇ ଯେ, କାହିଁକି ଏ ପୃଥିବୀକୁ ତାଙ୍କର ଅବତରଣ ସମ୍ଭବ ହୋଇଛି। ଏପରି ସଚେତନତା ହେଉଛି ବୈଦିକ ଋଷିର ଈଶ୍ୱରାନ୍ୱେଷଣ ସହିତ ସମାନ। ଉଲ୍ଲେଖନୀୟ

ବିଷୟ ହେଉଛି ଯେ, ରବୀନ୍ଦ୍ରନାଥ ଓ ଗଙ୍ଗାଧର ସେହି ଋଷି ପରମ୍ପରାର ଉପଯୁକ୍ତ ଉତ୍ତରାଧିକାରୀ । ରବୀନ୍ଦ୍ରଙ୍କ ଆତ୍ମା ମଧ୍ୟରେ ସନ୍ନିହିତ ଥିଲା ଯେଉଁ ଉଚ୍ଛ୍ୱାସ, ଗଙ୍ଗାଧରଙ୍କ ନିକଟରେ ମଧ୍ୟ ତାହାର ସଙ୍କେତ ଥିଲା ଅତ୍ୟନ୍ତ ସ୍ପଷ୍ଟ । ସମଗ୍ର 'ଗୀତାଞ୍ଜଳି' ରବୀନ୍ଦ୍ରଙ୍କ ଅନ୍ତର୍ଜୀବନର ଏକ ଅନାବିଳ ସ୍ରୋତସ୍ୱିନୀ । ସଂପୂର୍ଣ୍ଣ ଭାବରେ ନିଜର ଆତ୍ମୋପଲବ୍ଧି ପ୍ରତ୍ୟକ୍ଷ ଭାବେ ବ୍ୟକ୍ତ କରିଛନ୍ତି ରବୀନ୍ଦ୍ର । ଗଙ୍ଗାଧର ନିଜସ୍ୱ ଜୀବନର ଆଭିମୁଖ୍ୟଟିକୁ ସେପରି ପ୍ରତ୍ୟକ୍ଷ ଭାବରେ ସିଧାସଳଖ ନକହି, ତାକୁ ରୂପାୟିତ କରିଛନ୍ତି ବିଭିନ୍ନ ଚିତ୍ର ଓ ଚରିତ୍ର ମାଧ୍ୟମରେ । 'ତପସ୍ୱିନୀ' ମହାକାବ୍ୟର କୌଣସି ସ୍ୱତନ୍ତ୍ର ମହତ୍ତ୍ୱ ପ୍ରତିପାଦିତ ହୋଇ ପାରିନଥା'ନ୍ତା ଯଦି ଏହି ଆତ୍ମାଭିଳାଷ ବ୍ୟକ୍ତ ହେଇନଥାନ୍ତା ତା' ମଧ୍ୟରେ । ବିଷୟବସ୍ତୁ ଚୟନ କରିବା ଓ ତାକୁ ପ୍ରାଣହୀନ ଭାବରେ କେବଳ ପଦ୍ୟାକାରରେ ସଜ୍ଜିତ କରିବା କବିଙ୍କ ଲକ୍ଷ୍ୟ ନଥିଲା । ମହର୍ଷି ବାଲ୍ମୀକି, ସନ୍ଥ ତୁଳସୀ ଦାସ, ମହାକବି କାଳିଦାସ, ଭବଭୂତି ବା କବି ବଳରାମ ଦାସ ରାମ-ସୀତା ପ୍ରସଙ୍ଗରେ ଯାହା ପ୍ରକାଶ କରିପାରି ନାହାନ୍ତି । ସେହି ଅଭିନବ ଅନୁଭବ 'ତପସ୍ୱିନୀ'କୁ କରିଛି ଋଦ୍ଧିମନ୍ତ । ଏହାଦ୍ୱାରା ଉପରୋକ୍ତ କୌଣସି କବିଙ୍କ ମୌଳିକତାକୁ ଅସ୍ୱୀକାର କରାଯାଉନାହିଁ । କାରଣ ନିଜ ନିଜ କ୍ଷେତ୍ରରେ ପ୍ରତ୍ୟେକେ ହେଉଛନ୍ତି ସ୍ୱତନ୍ତ୍ର ମହିମାରେ ଉଦ୍‌ଭାସିତ । ଗଙ୍ଗାଧର ସେମାନଙ୍କର ଯେ ପ୍ରକୃତ ଦାୟାଦ, ଏଥିରେ ସନ୍ଦେହର ଅବକାଶ ନାହିଁ । ରବୀନ୍ଦ୍ରନାଥ ଯେଉଁ ଅନ୍ତର୍ଭାବନା ବ୍ୟକ୍ତ କରିଛନ୍ତି 'ଗୀତାଞ୍ଜଳି'ରେ, ସେହି ମହତ୍ତର ଆତ୍ମାନୁଭୂତି ବହୁ ପୂର୍ବରୁ ଭାରତୀୟ ଋଷିକଣ୍ଠରୁ ଧ୍ୱନିତ ହୋଇଆସିଛି । ତଥାପି ରବୀନ୍ଦ୍ର ହେଉଛନ୍ତି ମୌଳିକ ତଥା ଉଚ୍ଚକୋଟୀର ପ୍ରତିଭାର ଏକ ସ୍ନିଗ୍ଧ ଜ୍ୟୋତିରେଖା । କାରଣ ଯେତେବେଳେ ଉତ୍ତରାଧିକାରୀ ସୂତ୍ରରେ ସେ ନିଜସ୍ୱ ମହାନୁଭୂତିକୁ ପ୍ରକାଶ କରୁଛନ୍ତି ସେତେବେଳେ ସେଥିରେ ଯାହା ସଂଲଗ୍ନ ହୋଇରହିଛି, ତାହା ହେଲା ତାଙ୍କର ସଂପୂର୍ଣ୍ଣ ମୌଳିକ ଅମୃତୋପଲବ୍ଧି । ଭାରତୀୟ ଋଷି-ଆତ୍ମାର ଉଚ୍ଚାରଣକୁ ସଂପୂର୍ଣ୍ଣ ଭାବରେ ଆତ୍ମସ୍ଥ କରିନଥିଲେ ରବୀନ୍ଦ୍ର ଅପୂର୍ବ ସାଙ୍ଗିତିକତାର ଝଙ୍କାର ସୃଷ୍ଟି କରିପାରିନଥାନ୍ତେ 'ଗୀତାଞ୍ଜଳି'ର ପଦପଂକ୍ତି ଭିତରେ । ତେଣୁ ଏହି ଉଭୟ କବିଙ୍କ ପ୍ରତିଭା ମଧ୍ୟରେ ପ୍ରତିଭାତ ହୁଅନ୍ତି ପବିତ୍ର ପ୍ରାଚ୍ୟଭୂମିର ଋଷି-ମହର୍ଷିଙ୍କ ପ୍ରତିଛବି ।

ନିଜର ଜନ୍ମ ଓ ଜୀବନର ରହସ୍ୟ ଭେଦ କରିବାରେ ସଫଳତା ଅର୍ଜନ କରିଥିଲେ ବୋଲି ରବୀନ୍ଦ୍ର ଚକ୍ଷୁ ନିମିଳିତ କରିଦେଲେ ଅନ୍ତର ମଧ୍ୟରେ ଦେଖିପାରନ୍ତି ସୃଷ୍ଟିକର୍ତ୍ତାଙ୍କ ସୁକୋମଳ ଭାବରୂପ । ମହାଭାରତରେ ଦିନେ ଅର୍ଜୁନ ଯେପରି ଶ୍ରୀକୃଷ୍ଣଙ୍କ ବିଶ୍ୱରୂପ ଦର୍ଶନ କରି ବିସ୍ମିତ-ବିମୂଢ଼ ହୋଇଯାଇଥିଲେ ସେହିପରି, ଏକ ଅନ୍ତର୍ଦର୍ଶନ ଭିନ୍ନ ଭାବରେ ସଂପନ୍ନ ହୋଇଯାଇଛି ରବୀନ୍ଦ୍ରଙ୍କ ଅନୁଭବ ବଳୟ ମଧ୍ୟରେ । ପରମେଶ୍ୱରଙ୍କୁ

ନାନା ଭାବରେ ନାନା ରୂପରେ ଦେଖି ପାରିବା ହିଁ ତ କବିତ୍ୱର ପରାକାଷ୍ଠା। ସମସ୍ତ କବିଙ୍କ ଅନୁଭୂତିରେ ବାହ୍ୟ ସମାନତା ଅନ୍ୱେଷଣ କରିବା ଅର୍ଥହୀନ। ଅନ୍ତଃକରଣ ମଧ୍ୟରେ ଘଟେ ଯେଉଁ ଭାବ-ଉଦ୍‌ବେଳନ ତାହାରି ମଧ୍ୟରେ ପରିପ୍ରକାଶିତ ହୁଏ ସାହିତ୍ୟର ସମୁଚ୍ଚ ସୋପାନ। ରବୀନ୍ଦ୍ର ଯାହାଙ୍କ ପରି ସୂକ୍ଷ୍ମ ଉପସ୍ଥିତିକୁ ଅନ୍ତର ମଧ୍ୟରେ ଅନୁଭବ କରିବାରେ ହେଲେ ସମର୍ଥ, ଗଙ୍ଗାଧର 'ତମସା' ନଦୀର ସ୍ୱଚ୍ଛ ଧାରା ସହିତ ସମ୍ମିଳିତ ହୋଇ ଠିକ୍ ସେହିପରି ଲାଭ କଲେ ସୀତା-ସାନ୍ନିଧ୍ୟ। ଏହି ବିରଳ ବୈଚିତ୍ର୍ୟପୂର୍ଣ୍ଣ ବିଗଳନ ହେଉଛି ସାହିତ୍ୟ ଜଗତର ପ୍ରକୃତ ବୈଭବ। ଗଙ୍ଗାଧରଙ୍କ ବର୍ଣ୍ଣନା ଓ ରବୀନ୍ଦ୍ରଙ୍କ ଅନ୍ତର୍ଭାବନାରେ ଯେଉଁ ମାଧୁର୍ଯ୍ୟ ପ୍ରସ୍ଫୁଟିତ ସେଥିରେ ଉଭୟଙ୍କ ସ୍ୱତନ୍ତ୍ରତା ଯେପରି ସଂରକ୍ଷିତ, ଉଭୟଙ୍କ ଆତ୍ମାନୁଭୂତିର ସମାନତା ସେହିପରି ପୁଣି ସାର୍ଥକତା ବିମଣ୍ଡିତ।

■

'ଗୀତାଞ୍ଜଳି'ର ପ୍ରଥମ କବିତା ଓ ଗଙ୍ଗାଧରଙ୍କ 'ଭରସା'ରେ ଈଶ୍ୱରୀୟ କରୁଣା

ବିଶ୍ୱକବି ରବୀନ୍ଦ୍ରନାଥ ଈଶ୍ୱରଙ୍କ କରୁଣା ଉପରେ ଯେପରି ଥିଲେ ଆସ୍ଥାଶୀଳ, ଠିକ୍ ସେହିପରି ଭାବ ପ୍ରକଟିତ ହେଇଛି ଗଙ୍ଗାଧରଙ୍କ କବିତାରେ। 'ଗୀତାଞ୍ଜଳି'ର ଯେଉଁ ଇଂରାଜୀ ସଂସ୍କରଣ ନୋବେଲ୍ ପୁରସ୍କାର ଲାଭ କରିଥିଲା, ତାହା ଯେ ରବୀନ୍ଦ୍ରଙ୍କ ଦ୍ୱାରା ଅନୂଦିତ କବିତା ମାତ୍ର ନୁହେଁ, ତାହାର ରହିଛି ସ୍ୱତନ୍ତ୍ର ସୃଜନଶୀଳତା, ଏହା ସ୍ୱୀକାର କରିଛନ୍ତି ସମାଲୋଚକମାନେ। ଓଡ଼ିଶାର ବିଶିଷ୍ଟ କବି ଶ୍ରୀଯୁକ୍ତ ହରପ୍ରସାଦ ଦାସ ଇଂରାଜୀ 'ଗୀତାଞ୍ଜଳି'ର ଓଡ଼ିଆ ମର୍ମାନୁବାଦ କରିବା ସମୟରେ ରବୀନ୍ଦ୍ରଙ୍କ ଇଂରାଜୀ 'ଗୀତାଞ୍ଜଳି'କୁ ଅନୁସରଣ କରିବା ସଂଗେସଂଗେ ଏହା ଯେ ଅର୍ଥାତ୍ ରବୀନ୍ଦ୍ରଙ୍କ ଇଂରାଜୀ 'ଗୀତାଞ୍ଜଳି' କେବଳ ଅନୁବାଦ ହୋଇ ରହିନାହିଁ, ତାହା ସ୍ୱତନ୍ତ୍ର ସୃଜନର ଆଲୋକରେ ଉଦ୍‌ଭାସିତ, ଏକଥା ପ୍ରତିପାଦନ କରି ଦେଇଛନ୍ତି ବଳିଷ୍ଠ ଭାବରେ। ସେହି ଇଂରାଜୀ ସଂସ୍କରଣରେ ସ୍ଥାନିତ ପ୍ରଥମ କବିତା ସହିତ ଗଙ୍ଗାଧରଙ୍କ 'ଭରସା' ଶୀର୍ଷକ କବିତାର ଯେଉଁ ଭାବସାମ୍ୟ ପରିଲକ୍ଷିତ ତାହା ହିଁ ଏ ପ୍ରବନ୍ଧର ଆଲୋଚ୍ୟ ବିଷୟ।

ରବୀନ୍ଦ୍ରଙ୍କ କବିତାର ଭାବାନୁବାଦ କଲାବେଳେ କବି ହରପ୍ରସାଦ ଦାସ ଯେପରି ଲାଳିତ୍ୟପୂର୍ଣ୍ଣ ଶୈଳୀରେ ତା'ର ଉପସ୍ଥାପନା କରିଛନ୍ତି ସେହି ଅଂଶକୁ ଆଧାର କରି ଏହି ତୁଳନାତ୍ମକ ଆଲେଖ୍ୟଟି ପ୍ରସ୍ତୁତ କରାଯାଇପାରେ। ରବୀନ୍ଦ୍ରଙ୍କ ଇଂରାଜୀ କବିତାର ଉଦ୍ଧୃତି ଏଠାରେ ଦିଆଯାଇପାରିବ ନିଶ୍ଚୟ। ତେବେ ସେହି ଉଦ୍ୟମରୁ କ୍ଷାନ୍ତ ହୋଇ ହରପ୍ରସାଦ ଦାସଙ୍କ ଓଡ଼ିଆ ଅନୁବାଦ ଭିତ୍ତିରେ ଉଭୟ କବିଙ୍କ ହୃଦୟର ଭାବବିଶ୍ଳେଷଣ

କଲେ ଯେକୌଣସି ଓଡ଼ିଆ ପାଠକମାନଙ୍କ ପାଇଁ ତାହା ଉପାଦେୟ ହେବବୋଲି ଲେଖକର ଦୃଢ଼ ବିଶ୍ୱାସ। ରବୀନ୍ଦ୍ରଙ୍କ ଈଶ୍ୱରାର୍ପିତ ଅନ୍ତରକୁ କିଏ ବା ନ ଜାଣେ ! ଏହି କବିତାର ପ୍ରତିଟି ପଂକ୍ତିରେ ସେହି ପବିତ୍ର ଭାବାନୁଭୂତି ଏକାନ୍ତ ହୃଦୟସ୍ପର୍ଶୀ। ନିଜର ଜୀବନ-ପାତ୍ରଟି ଈଶ୍ୱରଙ୍କଦ୍ୱାରା ପୂର୍ଣ୍ଣ ହୁଏ, ପୁଣି ଶୂନ୍ୟ ହୁଏ ଓ ତହିଁ ପରେ ପୁନଶ୍ଚ ଭରିଯାଏ ଅଭିନବ ଜୀବନପୁଷ୍ପରେ। ଏ ଯେଉଁ ସୁନ୍ଦରତମଙ୍କ ଅନୁପମ ଦାନ ତାହାକୁ ରବୀନ୍ଦ୍ର ମନେ କରିଛନ୍ତି ଶ୍ରେଷ୍ଠ ଆର୍ଶୀବାଦ ଭାବରେ। ମାନବର ଜୀବନ କେତେ କ୍ଷୁଦ୍ର। ଅଥଚ ଯେତେବେଳେ ଈଶ୍ୱରଙ୍କ କରୁଣା ସ୍ପର୍ଶରେ ତାହା ହୁଏ ବିଗଳିତ, ସେତେବେଳେ ବିଶାଳତାର ମହାନୁଭବ ସମ୍ଭବ ହୋଇପାରେ। ରବୀନ୍ଦ୍ରଙ୍କ ଚେତନା ଥିଲା ଏତେ ରସାଣିତ, ଏତେ ପ୍ରଫୁଲ୍ଲଚିତ୍ତ ଓ ପରମାନନ୍ଦରେ ଉତ୍‌ଫୁଲ୍ଲିତ ଯେ ତାଙ୍କର ଶବ୍ଦଚୟନ ମଧ୍ୟରେ ପ୍ରତିବିମ୍ବିତ ହୋଇଯାଇଛି ସେହି ଆନନ୍ଦମଗ୍ନ ଭାବରୂପ। ଏକ ସମର୍ପିତ ଜୀବନର ଅଧିକାରୀ ହୋଇପାରିନଥିଲେ ରବୀନ୍ଦ୍ର ଏପରି ତଲ୍ଲୀନ ଭାବ ପ୍ରସ୍ଫୁଟିତ କରିଦେଇ ପାରିନଥାନ୍ତେ। କବିତା ସେତେବେଳେ ହୋଇଉଠେ ମର୍ମସ୍ପର୍ଶୀ, ଯେତେବେଳେ କବିର ବ୍ୟକ୍ତିତ୍ୱ ସାରଲ୍ୟର ଦ୍ୟୁତିରେ ହୁଏ ଭାସ୍ୱର। ରବୀନ୍ଦ୍ରନାଥ ଭକ୍ତିବିଗଳିତ ଏକ ଉଚ୍ଚକୋଟୀର ଭାବସତ୍ତା। ଈଶ୍ୱରାନୁଭୂତି ଗଭୀରରୁ ଗଭୀରତର ଓ ନିବିଡ଼ରୁ ନିବିଡ଼ତର ହୋଇ ନପାରିଲେ ଏ ବିଗଳନ ଅସମ୍ଭବ। ରବୀନ୍ଦ୍ର ନିଜ ଜୀବନକାଳ ମଧ୍ୟରେ କମ୍ ଭାରାକ୍ରାନ୍ତ ନଥିଲେ। ଏହାରି ମଧ୍ୟରେ ଜୀବନ-ଯାପନ କରୁଥିବାବେଳେ ତାଙ୍କ ଅନ୍ତର୍ମନ ସର୍ବଦା ଥିଲା ଅବିଚଳିତ। ସ୍ଥିର, ଏକାଗ୍ର ମନ ନେଇ ଯେତେବେଳେ ଜଣେ ଭକ୍ତ ଭଗବାନଙ୍କ ପ୍ରତି ଅର୍ପଣ କରେ ହୃଦୟର ନୈବେଦ୍ୟ, ସେତେବେଳେ କବିତା ହୋଇଉଠେ କି କମନୀୟ ଓ ପ୍ରେରଣାଦୀପ୍ତ ! ମଧୁର ସଙ୍ଗୀତ ବାସ୍ତବିକ ତାହାର ତୁଳନା କାହିଁ ? ରବୀନ୍ଦ୍ର ଏହି ଈଶ୍ୱରଙ୍କ ସହିତ ସୌହାର୍ଦ୍ଦ୍ୟ ଭାବର ସଂକେତ ଦେଇଛନ୍ତି ଅପୂର୍ବ ସାଙ୍ଗୀତିକ ମୂର୍ଚ୍ଛନା ଭିତରେ। ଭଗବାନଙ୍କ ଦିବ୍ୟ ସ୍ପର୍ଶ ତ ଅମୃତୋପମ। ତାହାରି ପ୍ରାପ୍ତିରେ କିଏବା ନିଜକୁ ଧନ୍ୟ ମନେ ନ କରିବ ! ହୃଦୟ ମଧ୍ୟରୁ ଯେଉଁ ବାଣୀ ବୀଣା ନିକ୍ୱଣ କରି ଧ୍ୱନିତ ହୋଇଉଠେ, ତାହାକୁ ବଚନରେ ପ୍ରକାଶ କରିବା ଯେ ଅସମ୍ଭବ, ତାହା ବିଶ୍ୱକବି ସୂଚାଇ ଦେଇଛନ୍ତି। ଯାହା କଳ୍ପନାତୀତ ସେହିପରି ଦାନ ଗ୍ରହଣରେ ପରିପୂର୍ଣ୍ଣ ହୋଇଯାଏ ଭକ୍ତର ଅନ୍ତଃସ୍ଥଳ। ଯୁଗ ପରେ ଯୁଗ ଅତିବାହିତ ହୋଇଯାଏ। ମନୁଷ୍ୟର କ୍ଷୁଦ୍ର ହୃଦୟଟି ଯେତିକି ମାତ୍ରାରେ ପୂର୍ଣ୍ଣ ହୋଇ ଚାଲିଥାଏ, ସେତିକି ମାତ୍ରାରେ ଶୂନ୍ୟ ମଧ୍ୟ ହୋଇଯାଉଥାଏ। କାରଣ ପରମେଶ୍ୱରଙ୍କ କରୁଣାଧାରାରେ ଆପ୍ଲୁତ ହେବା ପାଇଁ ତାହାର ଅଧୀରତା ଅନ୍ତଃହୀନ। ଯିଏ ଆକାଶୋପମ ବିଶାଳତାର ମହାନତାରେ ସୁବିସ୍ତୃତ, ତାଙ୍କର ଅଳ୍ପ ଶ୍ରଦ୍ଧାରେ ବି ମନୁଷ୍ୟ ଜୀବନ ହୋଇଯାଏ ନିତ୍ୟନୂତନ। ଏ

ସ୍ଥଳରେ ରବୀନ୍ଦ୍ରଙ୍କ କବିତାର ଓଡ଼ିଆ ଆମ୍ରାନୁବାଦ କରିଥିବା ହରପ୍ରସାଦ ଦାସଙ୍କ 'ଗୀତାଞ୍ଜଳି'ର ପଦଟିଏ ଉଲ୍ଲେଖ କରି ଦେଲେ ପାଠକମାନେ ଲାଭ କରିପାରନ୍ତି ବ୍ରହ୍ମାଣ୍ଡ ନିର୍ମାତାଙ୍କ ନୂତନ ଆଶିଷର ସୁମହାନ ସହାନୁଭୂତି। ହରପ୍ରସାଦ ଦାସଙ୍କ କବିତା ମୌଳିକତାର ମର୍ମଧ୍ୱନିରେ ସ୍ପନ୍ଦିତ। ତାଙ୍କ ଅନୁବାଦ ସଂପୂର୍ଣ ଭାବରେ ଉଦ୍ଧାର କରିବା ଅନେକଙ୍କ ଦୃଷ୍ଟିରେ ଶୋଭନୀୟ ବିବେଚିତ ହୋଇ ନପାରେ। କବିତାର ଶେଷ ପଂକ୍ତିଟି ଉଦ୍ଧାର କରିବାର ଲୋଭ ସମ୍ବରଣ କରିବା ଏ ଲେଖକ ପକ୍ଷରେ ଆଦୌ ସମ୍ଭବ ନ ଥିବାରୁ ଶେଷ ପଂକ୍ତିର ସୌନ୍ଦର୍ଯ୍ୟ ଉପସ୍ଥାପନ ଅନ୍ତତଃ କରାଯାଉ -

'ଅକଳନୀୟ ଦାନ ଏ ତବ
ମୋହରି ପାଇଁ
କ୍ଷୁଦ୍ର ମୋର ଆଞ୍ଜୁଳାରେ ଭରି
ଢାଳିଚ ଦେଇ ଦିବସ ବିଭାବରୀ
ଯୁଗର ପରେ ଯୁଗ ଗଲାଣି ସରି
ତଥାପି ଅଛି
ଆଞ୍ଜୁଳା ମୋ
ଯିବା ପାଇଁ କି ଭରି।'

ରବୀନ୍ଦ୍ରନାଥ ଯେପରି ପ୍ରଭୁଙ୍କ ପ୍ରତି ପ୍ରକାଶ କରିଛନ୍ତି ଅଗାଧ ବିଶ୍ୱାସ, ଗଙ୍ଗାଧରଙ୍କ 'ଭରସା' କବିତାରେ ସେହି ଭାବଗୁମ୍ଫନ ଲକ୍ଷ୍ୟ କରାଯାଇପାରେ। ଗଙ୍ଗାଧର ମଧ୍ୟ ପରମେଶ୍ୱରଙ୍କ ପ୍ରତି ଏତେ ଗଭୀର ଭାବରେ ଆସ୍ଥାଶୀଳ ଯେ, ଦିନେ ନା ଦିନେ ତାଙ୍କ କରୁଣାବଳୟ ଅନ୍ତର୍ଭୁକ୍ତ ହୋଇପାରିବେ ବୋଲି ଦୃଢ଼ ଆଶା ପୋଷଣ କରିଛନ୍ତି ମନରେ। ଭଗବାନ ବାସ୍ତବରେ କାହାକୁ ଚିରଦିନ ଦୁଃଖ ଓ ଯନ୍ତ୍ରଣାରେ ଆଘାତପ୍ରାପ୍ତ କରି ରଖିପାରନ୍ତି ନାହିଁ। ଦିନ ସରିଯାଏ। ବିତିଯାଏ ରାତି ରାତି। ବିତେ ବର୍ଷ ପରେ ବର୍ଷ। ଅଥଚ ଯେତେବେଳେ ଈଶ୍ୱରୀୟ କରୁଣା ଆସି ସ୍ପର୍ଶ କରେନା କବି-ହୃଦୟକୁ, ସେତେବେଳେ ସେ କହନ୍ତି -

'ତୁମେ ନିଜେ ଯା'କୁ ଅଛ ସରଜି,
ତାକୁ କେମନ୍ତେ ପାରିବ ବରଜି,
ତୁମ୍ଭର ଦଣ୍ଡନ ମଣିବି ମଣ୍ଡନ
କେମନ୍ତେ ନ ହେବ ମରଜି।
ତୁମ୍ଭେ ମାରିବ ଅଥବା ତାରିବ
ଯାହା ଇଚ୍ଛା ତାହା କରିପାରିବ,

ଯାହା କର ତାହା ତୁମ୍ଭ ଇଚ୍ଛା ବୋଲି
ମୋ' ଜୀବ ସମୟ ସାରିବ।'

(ଗଙ୍ଗାଧର ଗ୍ରନ୍ଥାବଳୀ, ପୃ. ୩୧୮)

ଯାହାକୁ ନିଜେ ଭଗବାନ କରିଛନ୍ତି ସର୍ଜନା, ତାକୁ ଯେ ବର୍ଜନ କରିବା ଏକାନ୍ତ ଅସମ୍ଭବ – ଏହି ପରିପକ୍ୱ ବିଚାର କବିଙ୍କର ଅନ୍ତଃସ୍ପର୍ଶୀ। ସାଧାରଣ ମଣିଷର ଧାରଣା ଥାଏ ଯେ, ଭଗବାନ ସର୍ବଦା ତାହାର ମଙ୍ଗଳାକାଂକ୍ଷୀ। କିନ୍ତୁ ସେଇ ମାଙ୍ଗଲ୍ୟର ଅର୍ଥ ଅନୁଶୀଳନ କରିବା ଏତେ ସହଜ ବ୍ୟାପାର ନୁହେଁ। ଦିବ୍ୟଜୀବନର ସାଧକ ଶ୍ରୀଅରବିନ୍ଦ ତାଙ୍କ ରଚିତ ଏକ କାରିକାରେ କହିଛନ୍ତି – 'ଯଦି ଭଗବାନ ତାଙ୍କ ପାଇଁ ନରକବାସ ବିଧାନ କରିବେ, ତେବେ ସେ କାହିଁକି ଅବା ସ୍ୱର୍ଗବାସ ପାଇଁ ଆକାଙ୍‌କ୍ଷା ପୋଷଣ କରିବେ ?" ଏପରି ଦିବ୍ୟମାନବଙ୍କ ଏକ ଏକ ଉକ୍ତି ଅତି ସ୍ପଷ୍ଟ ଭାବରେ ଦର୍ଶାଇ ଦିଏ ଯେ, କ'ଣ ଭଲ ଏବଂ କ'ଣ ମନ୍ଦ ମଣିଷ ସକାଶେ, ତାହାର ରହସ୍ୟ କେବଳ ପରମେଶ୍ୱରଙ୍କୁ ଗୋଚର। ତେଣୁ ଯେଉଁମାନେ ଉଚ୍ଚସ୍ତରାଶ୍ରିତ ଭକ୍ତ, ସେମାନେ କେବେହେଲେ କେବଳ ସୁଖ ପ୍ରତ୍ୟାଶା କରିପାରନ୍ତି ନାହିଁ। ଭଗବାନଙ୍କ ସଦିଚ୍ଛା ଉପରେ ସବୁକିଛି ଛାଡ଼ିଦିଅନ୍ତି ସଂପୂର୍ଣ୍ଣ ଭାବରେ। ଏହି ଚିନ୍ତନର ଗଭୀରତା ଓ ଗମ୍ଭୀରତା ଏଠାରେ ପ୍ରକାଶିତ ହୋଇଯାଇଛି। ଗଙ୍ଗାଧରଙ୍କ ଉତ୍ସର୍ଗୀକୃତ ଜୀବନବୋଧକୁ ଓଡ଼ିଆ ସାହିତ୍ୟର ବିଶିଷ୍ଟ ଶିଳ୍ପୀ ମନୋଜ ଦାସ ମାତ୍ର ଷୋହଳ ବର୍ଷ ଜୀବନ ବଞ୍ଚିଥିବା ଓ କର୍କଟ ରୋଗାକ୍ରାନ୍ତ ହୋଇ ସେହି ବୟସରେ ଚାଲିଯାଇଥିବା ଦୁଃସମ୍ବାଦ ଯେତେବେଳେ ପରିବେଷଣ କରିଛନ୍ତି, ସେତେବେଳେ କହିଛନ୍ତି ଯେ ଏହି ଅନ୍ତିମ ବିଦାୟର ବାସ୍ତବ ନାୟିକାର ନାମ 'ଗୀତାଞ୍ଜଳି'। ସିଏ ଶେଷ ନିଃଶ୍ୱାସ ତ୍ୟାଗ କରିବା ପରେ ତା'ର ଶେଯତଳୁ ଆବିଷ୍କୃତ ହୋଇଥିଲା ଅନେକ କବିତା। ଗୋଟିଏ କବିତାରେ ଗୀତାଞ୍ଜଳି ଲେଖିଛି-

'ଯେତେବେଳେ ଆସିବ ମୋ
ଅନ୍ତିମ ମୁହୂର୍ତ୍ତ,
ସେତେବେଳେ ହେବି ନାହିଁ ଭୀତ
କାରଣ ମୁଁ ଜାଣେ
ତୁମରି ନିଷ୍ପତ୍ତି ସଦା
କରୁଣା ସିଞ୍ଚିତ।'

ଏପରି ଏକ କବିତା ଉଦ୍ଧାର କରିବାର କାରଣ ହେଲା ଗଙ୍ଗାଧରଙ୍କ ମଧ୍ୟରେ ସେହି ପରମ ଭରସା ବ୍ୟଞ୍ଜିତ ହୋଇଉଠିଛି ମାର୍ମିକ ଭାବରେ। ପୁନଶ୍ଚ କବି କହନ୍ତି –

'ପ୍ରଭୁ, ଶୁଣିଅଛି ଏକ ମନ୍ତର

ତାହା ଭାବୁଛି ବସି ନିରନ୍ତର,
ଯେଡ଼େ ଦୋଷ କଲେ ତୁମ୍ଭ ଦେଶୁଁ ବଳେ
କରି ନ ପାରିବ ଅନ୍ତର।'

ଏ ପ୍ରସଙ୍ଗରେ ଉଲ୍ଲେଖନୀୟ ଆକବର ବୀରବଲଙ୍କ କ୍ଷୁଦ୍ର କାହାଣୀଟିଏ। ଦିନେ ଆକବର ବୀରବଲଙ୍କୁ ପଚାରୁଛନ୍ତି - ଭଗବାନ ବଡ଼ ନା ମୁଁ ବଡ଼? ବୀରବଲ ଅତ୍ୟନ୍ତ ଚତୁରତାର ସହିତ ଉତ୍ତର ଦେଇ କହିଛନ୍ତି ଯେ, ଆପଣ ହିଁ ହେଉଛନ୍ତି ଶ୍ରେଷ୍ଠ। କାରଣ ଆପଣ ଚାହିଁବା ମାତ୍ରକେ ନିଜ ରାଜ୍ୟର ଯେକୌଣସି ବ୍ୟକ୍ତିଙ୍କୁ ତଡ଼ି ଦେଇପାରିବେ। ମାତ୍ର ଭଗବାନଙ୍କ ପକ୍ଷରେ ତାହା କରିବା ଏକାନ୍ତ ଅସମ୍ଭବ। କାରଣ ଯାହା କିଛି ଚତୁର୍ଦ୍ଦିଗରେ ଆମେ ଦେଖୁଛୁ ଓ ଯାହା ପୁଣି ଦେଖିନପାରୁଛୁ, ସେ ସବୁର ନିର୍ମାତା ହେଉଛନ୍ତି ଭଗବାନ। ତେଣୁ ନିଜର ଏହି ସୁବିଶାଳ ରାଜ୍ୟରୁ କାହାକୁ ବା ବିଦାୟ ଦେଇପାରିବେ ସେ? ଠିକ୍ ସେହି କଥାର ମର୍ମବାଣୀ ମର୍ମରିତ ହୋଇଛି 'ଭରସା' କବିତାଟିରେ। ଭଗବାନଙ୍କ ଶୁଭେଚ୍ଛା ଉପରେ ଅତ୍ୟନ୍ତ ଆସ୍ଥାଶୀଳ, ସେହି ଶାଳୀନତାଯୁକ୍ତ ପ୍ରତ୍ୟୟର ପବିତ୍ର ତରଙ୍ଗ ଗଙ୍ଗାଧରଙ୍କ କବିତାକୁ କରିଦେଇଛି ଅର୍ଥମୟ। ଉଭୟ କବିଙ୍କ ଈଶ୍ୱରଙ୍କ ପ୍ରତି ଯେଉଁ ସୁଦୃଢ଼ ଭରସା ଅଭିବ୍ୟଞ୍ଜିତ, ସେଥିରେ ନାହିଁ କୌଣସି ଅତିରଂଜନ। ଉଭୟଙ୍କ ପ୍ରତିଭାର ଆଲୋକରେ ପ୍ରିୟ ପରମଙ୍କ ପ୍ରତି ଯେଉଁ ସୁଗଭୀର ପ୍ରତ୍ୟୟ ପ୍ରକଟିତ, ତାହାର ସାଙ୍ଗୀତିକ ଧ୍ୱନିମୟତା ଏ ଉଭୟ କବିତାକୁ ଦେଇପାରିଛି ଅସାମାନ୍ୟ ଦ୍ୟୁତି ଓ ଶକ୍ତି। ଏ ଦୃଷ୍ଟିରୁ ଏହି ଉଭୟଙ୍କ କବିତାର ଅନୁଶୀଳନ କରାଗଲେ ଉଭୟଙ୍କ ସଂପ୍ରସାରିତ ସମର୍ପଣ ଭାବର ସଂଗୀତ ସବୁ କାଳରେ ସ୍ମରଣୀୟ ଓ ଅନୁସରଣୀୟ ନିଶ୍ଚୟ।

■

ପତ୍ନୀବିଚ୍ଛେଦର ଶୋକଧାରାରେ ରବୀନ୍ଦ୍ର ଓ ଗଙ୍ଗାଧର

ମହର୍ଷି ଦେବେନ୍ଦ୍ରନାଥ ଅନୁଭବ କରିଥିଲେ ତାଙ୍କ ସୁପୁତ୍ର ରବୀନ୍ଦ୍ର କିପରି ବିଶୁଦ୍ଧ ରୋମାଣ୍ଟିକ ଭାବାଚ୍ଛନ୍ନ ବ୍ୟକ୍ତିତ୍ୱ। ସେ ଦିଗରେ ତାଙ୍କୁ ଉତ୍ସାହ ପ୍ରଦାନ ନ କରି ବରଂ ନିୟନ୍ତ୍ରଣ ଭିତରେ ରଖିବାର ଯେଉଁ ଆବଶ୍ୟକତା ଦେବେନ୍ଦ୍ରନାଥ ଅନୁଭବ କରିଥିଲେ, ସେହି ଅଭିଳାଷ ଓ ଅନୁସନ୍ଧାନରୁ ଆବିର୍ଭୂତ ହୋଇଥିଲେ ମୃଣାଳିନୀ ଦେବୀ। ତାଙ୍କର କୁମାରୀ ବୟସର ନାମ ଥିଲା ଭବତାରିଣୀ। ରବୀନ୍ଦ୍ର ନଳିନୀ ନାମ୍ନୀ ଜଣେ ତରୁଣୀ ସହିତ ଆଦ୍ୟ ଯୌବନରେ ଯେପରି ପ୍ରଣୟାସକ୍ତ ହୋଇଥିଲେ, ତାହାକୁ ଭିତ୍ତି କରି ଲେଖିଥିଲେ ଏକ ଗୀତିନାଟ୍ୟ। ନଳିନୀ ନାମଟିକୁ ଚିରସ୍ମରଣୀୟ ରଖିବା ସକାଶେ ଭବତାରିଣୀଙ୍କ ନୂତନ ନାମକରଣ ସେ କଲେ 'ମୃଣାଳିନୀ'। ଯେଉଁ ରୋମାଣ୍ଟିକ ଭାବବଳୟ ମଧ୍ୟରୁ ରବୀନ୍ଦ୍ରନାଥଙ୍କୁ ଉଦ୍ଧାର କରିବାର ପ୍ରୟାସ କରିଥିଲେ ପିତା ଦେବେନ୍ଦ୍ରନାଥ, ସେହି ଭାବାବୃତ୍ତ ମଧ୍ୟକୁ ରବୀନ୍ଦ୍ର ଟାଣିନେଲେ ତାଙ୍କର ଜୀବନସାଥୀଙ୍କୁ ପ୍ରଣୟିନୀର ନାମ ସହିତ ସାମଞ୍ଜସ୍ୟ ରଖୁଥିବା ଏକ ନୂତନ ନାମର ପ୍ରୀତିଅର୍ଘ୍ୟ ପ୍ରଦାନ କରି।

ମୃଣାଳିନୀ ଦେବୀ ବାସ୍ତବିକ ରବୀନ୍ଦ୍ରଙ୍କ ପତ୍ନୀପଦର ଏକାନ୍ତ ଯୋଗ୍ୟା ଥିଲେ। ଯେପରି ଆଦର ଓ ଯତ୍ନ ସହକାରେ ସେ ରବୀନ୍ଦ୍ରଙ୍କୁ ମୁଗ୍ଧ କରି ରଖିପାରିଥିଲେ, ତା'ଦ୍ୱାରା ରବୀନ୍ଦ୍ର-ପ୍ରତିଭା ହୋଇଉଠିଥିଲା ଅଧିକ ମୁକୁଳିତ ଓ ସୁରଭିତ। ଠାକୁର ପରିବାର ଥିଲେ ଧନଶାଳୀ। ମୃଣାଳିନୀ ଦେବୀଙ୍କ ପାରିବାରିକ ଆଭିଜାତ୍ୟ କୌଣସି ଗୁଣରେ ଠାକୁର ପରିବାର ସହିତ ତୁଳନୀୟ ନଥିଲା। ପୁନଶ୍ଚ ମୃଣାଳିନୀ ଥିଲେ ନିରକ୍ଷର।

ତଥାପି ପିତାଙ୍କ ନିର୍ବାଚିତ ପାତ୍ରୀଙ୍କୁ ଗ୍ରହଣ କରିନେବାରେ କୌଣସି ଅନିଚ୍ଛା ପ୍ରକଟ କରିବା ଥିଲା ରବୀନ୍ଦ୍ରଙ୍କ ପକ୍ଷରେ ଅସମ୍ଭବ। ମୃଣାଳିନୀ ଦେବୀ ପାଞ୍ଚଜଣ ପୁତ୍ରକନ୍ୟାଙ୍କୁ ଜନ୍ମ ଦେଇ ଠାକୁର ପରିବାରକୁ ପ୍ରଦାନ କରିଥିଲେ ଅମୂଲ୍ୟ ସଂପଦ। କବି ବା ଶିଳ୍ପୀ ଜୀବନରେ କାହିଁକି ଯେ ବିଧାତା ରଚନା କରିଥା'ନ୍ତି ବିଚ୍ଛେଦାତ୍ମକ ଦୁଃଖ, ତାହାର ରହସ୍ୟ ଜାଣନ୍ତି କେବଳ ସେ ହିଁ। ପ୍ରିୟଜନଙ୍କ ବିୟୋଗ-ବ୍ୟଥିତ ରବୀନ୍ଦ୍ରଙ୍କୁ ଆବିଷ୍କାର କଲେ ତାଙ୍କ ତୀବ୍ର ବେଦନାକ୍ତ ହୃଦୟର ସ୍ପନ୍ଦନକୁ ଉପଲବ୍ଧି କରିହୁଏ। ଶାନ୍ତିନିକେତନରେ ନୂତନ ଘର ପରିବର୍ତ୍ତନ କରିବାର କିଛିମାସ ପରେ ପତ୍ନୀ ମୃଣାଳିନୀ ଦେବୀ ଅସୁସ୍ଥ ହୋଇପଡ଼ିଲେ ଗମ୍ଭୀର ଭାବରେ। ତାଙ୍କର ଉପଯୁକ୍ତ ଚିକିତ୍ସା ନିମିତ୍ତ କଲିକତା ନିଆଯାଇଥିଲା। ମାତ୍ର ସୁସ୍ଥ ଶରୀରରେ ଆଉ ମୃଣାଳିନୀ ଦେବୀ ଫେରି ଆସିନଥିଲେ ରବୀନ୍ଦ୍ର ସଦନକୁ। ୧୯୦୨ ମସିହା ନଭେମ୍ବର ୨୩ ତାରିଖ ଦିନ ତାଙ୍କର ଦେହାବସାନ ରବୀନ୍ଦ୍ରଙ୍କ ସମେତ ଠାକୁର ପରିବାରର ସମସ୍ତଙ୍କୁ କରିଦେଇଥିଲା ଶୋକାଚ୍ଛନ୍ନ।

ମୃଣାଳିନୀ ଦେବୀ ଏପରି ଉତ୍ସର୍ଗୀକୃତ ଉପାଦାନରେ ଥିଲେ ଗୌରବମଣ୍ଡିତା ଯେ, ସୁଦୀର୍ଘ ଦୁଇ ଦଶନ୍ଧି ବ୍ୟାପୀ ନିଜକୁ ସେ ସମ୍ପୂର୍ଣ୍ଣ ସମର୍ପିତ କରିଦେଇଥିଲେ ରବୀନ୍ଦ୍ରଙ୍କ ଜୀବନକୁ ସବୁ ଦୃଷ୍ଟିରୁ ସୁଶୃଙ୍ଖଳିତ, କଳାବିମଣ୍ଡିତ ତଥା ସାହିତ୍ୟ ସାଧନାର ଅନୁକୂଳ କରିଦେଇ। କି ସାଧାରଣ ପୋଷାକ ପରିଚ୍ଛଦ ପିନ୍ଧୁଥିଲେ ସେ! ଅଳଙ୍କାର ପ୍ରତି ନଥିଲା କୌଣସି ଆକର୍ଷଣ। ପତି-ଆଦର୍ଶରେ ଆପଣାକୁ ଗଢ଼ିବା ଥିଲା ତାଙ୍କ ଜୀବନର ମୂଳଲକ୍ଷ୍ୟ। ପିଲାମାନଙ୍କୁ ସର୍ବଦା ସୁନ୍ଦର ପୋଷାକରେ ସୁସଜ୍ଜିତ କରି ସେଇଥିରେ ହିଁ ନିଜ ହୃଦୟର ସୌନ୍ଦର୍ଯ୍ୟ ପ୍ରତିବିମ୍ବିତ ହେବାର ଲକ୍ଷ୍ୟ କରୁଥିଲେ।

ଅକ୍ଷର ଶିଖି ନଥିବା ଏହି ମୃଣାଳିନୀ ଦେବୀ ରବୀନ୍ଦ୍ର-ପ୍ରଭାବରେ ମାତୃଭାଷା ବଙ୍ଗଳାରେ ହୋଇଯାଇଥିଲେ ସୁନିପୁଣା। କେବଳ ସେତିକି ନୁହେଁ, ସଂସ୍କୃତ ଓ ଇଂରାଜୀ ମଧ୍ୟ ଅତି କମ୍ ଦିନ ମଧ୍ୟରେ ସେ ଆୟତ୍ତ କରିନେଇଥିଲେ। ପୁନଶ୍ଚ ରବୀନ୍ଦ୍ରଙ୍କ ପ୍ରେରଣା ଲାଭ କରି 'ରାମାୟଣ'ର କିୟଦଂଶ ସେ ବଙ୍ଗଳାରେ ଅନୁବାଦ କରିଥିଲେ ଅତ୍ୟନ୍ତ ଆଗ୍ରହ ସହକାରେ। ଆଶ୍ଚର୍ଯ୍ୟ କଥା ଯେ, ସେ ପୁଣି ସ୍ୱାମୀଙ୍କଦ୍ୱାରା ରଚିତ ଓ ନିର୍ଦ୍ଦେଶିତ ନାଟକରେ ମଧ୍ୟ ଅଭିନୟ କରି ରବୀନ୍ଦ୍ରଙ୍କ ହୃଦୟରେ ଭରି ଦେଇଥିଲେ ଅପୂର୍ବ ଆନନ୍ଦାନୁଭୂତି। ଯେତେବେଳେ ସେ ଅସୁସ୍ଥ, ରବୀନ୍ଦ୍ର ତାଙ୍କର ହୋଇଯାଇଥିଲେ ଅଧିକ ନିକଟତର। ସ୍ୱୟଂ ନିଜେ ପତ୍ନୀଙ୍କ ପାଖରେ ଉପସ୍ଥିତ ରହି ତାଙ୍କର ସେବା କରୁଥିଲେ ଅପୂର୍ବ ଆନ୍ତରିକତା ନେଇ। ବିଜୁଳି ପଙ୍ଖା ତ ସେତେବେଳେ ନଥିଲା। କବି ରାତିଦିନ ହାତରେ ବିଞ୍ଚଣା ଧରି ମୃଣାଳିନୀ ଦେବୀଙ୍କୁ

ଦେଉଥିଲେ ସ୍ନିଗ୍ଧ ଶୀତଳ ସମୀରଣର ସ୍ପର୍ଶ । ଯେଉଁଦିନ ଶେଷନିଃଶ୍ୱାସ ତ୍ୟାଗ କଲେ ମୃଣାଳିନୀ ଦେବୀ, ଅନ୍ୟ କାହାରିକୁ ସେହି ପରିସରକୁ ଆସିବାକୁ ନ ଦେଇ ସାରା ରାତି ତାଙ୍କର ମୁଖମଣ୍ଡଳକୁ ଶୋକାଚ୍ଛନ୍ନ ଓ ପ୍ରେମପୂର୍ଣ୍ଣ ନୟନରେ ଦେଖି ଦେଖି ପଦଚାରଣ କରି ବିତାଉଥିଲେ ପତ୍ନୀଙ୍କ ସାନ୍ନିଧ୍ୟରେ ସର୍ବଶେଷ ରାତ୍ରି ।

ରବୀନ୍ଦ୍ର ତାଙ୍କ ଜୀବନର କେଉଁ ଅନୁଭୂତିକୁ ବା ରୂପ ଦେଇନାହାନ୍ତି ସାହିତ୍ୟରେ ! ତାଙ୍କର ଅନେକ କବିତାରେ ଏହି ଶୋକାବେଗ ରୂପାୟିତ ହୋଇଛି ବିଶୁଦ୍ଧ ପତ୍ନୀପ୍ରେମର ପୂଜାଫୁଲ ହୋଇ । ଦୁଃଖର ଶେଯରେ ଅଶ୍ରୁସିକ୍ତ କ୍ଳାନ୍ତ ଆଖିପତା ତାଙ୍କର କିପରି ବେଦନାସିକ୍ତ, ତାହା ସେ ପ୍ରକାଶ କରିଛନ୍ତି ମର୍ମସ୍ପର୍ଶୀ ଭାବରେ । ପରମେଶ୍ୱରଙ୍କୁ ସମ୍ବୋଧନ କରି ରବୀନ୍ଦ୍ର ଯେଉଁ ଶୋକାବେଗର ପ୍ରଖର ନିଃଶ୍ୱାସ ଛାଡ଼ି ଯାଇଛନ୍ତି, ତାହା ପାଠ କଲେ ଏବେ ମଧ୍ୟ ରୋମାଞ୍ଚିତ ହୋଇଯାଏ ସମଗ୍ର ଶରୀର । ସେ ଯାହା ଉଲ୍ଲେଖ କରିଛନ୍ତି, ତାହାର ସାରମର୍ମ ହେବ ଏହିପରି ଯେ - "ରାତି ପାହି ପ୍ରଭାତ ଆସିଛି । ତୁମେ ବାହୁ ପ୍ରସାରଣ କରି ତାକୁ ନେଇଯାଇଛ ନିଜ ନିକଟକୁ । ବର୍ତ୍ତମାନ ମୋର ସମସ୍ତ ଶ୍ରଦ୍ଧାର୍ଘ୍ୟ ତୁମ ପ୍ରତି ଉତ୍ସର୍ଗ କରିଦେବାକୁ ତୁମ ପାଖରେ ମୁଁ ଉପସ୍ଥିତ । ହେ ଭଗବାନ ! ମୋର ଗୃହାଙ୍ଗନ ତ ଅତ୍ୟନ୍ତ କ୍ଷୁଦ୍ର । ଏଠାରୁ ଯାହା ଅନ୍ତର୍ହିତ ହୋଇଯାଏ, ତାହା ଆଉ କେବେ ପ୍ରତ୍ୟାବର୍ତ୍ତନ କରେ ନାହିଁ । ପ୍ରଭୁ ! ତୁମର ପ୍ରସାଦ ତ ସୀମାହୀନ । ସେଇଠି ମୃଣାଳିନୀଙ୍କୁ ସନ୍ଧାନ କରିବାର ଗଭୀର ଆଶା ନେଇ ତୁମ ଦ୍ୱାରରେ ମୁଁ ଉପସ୍ଥିତ ।" ରବୀନ୍ଦ୍ରଙ୍କ ରଚିତ ଏହି ଶୋକଦଗ୍ଧ ପ୍ରାଣର ଅଶ୍ରୁଧାରା କାହା ହୃଦୟକୁ ବା ମନ୍ଥିତ କରି ନ ଦେବ !

ରବୀନ୍ଦ୍ର ପତ୍ନୀଙ୍କ ଆସବାବପତ୍ର ମଧ୍ୟରେ ତାଙ୍କୁ ବା ତାଙ୍କର ସ୍ମୃତିକୁ ଖୋଜିଚାଲନ୍ତି ଏଭଳି ଆବେଗାଚ୍ଛନ୍ନ ମୁହୂର୍ତ୍ତରେ ସେ ଆବିଷ୍କାର କରିଥିଲେ ମୃଣାଳିନୀ ଦେବୀ ତାଙ୍କୁ ଲେଖିଥିବା କେତେକ ପ୍ରାଣସ୍ପର୍ଶୀ ଚିଠି । ଜୀବନର ପରମ ସଂପଦ ଭାବରେ ତାହାକୁ ସାଇତି ରଖିଥିଲେ ସେ । ପରବର୍ତ୍ତୀ ସମୟରେ ରଚନା କରିଥିଲେ ଏକ କବିତା ସଂକଳନ, ଯାହାର ଶୀର୍ଷକ ହେଉଛି 'ସ୍ମରଣ' । ରବୀନ୍ଦ୍ର ଓ ମୃଣାଳିନୀଙ୍କ ଏହି ପ୍ରେମୋଚ୍ଛ୍ୱାସପୂର୍ଣ୍ଣ ଜୀବନ ସ୍ମରଣ କଲାବେଳେ ସ୍ୱଭାବ କବି ଗଙ୍ଗାଧର ମେହେରଙ୍କ ଜୀବନରେ ଘଟିଥିବା ବିୟୋଗାତ୍ମକ ପତ୍ନୀବିଚ୍ଛେଦ ଦୁଃଖ ହୃଦୟକୁ ଆହୁରି ଦ୍ରବୀଭୂତ କରିପକାଏ ।

ଗଙ୍ଗାଧରଙ୍କ ପତ୍ନୀଙ୍କ ନାମ ଥିଲା ଶାନ୍ତା । ସେ ଥିଲେ ବର୍ତ୍ତମାନ ବରଗଡ଼ ଜିଲ୍ଲାସ୍ଥିତ ରେମଣ୍ଡା ଗ୍ରାମର ସୁକନ୍ୟା । ତାଙ୍କର କବି ପରିବାରକୁ ଶୁଭାଗମନ ପରେ ଯେପରି ସ୍ୱୟଂ ଶାନ୍ତିଦେବୀଙ୍କ ଅବତରଣ ସମ୍ଭବ ହୋଇଛି ବୋଲି ପ୍ରତୀୟମାନ ହେଲା । ଦୁଇ

ଝିଅ ଓ ଦୁଇଟି ପୁତ୍ରସନ୍ତାନ ଗଙ୍ଗାଧରଙ୍କୁ ଉପହାର ପ୍ରଦାନ କରିବା ପରେ ସତେ ଯେମିତି ଏ ଧରଣୀବକ୍ଷରେ ତାଙ୍କର ଭୂମିକା ଶେଷ ହୋଇ ଆସୁଥିଲା। କିଏ ବା କଳ୍ପନା କରିଥିଲା ଏପରି ଦୈବ-ଦୁର୍ଯୋଗ ମାଡ଼ି ଆସିବ ବରପାଲି ଗ୍ରାମ ତଥା କବି ପରିବାରଙ୍କ ଉପରେ ! ସେ ସମୟରେ ବେଳେବେଳେ ବିସୁଚିକାର ଆବିର୍ଭାବ ମହାମାରୀ ରୂପରେ ଭୟଙ୍କର ଭାବେ କବଳିତ କରୁଥିଲା ଜନସାଧାରଣଙ୍କୁ। ପ୍ରତିଷେଧକ ଔଷଧ ଅଭାବରୁ କେତେ ଯେ ଲୋକ ଅକାଳରେ ମୃତ୍ୟୁର ଶିକାର ହେଉଥିଲେ, ତାହାର ହିସାବ ବା ରଖୁଛି କିଏ ! ୧୮୯୭ ମସିହାରେ ଗ୍ରୀଷ୍ମକାଳରେ ଏହି ମହାମାରୀ ଯେଉଁ ଆତଙ୍କ ସୃଷ୍ଟି କଲା, ବରପାଲିର ବହୁ ଲୋକ ଗୃହ ଓ ଗ୍ରାମ ପରିତ୍ୟାଗ କରି ଦୂରଦୂରାନ୍ତରର ବୃକ୍ଷଛାୟା ତଳେ ଆଶ୍ରୟ ନେବାକୁ ବାଧ ହେଲେ।

ଏଭଳି ସଂକଟମୟ କାଳରେ ଗଙ୍ଗାଧରଙ୍କ ପତ୍ନୀ ଶାନ୍ତା ଓ ପରିବାରର ତଥା ତାଙ୍କୁ ଆଶ୍ରୟ କରି ରହିଥିବା ଏକାଧିକ ପରିବାରଙ୍କୁ ସାଙ୍ଗରେ ନେଇ ଅତିକ୍ରମ କରିଥିଲେ ବରପାଲି। ସନ୍ଧ୍ୟାରେ ମାଡ଼ି ଆସିଲା ଚତୁର୍ଦ୍ଦିଗରୁ ଅନ୍ଧକାରର କଳାଛାଇ। ସେତେବେଳେ ପୁଣି ଅନ୍ୟ କୌଣସି ଗ୍ରାମବାସୀ ଏମାନଙ୍କୁ ସ୍ଥାନ ଦେବାପାଇଁ ଥିଲେ ଅପ୍ରସ୍ତୁତ। ବରପାଲିରୁ ପ୍ରାୟ ତିନି ମାଇଲ ଦୂରରେ ଥିବା ରାବନଗୁଡ଼ା ନାମକ ଗ୍ରାମ ନିକଟସ୍ଥ ଆମ୍ବତୋଟାରେ ବିତିଯାଇଥିଲା ଏକ ସପ୍ତାହ କାଳ। ପରେ ଗ୍ରାମବାସୀମାନେ ଯଦିଓ କବି ପରିବାରଙ୍କୁ ଗ୍ରାମ ଭିତରକୁ ଆସି ଆଶ୍ରୟ ନେବାପାଇଁ ଦେଇଥିଲେ ଅନୁମତି, ତଥାପି ସେହି ଆଶ୍ରୟସ୍ଥଳ ଥିଲା ଗୋରୁଗୁହାଳ। ଶାନ୍ତାଦେବୀ ସେତେବେଳେ ଆକସ୍ମିକ ଭାବରେ ଅସୁସ୍ଥ ହୋଇପଡ଼ିଥିଲେ। ଦେଶୀୟ ବୈଦ୍ୟମାନଙ୍କଦ୍ୱାରା ତାଙ୍କର ଚିକିତ୍ସା ପରେ ମଧ୍ୟ କୌଣସି ସୁଫଳ ଆଶା କରାଯାଇ ପାରିଲା ନାହିଁ। ସମଗ୍ର ପରିବାରକୁ ଶୋକସାଗରରେ ନିମଗ୍ନ କରି ସେ ଶେଷ ନିଃଶ୍ୱାସ ତ୍ୟାଗ କଲେ ଅତ୍ୟନ୍ତ କରୁଣାର୍ଦ୍ର ବାତାବରଣରେ। ବିସୁଚିକାର ପ୍ରାଦୁର୍ଭାବ ହ୍ରାସ ହୋଇଗଲା ପରେ ଶାନ୍ତାବିହୀନ କବି ପରିବାର ଶୂନ୍ୟ ହୃଦୟରେ ଶୂନ୍ୟ ଗୃହମନ୍ଦିରକୁ ପ୍ରବେଶ କରିଥିଲେ ମନରେ ଅକୁହା କୋହ ନେଇ।

ଏହି ଦୁଃସମ୍ବାଦ ପାଇଥିଲେ ପଣ୍ଡିତ ନୀଳମଣି ବିଦ୍ୟାରତ୍ନ। ତା'ପରେ ସେ ଖବର ଯାଇ ପହଞ୍ଚିଲା ରାଧାନାଥଙ୍କ ନିକଟରେ। କବିବର ରାଧାନାଥ ରାୟ ସେତେବେଳେ ଗଙ୍ଗାଧରଙ୍କୁ ଏକ ପତ୍ରରେ ଯେଉଁ ଆନ୍ତରିକ ସାନ୍ତ୍ୱନା ଜଣାଇଥିଲେ, ତାହା ଗଙ୍ଗାଧରଙ୍କୁ ନିଶ୍ଚୟ ପ୍ରଦାନ କରିଥିଲା ଅନେକ ମାନସିକ ଶାନ୍ତି। ସେ ଉକ୍ତ ପତ୍ରଟି ଲେଖିଥିଲେ ତା ୨୯.୦୭.୧୮୯୭ ଦିନ। ସେଥିରେ ଉଲ୍ଲେଖ କରିଥିଲେ – "ଆପଣଙ୍କର ପତ୍ନୀଙ୍କର ଅକାଳ ବିୟୋଗର ସମ୍ବାଦ ଏବଂ ପାରିବାରିକ ଅନ୍ୟାନ୍ୟ

ଦୁଃସମ୍ବାଦ ପାଇ ନିରତିଶୟ ଦୁଃଖିତ ହେଲି। ଆପଣଙ୍କ ପରି ବ୍ୟକ୍ତିଙ୍କୁ ସାନ୍ତ୍ୱନା ଦେବା ନିଷ୍ପ୍ରୟୋଜନ। ସାନ୍ତ୍ୱନାର ଅତୀତ ଅନେକ ଦୁଃଖ ଏ ସଂସାରରେ ଅଛି। ଏଭଳି ଦୁଃଖର ସ୍ମୃତିକୁ କେବଳ ଏକମାତ୍ର କାଳ ଶନୈଃ ଶନୈଃ ମଳିନ କରାଇ ଦିଏ। ଏହାର ଅନ୍ୟ ପ୍ରତିକାର ନାହିଁ।

କେଉଁ ପୀଡ଼ାରେ ଆପଣଙ୍କର ପତ୍ନୀଙ୍କର ବିୟୋଗ ହେଲା। ସେ କେତେଦିନ ପୀଡ଼ା ଭୋଗ କଲେ, ଅନ୍ତିମ ସମୟରେ କଅଣ କହିଗଲେ, ଆପଣଙ୍କର ସନ୍ତାନ କେତୋଟି, ସେମାନଙ୍କର ଲାଳନପାଳନ ଏବଂ ଶିକ୍ଷା କିପରି ହେଉଅଛି ଲେଖିବା ହେବେ। ଆପଣଙ୍କ ହୃଦୟ କିପରି ଏବଂ ଉଲ୍ଲିଖିତ ଘଟନାର ସେ ହୃଦୟ କିପରି ଆହତ ହୋଇଥିବ, ତାହା ମୁଁ ଉତ୍ତମ ରୂପେ ବୁଝିପାରୁଅଛି।" (ପିତୃପ୍ରସଙ୍ଗ: ପୃ-୧୮୬)

ରାଧାନାଥଙ୍କ ଏହି ସମବେଦନା ସିଞ୍ଚିତ ଶବ୍ଦ ଗଙ୍ଗାଧରଙ୍କୁ ନିଶ୍ଚିତ ଭାବରେ ଏକ ସାରସ୍ୱତ ସାନ୍ତ୍ୱନା ପ୍ରଦାନ କରିଥିବ। ଏ ପତ୍ରଟିକୁ ନିଜ ବାଲ୍ୟକାଳରେ କବିପୁତ୍ର ଭଗବାନ ମେହେର ପଢ଼ିପାରି ନଥିଲେ। ଯେତେବେଳେ ସେ ସଚେତନ ବୟସରେ ଉପନୀତ, ସେତେବେଳେ ଏହା ପାଠ କରୁଁ କରୁଁ ତାଙ୍କ ହୃଦୟ ଯେପରି କୋହପୂର୍ଣ୍ଣ ହୋଇଉଠିଥିଲା, ସେହିପରି ପୁଣି ରାଧାନାଥଙ୍କ ପ୍ରତି କୃତଜ୍ଞ ହୋଇଉଠିଥିଲା ହୃଦୟତନ୍ତ୍ରୀ। ପତ୍ରସବୁକୁ ସାଇତି ରଖିଥିଲେ ସେ ଅତ୍ୟନ୍ତ ଯତ୍ନ ସହକାରେ ଓ 'ପିତୃପ୍ରସଙ୍ଗ' ରଚନାବେଳେ ଏହାକୁ ସଂକଳିତ କରିଥିଲେ ସେଠାରେ।

ମମତାମୟୀ ଶାନ୍ତାଦେବୀଙ୍କ ଅମାପ ସ୍ନେହଶୀଳତାରୁ ବଞ୍ଚିତ ହୋଇ ତାଙ୍କ ଚାରି ପୁତ୍ରକନ୍ୟାଙ୍କ ମଧ୍ୟରେ ଯେଉଁ ଭାବାବେଶ ସୃଷ୍ଟି ହୋଇଥିଲା, ତାହା ଆଜି କଳ୍ପନାର ଚକ୍ଷୁରେ ଦେଖିବା ହିଁ କେବଳ ସମ୍ଭବ। ବାସ୍ତବରେ ଶାନ୍ତାଙ୍କ ବ୍ୟକ୍ତିତ୍ୱ ଥିଲା ଏତେ ନିରହଙ୍କାର ଓ ମହନୀୟ ଯେ, ନିଜ ଜୀବନର ଶେଷ ମୁହୂର୍ତ୍ତରେ ଶବ୍ଦ ଉଚ୍ଚାରଣ କରିପାରୁଥିବାବେଳେ ସ୍ୱାମୀଙ୍କୁ ସେ ଦ୍ୱିତୀୟ ବିବାହ କରିବା ପାଇଁ ଲୋତକାର୍ଦ୍ର ଚକ୍ଷୁରେ ଅନୁରୋଧ କରିଥିଲେ। ଏହି ଗୋଟିଏ ଘଟଣା ହିଁ ଯଥେଷ୍ଟ ସ୍ୱାମୀ ଓ ପୁତ୍ରକନ୍ୟାଙ୍କ ପ୍ରତି ତାଙ୍କର ଆସକ୍ତି ଥିଲା କେତେ ଆନ୍ତରିକ। ସେ ରବୀନ୍ଦ୍ର-ପତ୍ନୀ ମୃଣାଳିନୀଙ୍କ ପରି ଥିଲେ ନିରକ୍ଷରା। ମୃଣାଳିନୀ ଦେବୀ ତ ରବୀନ୍ଦ୍ରଙ୍କ ବ୍ୟକ୍ତିତ୍ୱ-ବଳୟରେ ରହି ଆୟତ୍ତ କରିପାରିଥିଲେ ଏକାଧିକ ଭାଷା। ଶାନ୍ତାଦେବୀ ଯଦିଓ ସେପରି ସୁଯୋଗ ପାଇନଥିଲେ କିମ୍ବା ପାଇବାର ଆବଶ୍ୟକତା ଅନୁଭବ କରିନଥିଲେ; ତଥାପି ସିଏ ମଧ୍ୟ ଗଙ୍ଗାଧରଙ୍କ ପ୍ରଭା-ପ୍ରଭାବରେ ହୋଇଯାଇଥିଲେ ପରିପକ୍ୱ। ଏକ ଉନ୍ନତ, ଭଦ୍ରୋଚିତ, ସୁନ୍ଦର ଜୀବନଶୈଳୀ କାହାକୁ କୁହାଯାଏ - ତାହା ଗଙ୍ଗାଧରଙ୍କୁ ଦେଖି ସେ ବୁଝିଯାଇ

ପାରିଥିଲେ। 'ଇନ୍ଦୁମତୀ' କାବ୍ୟରେ କାବ୍ୟନାୟିକା ଇନ୍ଦୁମତୀଙ୍କ ଅକାଳ ବିଚ୍ଛେଦ ଅଜଙ୍କ ଅନ୍ତରରେ ଯେଉଁ କୋହାବେଶ ସୃଷ୍ଟି କରିଥିଲା, ତାହାକୁ ଗଙ୍ଗାଧର ସ୍ମରଣ କରିବା ମାତ୍ରକେ ଅନୁଭବ କରିପାରୁଥିଲେ ଯେ, ଅଜଙ୍କ ପରି ତାଙ୍କ ହୃଦୟ ମଧ୍ୟ କ୍ରନ୍ଦନରତ। ମୃତ୍ୟୁର ନିୟମକୁ ସେ ବୁଝିଥିଲେ ଏହା ସହିତ। ଗୋଟିଏ ପାଖରେ ଅଜଙ୍କ ସଦୃଶ ତାଙ୍କ ପ୍ରାଣତନ୍ତ୍ରୀ ବିଳାପ କରୁଥିବାବେଳେ ଅନ୍ୟ ପାର୍ଶ୍ୱରେ ବଶିଷ୍ଠ ଋଷିଙ୍କ ଶିଷ୍ୟମୁଖରେ ଉଚ୍ଚାରଣ କରାଇଥିବା ଚିରନ୍ତନ ସତ୍ୟକୁ ଆତ୍ମସ୍ଥ କରିପାରୁଥିଲେ ଗଙ୍ଗାଧର। ସେଥିପାଇଁ ନିଜ ଶିରାପ୍ରଶିରାର ବିଚ୍ଛେଦ-ବେଦନାକୁ ମର୍ମସ୍ଥଳରେ ଅନୁଭବ କରିବା ସହିତ ବଶିଷ୍ଠମୁନିଙ୍କ ସ୍ତରକୁ ମଧ୍ୟ ସେ ଉତ୍ତୀର୍ଣ୍ଣ ହୋଇଯାଇ ପାରିଥିଲେ। ନମ୍ର, ନିରଭିମାନ, ମୃଦୁଭାଷୀ ଗଙ୍ଗାଧରଙ୍କ ବ୍ୟଥାତୁର ଆତ୍ମାର ଆବେଗକୁ ଯଦି କିଏ ସବୁଠାରୁ ଅଧିକ ହୃଦୟଙ୍ଗମ କରିପାରୁଥିଲେ, ସେମାନେ ତାଙ୍କ ଚାରି ସନ୍ତାନ ଅର୍ଥାତ୍ ଚତୁର୍ଦ୍ଧା ସହାନୁଭୂତିର ଜୀବନ୍ତ ମୂର୍ତ୍ତି। ଶାନ୍ତାଦେବୀଙ୍କ ଶାନ୍ତି-ସଞ୍ଚାରକ୍ଷମ ସକଳ ବାର୍ତ୍ତାଳାପ ଗଙ୍ଗାଧରଙ୍କ କର୍ଣ୍ଣଗହ୍ୱରରେ ପ୍ରତିଧ୍ୱନିତ ହୋଇଉଠୁଥିଲା। ମୁହୂର୍ତ୍ତଟିଏ ପାଇଁ ମଧ୍ୟ ଯିଏ ଅଶାନ୍ତି-ସୂଚକ ଶବ୍ଦଟିଏ ଉଚ୍ଚାରଣ କରିନଥିଲେ, ତାଙ୍କୁ ଗଙ୍ଗାଧର ପ୍ରତିକ୍ଷଣରେ କିପରି ଯେ ସମରଣ କରୁଥିଲେ, ତାହା ତାଙ୍କ ରଚିତ ପଦପଂକ୍ତିଦ୍ୱାରା ହିଁ କେବଳ ବ୍ୟକ୍ତ କରାଯାଇପାରେ।

"କେତେ ଅପରାଧ   କରି ସଖି ! ଦିନେ
  ଦେଖିନାହିଁ ତୋର ମାନ,
ଦିନେ ତୋ ମୁଖରୁ   କର୍କଶ ବଚନ
  ପାଇନାହିଁ ମୋର କାନ।
କଳନାଦି-ବୀଣା-   ଗର୍ବ ଖର୍ବକର
  ବଚନ ନ କହି ପଦେ,
ଗଲୁ ନିମାଜ୍ଜାଇ   ଦେଇ ଶୋକମୟ
  ଦୁସ୍ତର ଘୋର ବିପଦେ।"

(ଗଙ୍ଗାଧର ଗ୍ରନ୍ଥାବଳୀ, ପୃ- ୨୭)

ରବୀନ୍ଦ୍ରନାଥଙ୍କ ସହଧର୍ମିଣୀ ମୃଣାଳିନୀଙ୍କ ବ୍ୟକ୍ତିତ୍ୱ ଆଉ ଶାନ୍ତାଦେବୀଙ୍କ ଜୀବନର ମହତ୍ତ୍ୱ ମଧ୍ୟରେ ନାହିଁ କୌଣସି ତାରତମ୍ୟ। ରବୀନ୍ଦ୍ର ମୃଣାଳିନୀଙ୍କୁ କେନ୍ଦ୍ର କରି କବିତା ରଚନା କରିଥିବାବେଳେ ଗଙ୍ଗାଧର ତାଙ୍କ ବର୍ଣ୍ଣିତ ସୀତାଙ୍କ ଚରିତ୍ର ମଧ୍ୟରେ ରଖି ଦେଇଛନ୍ତି ଶାନ୍ତାଦେବୀଙ୍କ ସମର୍ପିତ ପବିତ୍ରିକୃତ ସାଧନାକୁ ସବୁଠୁ ମୂଲ୍ୟବାନ ରତ୍ନ ଗୁପ୍ତ ବା ନିଭୃତ କକ୍ଷରେ କାରୁକାର୍ଯ୍ୟଖଚିତ ବାକ୍ସ ଭିତରେ ସାଇତି ରଖିବା ପରି। ଗଙ୍ଗାଧର ନିଜର

ବ୍ୟକ୍ତିଗତ ଦୁଃଖକୁ ସିଧାସଳଖ ପ୍ରକାଶ ନ କରି ଏପରି କଳାପୂର୍ଣ୍ଣ ରୀତିରେ ତାହାକୁ କରିଦେଇଛନ୍ତି ଚିରସ୍ମରଣୀୟ ଯେ, ତାହା ଶତବର୍ଷ ଅତିକ୍ରମ କରିଯିବାପରେ ସୁଦ୍ଧା ଅମଳିନ ହୋଇ ରହିଛି ସାହିତ୍ୟ ଜଗତରେ। ଏହି ପତ୍ନୀ-ବିୟୋଗ ଘଟଣା ଗଙ୍ଗାଧରଙ୍କର ଏକାଧିକ ଲେଖକଙ୍କ ପାଇଁ ହୋଇଛି ସୃଜନ-ପ୍ରେରଣା। ବିଶିଷ୍ଟ ଗଦ୍ୟଶିଳ୍ପୀ ଶ୍ରଦ୍ଧାକର ସୂପକାର ଏହି କରୁଣାର୍ଦ୍ର ଘଟଣା ଅବଲମ୍ବନରେ ରଚନା କରିଛନ୍ତି 'ଗୋଟିଏ କରୁଣ ରାତି' ଶୀର୍ଷକ ମାର୍ମିକ ଗଳ୍ପଟିଏ। ଯେଉଁ ଗଳ୍ପ ସଂକଳନରେ ଏହା ସ୍ଥାନିତ ହୋଇଛି, ତାହାର ନାମ ମଧ୍ୟ ଗଳ୍ପଟିର ନାମରେ ନାମିତ କରିଦେଇଛନ୍ତି। ଅନେକ ସାହିତ୍ୟ ସମାଲୋଚକ ମଧ୍ୟ ହୃଦୟଙ୍ଗମ କରିପାରିଛନ୍ତି ଯେ, 'ତପସ୍ୱିନୀ' ମହାକାବ୍ୟର 'ସୀତା' ଚରିତ୍ର ମଧ୍ୟରେ ଯେଉଁ ସୌକ୍ଷମ୍ୟ ପ୍ରସ୍ଫୁଟିତ, ତା' ମଧ୍ୟରେ ଶାନ୍ତାଙ୍କ ସ୍ନେହଶୀଳତା ହିଁ ପ୍ରକଟିତ।

ରବୀନ୍ଦ୍ରନାଥ ଓ ଗଙ୍ଗାଧର ଏହି ଦୁଇ ସୃଜନଶୀଳ ଆତ୍ମାଙ୍କ ଭିତରେ ରହିଥିଲା ଅପୂର୍ବ ମେଳ। ଜୀବନର ଦୁଃଖ ଓ ବେଦନାକୁ ଯେପରି ଅସୀମ ଧୈର୍ଯ୍ୟ ନେଇ ସେମାନେ ଗ୍ରହଣ କରିଛନ୍ତି, ତାହା ବାସ୍ତବିକ ଉଭୟଙ୍କ ସୁଦୃଢ଼ ଈଶ୍ୱର-ପ୍ରତ୍ୟୟର ପ୍ରତୀକ। ସାଧାରଣ ମଣିଷ ଦୁଃଖକୁ ଅଭିଶାପ ଜ୍ଞାନ କରିବାବେଳେ ଏମାନେ ତାହାକୁ ଆପଣାର ସୃଜନଧର୍ମିତାର ଦୁର୍ଲ୍ଲଭ ଶକ୍ତିଦ୍ୱାରା ଆଶୀର୍ବାଦରେ ପରିଣତ କରିପାରିଛନ୍ତି। ଯେଉଁମାନଙ୍କୁ ଏ ପାର୍ଥିବ ସଂସାରରୁ ସେମାନେ ହରାଇ ଦେଇଛନ୍ତି, ସେମାନଙ୍କ ସହିତ ସୂକ୍ଷ୍ମସ୍ତରରେ ସଂଯୋଗ ସ୍ଥାପନ କରିପାରିବାର ଅଦ୍ଭୁତ ଶକ୍ତି ଉଭୟେ ଲାଭ କରିଥିଲେ କି? ଏପରି ପ୍ରଶ୍ନ ପାଠକ ମନରେ ଉତ୍‌ଥାପିତ ହେବା ଅତ୍ୟନ୍ତ ସ୍ୱାଭାବିକ। ଏଭଳି ଅନ୍ତର୍ଦୃଷ୍ଟିସଂପନ୍ନ ଋଷିକଳ୍ପ କବିମାନେ ଇନ୍ଦ୍ରିୟୋତ୍ତର ଜଗତ ସହିତ ସମ୍ବନ୍ଧିତ ହୋଇପାରିଥାଆନ୍ତି ଈଶ୍ୱରଦତ୍ତ ଶକ୍ତି ନେଇ। ତାହା ତାଙ୍କ ପ୍ରଖର ପ୍ରତିଭାର ଆଉ ଏକ ନିଗୂଢ଼ ତତ୍ତ୍ୱ। ରବୀନ୍ଦ୍ର ମୃଣାଳିନୀ ଦେବୀଙ୍କୁ ସମଗ୍ର ଜୀବନବ୍ୟାପୀ ସ୍ମରଣ କରିଛନ୍ତି ଅତି ଆନ୍ତରିକ ଭାବରେ। ଏହି ମର୍ତ୍ତ୍ୟମାନବୀ ମୃଣାଳିନୀଙ୍କ ସହିତ ତାଙ୍କର ପରିଣୟ ସଂପନ୍ନ ହୋଇଥିଲା ଯେତେବେଳେ ମୃଣାଳିନୀ ମାତ୍ର ଏଗାର ବର୍ଷ ବୟସର ବାଳିକା। ଅନୁରୂପ ଭାବରେ ଗଙ୍ଗାଧରଙ୍କ କ୍ଷେତ୍ରରେ ମଧ୍ୟ ସେ ସମୟରେ ପରମ୍ପରା ଅନୁସାରେ ବାଲ୍ୟବିବାହ ଅନୁଷ୍ଠିତ ହୋଇଥିଲା।

ନାରୀସତ୍ତା ଏପରି ଏକ କମନୀୟ ଉପାଦାନରେ ନିର୍ମିତ ଯେ, ବାଳିକା ବୟସରୁ ଯିଏ ତାଙ୍କର ସ୍ୱାମୀ ବୋଲି ଚିହ୍ନାଇ ଦିଆଯାଏ, ସେଦିନଠାରୁ ସେମାନେ ସଂପୂର୍ଣ୍ଣ ସମର୍ପିତା ହୋଇଯାଇଥା'ନ୍ତି ପରମାରାଧ୍ୟ ପତିଙ୍କ ନିକଟରେ। ପିତାମାତା ଓ ଆତ୍ମୀୟସ୍ୱଜନଙ୍କ ଗହଣରେ ସେମାନଙ୍କ ସମୟ ଅତିବାହିତ ହେଉଥିଲେ ମଧ୍ୟ ମନଟି ତାଙ୍କର ରହିଥାଏ ସ୍ୱାମୀ-ଦେବତାଙ୍କ ନିକଟରେ। ମୃଣାଳିନୀ ଦେବୀ ଓ ଶାନ୍ତାଦେବୀ

ଉଭୟେ ସେହି ଏକ ହିଁ ପରମ୍ପରାରେ ପରିବର୍ଦ୍ଧିତ ହୋଇଥିଲେ, ଯାହାକୁ କୁହାଯାଏ 'ଭାରତୀୟ ସଂସ୍କୃତି'। ଭାରତବର୍ଷର ଯେଉଁ ସମୃଦ୍ଧଶାଳୀ ଐତିହ୍ୟ ରହିଛି, ତାହା ତ୍ୟାଗ ଓ ତିତିକ୍ଷାର ମହାଭାବରେ ଅସାମାନ୍ୟ ସୌନ୍ଦର୍ଯ୍ୟ-ସଂପନ୍ନ। ଭୋଗରେ ନୁହେଁ, ତ୍ୟାଗରେ ହିଁ ଜୀବନର ପ୍ରକୃତ ଗୌରବ ଅନ୍ତର୍ଗୁମ୍ଫିତ, ଏହି ବିଶ୍ୱାସ ଭାରତୀୟ ପ୍ରାଣସତ୍ତାରେ ଗଭୀରତର। ଆଜିର ବାମାବାଦୀ ପାଶ୍ଚାତ୍ୟ ଆନ୍ଦୋଳନ ଦୃଷ୍ଟିରୁ ବିଚାର କଲେ ଏହି ଭାରତୀୟ ନାରୀତ୍ୱର ନୈସର୍ଗିକ ଗୁଣବତ୍ତା ଉପଲବ୍ଧି କରିବା ସମ୍ଭବପର ନୁହେଁ। ଏ କଥା ସତ୍ୟ ଯେ, ପରମ୍ପରା, ଧର୍ମ ଓ ସଂସ୍କୃତି ନାମରେ ନାରୀମାନଙ୍କୁ ଅନେକ ପ୍ରତିକୂଳ ପରିସ୍ଥିତିର ସମ୍ମୁଖୀନ ହେବାକୁ ପଡ଼ିଛି। ଏହି ଅନ୍ଧବିଶ୍ୱାସ ମଧ୍ୟରୁ ଭାରତକୁ ମୁକ୍ତ କରିବାପାଇଁ ସମାଜ ସଂସ୍କାରକମାନେ ଯେଉଁ ସୁଉଦ୍ୟମ କରିଛନ୍ତି, ତାହାର ଯଥାର୍ଥତାକୁ କିଏ ବା ଅସ୍ୱୀକାର କରିପାରିବ! ଏସବୁ ସତ୍ତ୍ୱେ ନାରୀତ୍ୱର ମହିମା ତ୍ୟାଗର ଅନ୍ତଃସୌନ୍ଦର୍ଯ୍ୟ ବ୍ୟକ୍ତ କରିବାରେ କିପରି ସଫଳତାଯୁକ୍ତ, ତାହା ପ୍ରତିପାଦିତ ହୋଇଯାଇଛି। ସୀତା, ସାବିତ୍ରୀ, ଅନସୂୟା, ଶକୁନ୍ତଳା ଭଳି ମହନୀୟ ଚରିତ୍ରର ଆଲୋକରେଖା ସେଥିପାଇଁ ବେଢ଼ି ରହିଥିଲା ମୃଣାଳିନୀ ଓ ଶାନ୍ତାଦେବୀଙ୍କୁ। ରବୀନ୍ଦ୍ରନାଥ ଓ ଗଙ୍ଗାଧରଙ୍କ ଜୀବନାୟନ ପ୍ରତି ଦୃଷ୍ଟି ନିକ୍ଷେପ କଲେ, ଏହି ମହିମାମୟୀ ଦୁଇ ନାରୀଚରିତ୍ର ସମଗ୍ର ଜାତିର କିପରି ନମସ୍ୟ, ତାହାହିଁ ବାରମ୍ବାର ପ୍ରମାଣିତ ହୋଇଯାଏ।

ଏକ ଏକ ବିଶେଷ ଉଦ୍ଦେଶ୍ୟରେ ଜଣେ ଜଣେ ମଣିଷଙ୍କ ଶୁଭ ଆବିର୍ଭାବ ଘଟିଥାଏ ଏହି ମର୍ତ୍ତ୍ୟଭୂମିରେ। ସେମାନଙ୍କ ସୁନିର୍ଦ୍ଦିଷ୍ଟ କର୍ମ ସଂପାଦନ ପରେ ସେମାନେ ପ୍ରତ୍ୟାବର୍ତ୍ତନ କରିଥାନ୍ତି ସେହି ରହସ୍ୟମୟ ଜଗତକୁ, ଯେଉଁଠୁ ଅବତରଣ କରି ଆସିଥିଲେ ସ୍ୱଧର୍ମ ପାଳନ ପାଇଁ। ରବୀନ୍ଦ୍ର-ସଙ୍ଗିନୀ ମୃଣାଳିନୀ ଓ ଗଙ୍ଗାଧରଙ୍କ ସହଧର୍ମିଣୀ ଶାନ୍ତାଙ୍କ ଜନ୍ମ, ଜୀବନଧାରା ଓ ମହାପ୍ରୟାଣ ସେହି ବିରାଟ ସତ୍ୟର ଏକ ଏକ ଅର୍ଥପୂର୍ଣ୍ଣ ଉନ୍ମୋଚନ। ଯଦି ଏ ଉଭୟଙ୍କର ଆଗମନ ହୋଇନଥା'ନ୍ତା, ତା'ହେଲେ ଗଙ୍ଗାଧର ତାଙ୍କ ସାରସ୍ୱତ ସାଧନା ଓ ପାରିବାରିକ ଜୀବନ ତଥା ରବୀନ୍ଦ୍ରଙ୍କ କବିତା ସୃଜନ ଜୀବନ-ଦୀପ୍ତିର ବିଚ୍ଛୁରଣ ଓ ଉତ୍ତରାଧିକାରୀଙ୍କ ଜୀବନ-ଆବାହନ ସମ୍ଭବ ହୋଇପାରିନଥାନ୍ତା। ମୃଣାଳିନୀ ଓ ଶାନ୍ତାଦେବୀଙ୍କୁ ଆମେ ସାଧାରଣ ଦୃଷ୍ଟି ନେଇ ଜଣେ ଜଣେ ସୁଗୃହିଣୀ ବୋଲି କେବଳ ଅଭିହିତ କରିପାରିବା ନାହିଁ। ଉଭୟେ ଥିଲେ ଦିବ୍ୟସତ୍ତାର ଏକ ଏକ ପରିଶୁଦ୍ଧ ଧାରା, ଯାହାଙ୍କୁ ଦେବୀସତ୍ତା ବା ଦେବୀଶକ୍ତି ଭାବରେ ଆମେ ଗ୍ରହଣ କରିପାରିବା ଓ ହୃଦୟର ଭକ୍ତି ନୈବେଦ୍ୟ ତାଙ୍କ ଉଦ୍ଦେଶ୍ୟରେ ସଶ୍ରଦ୍ଧ ଚିତ୍ତରେ ଅର୍ପଣ କରିପାରିବା।

■

କବିପୁତ୍ର ଶମୀନ୍ଦ୍ର ଓ ଅର୍ଜୁନ

ଶମୀନ୍ଦ୍ରନାଥ ଠାକୁର ହେଉଛନ୍ତି ବିଶ୍ୱକବି ରବୀନ୍ଦ୍ରନାଥଙ୍କ କନିଷ୍ଠ ତଥା ପଞ୍ଚମ ପୁତ୍ର। ୧୮୯୬ ମସିହା ଡିସେମ୍ବର ମାସରେ ଯୋଡ଼ାସାଁକୋ ଠାକୁର ପରିବାରରେ ତାଙ୍କର ଆବିର୍ଭାବ। ଏହି ପୁତ୍ର ସନ୍ତାନର ସ୍ୱଭାବ ଓ ଶୈଶବ ମଧ୍ୟରେ ନିଜକୁ ଅନ୍ୱେଷଣ କରିଛନ୍ତି ରବୀନ୍ଦ୍ରନାଥ। ତାଙ୍କ ମୁଖମଣ୍ଡଳର ସୌନ୍ଦର୍ଯ୍ୟରେ ମଧ୍ୟ ରବୀନ୍ଦ୍ରଙ୍କ ବାଲ୍ୟରୂପ ଉଦ୍ଭାସିତ ହୋଇଉଠୁଥିଲା। ମାତ୍ର ଛ'ବର୍ଷ ବୟସରେ ଶମୀନ୍ଦ୍ର ହୋଇଯାଇଥିଲେ ମାତୃହରା। ମା'ଙ୍କର ମୃତ୍ୟୁପରେ ରବୀନ୍ଦ୍ରଙ୍କ ସହିତ ସେ ଚାଲିଆସିଥିଲେ ଶାନ୍ତିନିକେତନକୁ। ସେଠାରେ ରବୀନ୍ଦ୍ରଙ୍କ ବ୍ୟତୀତ ତାଙ୍କ ପିଉସୀମା'ଙ୍କ ଯତ୍ନରେ ଲାଳିତପାଳିତ ହୋଇଥିଲେ ସେ। ଏହି ପିଉସୀମା' ରାଜଲକ୍ଷ୍ମୀ ଦେବୀ ରବୀନ୍ଦ୍ରଙ୍କ ସହଧର୍ମିଣୀ ମୃଣାଳିନୀ ଦେବୀଙ୍କ ଜୀବଦ୍ଦଶାରେ ତାଙ୍କର ଆଶ୍ରୟରେ ରହିଥିଲେ। ପୀଡ଼ିତା, ଶଯ୍ୟାଶାୟିନୀ ମୃଣାଳିନୀ ଦେବୀଙ୍କୁ ଦେଖିବା ସକାଶେ ସେ ଯାତ୍ରା କରିଥିଲେ କଲିକତାକୁ। ପ୍ରକୃତରେ ସେ ପିଉସୀମା'ଙ୍କ ସପତ୍ନୀ। ମାତ୍ର ଠିକ୍ ପିଉସୀମା'ଙ୍କ ସଦୃଶା ସେ ଭଲପାଉଥିଲେ ଅକୃତ୍ରିକ ଭାବରେ ମୃଣାଳିନୀ ଦେବୀଙ୍କୁ। ରାଜଲକ୍ଷ୍ମୀ ଦେବୀ ମୃଣାଳିନୀ ଦେବୀଙ୍କ ଅନୁରୋଧଦ୍ୱାରା ଅନ୍ତଃପ୍ରେରିତ ହୋଇ ଶମୀନ୍ଦ୍ର ସହିତ ରବୀନ୍ଦ୍ର ପରିବାରଙ୍କ ଯତ୍ନରେ ନିଜକୁ ଢାଳିଦେଇଥିଲେ।

ଦୁର୍ଭାଗ୍ୟର କଥା ହେଉଛି ଯେ, କବିପୁତ୍ର ଶମୀନ୍ଦ୍ର ଥିଲେ ସ୍ୱଳ୍ପାୟୁ। ଏହି ଶିଶୁଟିକୁ କେନ୍ଦ୍ରକରି କେତେ ସ୍ୱପ୍ନ ଦେଖିଥିଲେ ରବୀନ୍ଦ୍ରନାଥ। ମାତ୍ର ସବୁ କବି-କଳ୍ପନାକୁ ଚୂର୍ଣ୍ଣୀଭୂତ କରିଦେଲା ତାଙ୍କର ଅକାଳ ବିୟୋଗ। ମାତ୍ର ବାର ବର୍ଷ ଏଗାର ମାସ ଦଶଦିନ ପାଇଁ

ତାଙ୍କର ଧରାବତରଣ ଘଟିଥିଲା ସ୍ୱଳ୍ପ କାଳ ସକାଶେ। ସେ ଯେପରି ଜ୍ୱରାକ୍ରାନ୍ତ ହୋଇ ଅସମୟରେ ପ୍ରାଣତ୍ୟାଗ କଲେ, ତାହା ରବୀନ୍ଦ୍ରଙ୍କ ହୃଦୟକୁ କରିଦେଇଥିଲା ଶୋକସନ୍ତପ୍ତ। ଶମୀନ୍ଦ୍ର ଥିଲେ ସଙ୍ଗୀତପ୍ରିୟ, ଭାବୁକ। ଅତି ଅଳ୍ପ ବୟସରୁ ସେ ନିଜ ପ୍ରତିଭାର ପରିଚୟ ପ୍ରଦାନ କରିଥିଲେ। ଶମୀନ୍ଦ୍ରନାଥ ନିଜ ଲଳିତ କଣ୍ଠସ୍ୱରରେ ଯେତେବେଳେ ଗାନ କରୁଥିଲେ ସଙ୍ଗୀତ, ସେତେବେଳେ ପରିବେଶରେ ସୃଷ୍ଟି ହେଉଥିଲା ଏକ ଭାବମୟ ସ୍ପନ୍ଦନ। ପୁତ୍ରଶୋକାତୁର ରବୀନ୍ଦ୍ରନାଥ ସାନ୍ତ୍ୱନା ସନ୍ଧାନ କରିଥିଲେ ଶାନ୍ତିନିକେତନରେ। ଯାହା କିଛି ଶୋକାବହ ଘଟଣା ଘଟିଗଲା ରବୀନ୍ଦ୍ରଙ୍କ ଜୀବନରେ, ତାହାକୁ ସ୍ୱୀକାର କରିନେଇ ଶାନ୍ତିନିକେତନ ମଧ୍ୟରେ ସ୍ୱାଭାବିକ ଭାବରେ ସେ ନିଜକୁ ହଜାଇ ଦେଇଛନ୍ତି। ଆତ୍ମୀୟ-ସ୍ୱଜନଙ୍କ ଅନେକ ସାନ୍ତ୍ୱନାସିକ୍ତ ବାଣୀ ରବୀନ୍ଦ୍ରଙ୍କ ଉଦ୍ଦେଶ୍ୟରେ ଉଚ୍ଚାରିତ ହୋଇଥିଲା। ଯେଉଁ ସଙ୍କଳ୍ପ ଅନୁସାରେ ରବୀନ୍ଦ୍ରଙ୍କ କାର୍ଯ୍ୟଧାରା ଥିଲା ଅବ୍ୟାହତ, ତାହାର ସୂତ୍ର ଛିନ୍ନ କରିନଥିଲେ ସେ ଶୋକାଚ୍ଛନ୍ନ ସମୟରେ ମଧ୍ୟ। ରବୀନ୍ଦ୍ରନାଥ ପରବର୍ତ୍ତୀ ସମୟରେ ନିଜ ସାହିତ୍ୟରେ ଯେତେବେଳେ କୌଣସି ଶିଶୁ ଚରିତ୍ରର ସୃଜନ କରିଛନ୍ତି, ତା' ମଧ୍ୟରେ ଲକ୍ଷ୍ୟ କରାଯାଇପାରେ ଶମୀନ୍ଦ୍ରଙ୍କ ପ୍ରତିଛାୟା। 'ଡାକଘର' ନାମକ ନାଟକରେ ସୌନ୍ଦର୍ଯ୍ୟଯୁକ୍ତ କଳ୍ପନାପ୍ରବଣ ବାଳକ 'ଅମଲ' ଚରିତ୍ର ମଧ୍ୟରେ ଏହି ଶମୀନ୍ଦ୍ରଙ୍କ ସ୍ୱଭାବ ପ୍ରତିବିମ୍ବିତ ହୋଇଛି। କବିତାଗୁଡ଼ିକରେ ମଧ୍ୟ ମୃଣାଳିନୀ ଦେବୀ ଓ ଶମୀନ୍ଦ୍ରଙ୍କ ସ୍ମୃତି ନାନା ଭାବରେ ବିଚ୍ଛୁରିତ।

ମାତ୍ର ଦଶବର୍ଷର ବାଳକଟିଏ ଶମୀନ୍ଦ୍ର। କିନ୍ତୁ ନିଜ ପିତାଙ୍କ ଉଦ୍ଦେଶ୍ୟରେ ସେ ଲେଖିଛନ୍ତି ଯେଉଁ କେତୋଟି ପତ୍ର, ତାହା ପାଠକଲେ ଆଶ୍ଚର୍ଯ୍ୟାନ୍ୱିତ ହେବାକୁ ପଡ଼େ। ଗୋଟିଏ ପତ୍ରରେ ସେ ଲେଖୁଛନ୍ତି, "ଇଂରାଜୀ ବହି ପଢ଼ିପାରୁ ନାହିଁ। ଭୂଗୋଳ ଇତିହାସ ମଧ୍ୟ ନୁହେଁ। ଯେତେବେଳେ ବୃଷ୍ଟିପାତ ହେଉଛି, ମୁଁ ଅଛି ଘର ଭିତରେ। ଗୋଲାପ ଗଛରେ ଏପର୍ଯ୍ୟନ୍ତ କୌଣସି ଫୁଲ ଫୁଟିନାହିଁ। କଦମ୍ବ ଫୁଲ ମଧ୍ୟ ଫୁଟିନି। କେବଳ ବକୁଳ ଫୁଲ ଫୁଟିଛି।" ଏ ପତ୍ର ସେ ବୋଲପୁରରୁ ଲେଖିଛନ୍ତି। ସେହିଭଳି ତାଙ୍କର ଦିଦିମା ରାଜଲକ୍ଷ୍ମୀ ଦେବୀଙ୍କୁ ମଧ୍ୟ ସେ ଲେଖିଛନ୍ତି ୧୯୦୭ ମସିହାରେ ସରଳ ସୁନ୍ଦର ପତ୍ରଟିଏ। ସେଠାରେ ଉଲ୍ଲେଖ କରୁଛନ୍ତି – 'ଦିଦିମା, କିଛିଦିନ ହେଲା ତୁମର ଚିଠିପାଇଛି। କିନ୍ତୁ ପରୀକ୍ଷା ପାଇଁ ଉତ୍ତର ଦେଇପାରିନି। ଅନେକ ଦିନ ପରେ ଆଜି ପାଇଛି କିଛି ସମୟ। ପୁଣି ତ ପରୀକ୍ଷା ଆରମ୍ଭ ହେବ। ତୁମେ କିପରି ଅଛ ? ମୁଁ ଭଲ ଅଛି।" ବଡ଼ ଦିଦି ମାଧୁରୀଲତାଙ୍କୁ ମଧ୍ୟ ଚିଠି ଲେଖନ୍ତି ଶମୀନ୍ଦ୍ର। ସେଠାରେ ମଧ୍ୟ ତାଙ୍କର ପରୀକ୍ଷା ସଂପର୍କରେ ଉଲ୍ଲେଖ କରିଛନ୍ତି ସେ। ଜଣେ ଅଧ୍ୟାପକଙ୍କ ନିକଟକୁ ଯେଉଁ ପତ୍ର ସେ ଲେଖିଛନ୍ତି, ସେଥିରେ ତାଙ୍କର ରଚନା ଶୈଳୀର ପରିଚୟ ସହଜରେ ଉପଲବ୍ଧ କରିହୁଏ।

ପତ୍ରର ପୃଷ୍ଠାରେ ଅନେକ ତଥ୍ୟ ସୁଲଭ। ଏହାରି ମଧ୍ୟରେ ସେ ଚଣ୍ଡୀଦାସଙ୍କ ଜନ୍ମସ୍ଥାନ ସଂପର୍କରେ ଉଲ୍ଲେଖ କରିଛନ୍ତି। ଏଥିରୁ ସ୍ୱତଃ ଜଣାପଡ଼େ ସାରସ୍ୱତ ସାଧକମାନଙ୍କ ପ୍ରତି ତାଙ୍କର ଆଗ୍ରହ ଥିଲା କି ଗଭୀର। ବଡ଼ ଭାଇ ରଥୀନ୍ଦ୍ରନାଥ ଆଉ ତାଙ୍କର ସହପାଠୀ ସନ୍ତୋଷ ଚନ୍ଦ୍ର ମଜୁମଦାରଙ୍କୁ ମଧ୍ୟ ଛୋଟ ଛୋଟ ଚିଠି ଲେଖିଛନ୍ତି ସେ। ଶମୀନ୍ଦ୍ରଙ୍କ ଉଦ୍ଦେଶ୍ୟରେ ରଥୀନ୍ଦ୍ରନାଥ ମଧ୍ୟ ଲେଖିଛନ୍ତି ସୁନ୍ଦର ପତ୍ରସବୁ। ଚିଠି ଲେଖା ବନ୍ଦ ନ କରିବା ପାଇଁ ସେ ଶମୀନ୍ଦ୍ରଙ୍କୁ ଦେଇଛନ୍ତି ସଦୁପଦେଶ। ଶମୀନ୍ଦ୍ରଙ୍କ ଜାପାନୀ ଭାଷା ପଢ଼ିବାର ଶୁଣି ସେ ଆନନ୍ଦିତ। ସେ ନିଜେ ଏହି ଜାପାନୀ ଭାଷା ଶିଖିନଥିଲେ। ତେଣୁ ମନେ ମନେ ଦୁଃଖ ଅନୁଭବ କରନ୍ତି କାହିଁକି ସେ ଭାଷା ଶିଖିଲେ ନାହିଁ। ସାନଭାଇର ଏହି ଭାଷାଶିକ୍ଷା ଦେଖି ସେ ହୋଇଛନ୍ତି ଆହ୍ଲାଦିତ। ଆଉ ଏକ ପତ୍ରରେ ସେ ଲେଖନ୍ତି 'ଏଠାରେ ସଭାସମିତି ଛଡ଼ା ପ୍ରାୟ ପ୍ରତ୍ୟେକ ସପ୍ତାହରେ ଏକାଧିକ ବକ୍ତୃତା ଅନୁଷ୍ଠିତ ହୁଏ। ମୁଁ ସେହି ବକ୍ତୃତା ପାଇଁ ଯାଇଥିଲି। ଏଠାରେ ପୃଥିବୀର ଶ୍ରେଷ୍ଠ ବ୍ୟକ୍ତିତ୍ୱମାନଙ୍କ ଜୀବନୀ ସଂଗ୍ରହ କରାଯାଇଛି। ତୁମର ପଢ଼ାଶୁଣା କିପରି ଚାଲିଛି ? ବିଦ୍ୟାଳୟର ସମସ୍ତେ ଅଛନ୍ତି କିପରି ?" ଏପରି ଅନେକ କଥା ରଥୀନ୍ଦ୍ରନାଥ ଜଣାଉଥିଲେ ଶମୀନ୍ଦ୍ରଙ୍କୁ। ସେ ସମୟରେ ଏପରି ପତ୍ରାଳାପ ଥିଲା ଭାବବିନିମୟର କି ସୁନ୍ଦର ସୂତ୍ର - ତାହା ଉପଲବ୍ଧି କଲେ ମନରେ ଭାବାନ୍ତର ଜାତ ହୁଏ। ମାତ୍ର ଆଠ ଦଶ ବର୍ଷର ବାଳକ ସହିତ ଏପରି ପତ୍ରବିନିମୟ ଯେକୌଣସି ପାଠକଙ୍କୁ ମୁଗ୍ଧ କରିବ ନିଶ୍ଚିତ ଭାବରେ। ଏପରି ପୁତ୍ରରତ୍ନ ଲାଭ କରି ଅକାଳରେ ତାଙ୍କୁ ହରାଇଦେବା କି ଅବର୍ଣ୍ଣନୀୟ ବେଦନାର ବିଷୟ - ତାହା ଉଲ୍ଲେଖ କରାଯାଇପାରିବ ଅବା କିପରି !

ଶାନ୍ତିନିକେତନରେ ରବୀନ୍ଦ୍ରଭବନସ୍ଥିତ ସଂଗ୍ରହାଳୟରେ ସଂରକ୍ଷିତ ହୋଇ ରହିଛି ଏକ ନୋଟ୍‌ବୁକ୍, ଯାହା ଶମୀନ୍ଦ୍ରଙ୍କ ହସ୍ତାକ୍ଷରରେ ସଜ୍ଜିତ। ନୋଟ୍‌ବୁକ୍ ଉପରେ ଲେଖାଯାଇଛି 'ବନ୍ଦେ ମାତରମ୍'। ଏଥିରେ ବିଭିନ୍ନ ଗୀତ ଲିପିବଦ୍ଧ। ଯେଉଁ ସମସ୍ତ ଗୀତ ରବୀନ୍ଦ୍ରନାଥ ରଚନା କରିଛନ୍ତି, ସେହି ସବୁ ହିଁ ସେଠାରେ ଉଲ୍ଲିଖିତ। ପୁଣି ଏହି ନୋଟ୍‌ବୁକ୍‌ର ଅଛି ଏକ ସୂଚୀପତ୍ର। ଦଶଟି ସଂପୂର୍ଣ୍ଣ ଗୀତ ଓ ଆଉ ଏକ ଗୀତର ଚାରିଟି ପଦ ଦେଖିବାକୁ ମିଳେ ସେଠାରେ। ଆଉ ପ୍ରତ୍ୟେକ ଗୀତର ଶେଷରେ 'ଶମୀନ୍ଦ୍ରନାଥ ଠାକୁର' ଏହି ସ୍ୱାକ୍ଷର ପରିଶୋଭିତ। ଏଥିରୁ ସ୍ୱତଃ ପ୍ରତିପାଦିତ ହୁଏ ଯେ, ବାଲ୍ୟକାଳରୁ ପିତା ରବୀନ୍ଦ୍ରଙ୍କ ରଚିତ ସଙ୍ଗୀତର ଆତ୍ମା ସହିତ ସେ କିପରି ନିବିଡ଼ ସଂଯୋଗ ସ୍ଥାପନ କରି ପାରିଛନ୍ତି।

ଶମୀନ୍ଦ୍ରଙ୍କ ଯତ୍ନ ନେବାରେ ରବୀନ୍ଦ୍ର କିପରି ସଚେତନ ଥିଲେ, ତାହା ସୁବୋଧ ଚନ୍ଦ୍ର ମଜୁମ୍‌ଦାରଙ୍କୁ ଲିଖିତ ପତ୍ରରୁ ଜଣାପଡ଼େ। ଶମୀନ୍ଦ୍ରଙ୍କ ଅକାଳ ବିୟୋଗକୁ ରବୀନ୍ଦ୍ରନାଥ

କିପରି ଗ୍ରହଣ କରିଥିଲେ, ସେ ସଂପର୍କରେ ମନରେ ଜିଜ୍ଞାସା ଜାଗ୍ରତ ହେବା ଅତ୍ୟନ୍ତ ସ୍ୱାଭାବିକ। ତାଙ୍କର କନିଷ୍ଠ ଜାମାତା ନଗେନ୍ଦ୍ରନାଥଙ୍କୁ ପତ୍ରରେ ସେ ଲେଖିଥିଲେ ଯେ, 'ସଂସାରରେ ଈଶ୍ୱର ଯେତେବେଳେ ଆମକୁ ଦୁଃଖ ଦିଅନ୍ତି, ତାହାକୁ ବରଣ କରିନେବାକୁ ହେବ। ମହତ୍ ଦୁଃଖ ଯେତେବେଳେ ଈଶ୍ୱର ପ୍ରେରଣ କରନ୍ତି, ତାହାକୁ ଅକୁଣ୍ଠିତ ଚିତ୍ତରେ ଅଭ୍ୟର୍ଥନା କରିବା ଆମ ସହନଶୀଳତା ଓ ଧୈର୍ଯ୍ୟର ପରିଚାୟକ। ଆଘାତ ଯେତେ ବଡ଼, ତାହାକୁ ଗ୍ରହଣ କରିବାର ସାମର୍ଥ୍ୟ ସେତିକି ସୁଦୃଢ଼ ହେବା ଆବଶ୍ୟକ। ଏପରି ଏକ ଏକ ବାକ୍ୟ କରିଦିଏ ଶମୀନ୍ଦ୍ରଙ୍କ ମରଣକୁ ରବୀନ୍ଦ୍ର କିପରି ବରଣ କରିନେଇଥିଲେ। ଏହି ଦଶବର୍ଷର ବାଳକ ଶମୀନ୍ଦ୍ରଙ୍କ ସ୍ମୃତିଚାରଣ କରିଛନ୍ତି ରଥୀନ୍ଦ୍ରନାଥ, ମୀରା ଦେବୀ, ଅଲମା ଦାସ, ଭୂପେନ୍ଦ୍ରନାଥ ସାନ୍ୟାଲ, ଯତୀନ୍ଦ୍ର ନାଥ ମୁଖୋପାଧ୍ୟାୟ, ଅରୁଣ ପ୍ରକାଶ ବନ୍ଦୋପାଧ୍ୟାୟ, ସୁଧାକାନ୍ତ ରାୟ ଚୌଧୁରୀ, ଶିଳ୍ପୀ ମୁକୁଳ ଚନ୍ଦ୍ର ଦେ ପ୍ରମୁଖ ଅନେକ ବିଶିଷ୍ଟ ବ୍ୟକ୍ତି। ଶମୀନ୍ଦ୍ର କିପରି ଗୀତ ଗାଇଗାଇ ଯାଇଥିଲେ, ତାଙ୍କର କଣ୍ଠସ୍ୱର କିପରି ମଧୁର ଥିଲା, ଅଭିନୟ କଳାରେ ମଧ୍ୟ ସେ କିପରି ଆଗ୍ରହ ପ୍ରଦର୍ଶନ କରିଛନ୍ତି - ଏସବୁ ବର୍ଣ୍ଣିତ ହେଇଛି ଅନୁଭୂତିର ବାକ୍ୟାବଳୀ ମଧ୍ୟରେ। ଶମୀନ୍ଦ୍ରଙ୍କ ସହିତ ଯେଉଁମାନେ ହୋଇଛନ୍ତି ଘନିଷ୍ଠ, ସେମାନେ ନିବିଡ଼ ସ୍ନେହବନ୍ଧନରେ ଅଭିଭୂତ। ଶମୀନ୍ଦ୍ରଙ୍କ ସଂପର୍କରେ ଆଉ ଏକ ଅଲୌକିକ ବିଷୟ ବର୍ଣ୍ଣିତ। ତାହା ହେଲା ପ୍ଲାନ୍‌ଚେଟ୍ ମାଧ୍ୟମରେ ଶମୀନ୍ଦ୍ରଙ୍କ ସହିତ ରବୀନ୍ଦ୍ରନାଥଙ୍କ ପାରଲୌକିକ କଥୋପକଥନ କିପରି ସମ୍ଭବ ହୋଇଛି।

ଏହି ସବୁ ବିଷୟ ଚର୍ଚ୍ଚା ପ୍ରସଙ୍ଗରେ ସ୍ୱତଃ ଯାହା ମନକୁ ଭାବାଚ୍ଛନ୍ନ କରିଦିଏ, ତାହା ହେଲା ସ୍ୱଭାବକବି ଗଙ୍ଗାଧର ମେହେରଙ୍କ ଜ୍ୟେଷ୍ଠପୁତ୍ର ଅର୍ଜୁନ ମେହେରଙ୍କ ଅକାଳ ପ୍ରାଣତ୍ୟାଗ। ଆଶ୍ଚର୍ଯ୍ୟ କଥା ଯେ, ରବୀନ୍ଦ୍ରନାଥ ଓ ଗଙ୍ଗାଧରଙ୍କ ଜୀବନରେ ଏପରି ସମାନ ଘଟଣା ଘଟିଛି ଓ ଉଭୟ କବି ବିଶାଳ ଧୈର୍ଯ୍ୟ ଅବଲମ୍ବନ କରି ତାହାକୁ ସହ୍ୟ କରିଛନ୍ତି ପରମେଶ୍ୱରଙ୍କ ଅପୂର୍ବ କରୁଣା ବଳରେ। ଅର୍ଜୁନଙ୍କୁ କେନ୍ଦ୍ର କରି ଗଙ୍ଗାଧର ମଧ୍ୟ କମ୍ ସ୍ୱପ୍ନ ଦେଖିନଥିଲେ। ଅର୍ଜୁନଙ୍କ ଦେହର ରଙ୍ଗ ଥିଲା ତୋଫାଜହ୍ନ ପରି ଠିକ୍ ଗଙ୍ଗାଧରଙ୍କ ସଦୃଶ। ନିଜେ କବି ଅର୍ଜୁନଙ୍କ ମଧ୍ୟରେ ତାଙ୍କ ସ୍ୱରୂପ ସନ୍ଧାନ କରିପାରିଥିଲେ। ସେ ବରପାଲିରେ ଚତୁର୍ଥ ଶ୍ରେଣୀ ପର୍ଯ୍ୟନ୍ତ ଅଧ୍ୟୟନ କଲାପରେ ତାଙ୍କୁ ଇଂରାଜୀ ଶିକ୍ଷା ନିମିତ୍ତ ଗଙ୍ଗାଧର ସମ୍ବଲପୁରରେ ରହିବାର ବ୍ୟବସ୍ଥା କରିଦେଇଥିଲେ। ଜିଲ୍ଲାସ୍କୁଲର ପ୍ରଧାନ ଶିକ୍ଷକ ଦାଶରଥି ପାଣିଗ୍ରାହୀଙ୍କ ଉପରେ ଅର୍ଜୁନଙ୍କ ଦାୟିତ୍ୱ ନ୍ୟସ୍ତ କରି ସେ ଥିଲେ ନିଶ୍ଚିନ୍ତ। ମାତ୍ର ବିଧିର ବିଧାନ ଥିଲା ଭିନ୍ନ। ମାସେ ଦୁଇମାସ ଅତିକ୍ରମ କରିବା ପୂର୍ବରୁ ସେ ହେଲେ ଜ୍ୱରାକ୍ରାନ୍ତ। ବହୁ ଚିକିତ୍ସା ପରେ ସେ ଆରୋଗ୍ୟ ଲାଭ

କରିଥିଲେ। କିନ୍ତୁ ତାଙ୍କୁ ବରପାଲିକୁ ନେଇଆସିଥିଲେ କବି। ୧୯୦୨ ମସିହା ଜୁଲାଇ ମାସରେ ଏକ ଅର୍ଦ୍ଧରାତ୍ରି, ଯେଉଁ ସମୟରେ ଅର୍ଜୁନ ଆକସ୍ମିକ ଭାବରେ ହୋଇଗଲେ ଅସୁସ୍ଥ। ସେତେବେଳେ ତାଙ୍କ ପାଖରେ ଉପସ୍ଥିତ ସାନଭାଇ ଭଗବାନ ମେହେର। ଅର୍ଜୁନ ଚେତନାଶୂନ୍ୟ ହୋଇପଡ଼ିଥିଲେ ସେତେବେଳେ। ଗଙ୍ଗାଧର ବିଜେପୁରରେ ଅବସ୍ଥାନ କରୁଥିବା ସମୟର ଘଟଣା ଏହା। ବରପାଲି ଘରେ ଗଙ୍ଗାଧରଙ୍କ ଝିଅ ଓ ଜାମାତା ଜଗି ରହିଥିଲେ ଏହି ଦୁଇ ଶିଶୁଙ୍କୁ। ରାତିରେ ବୈଦ୍ୟ ଡକାଇ ଚିକିତ୍ସାର ବ୍ୟବସ୍ଥା କରିଥିଲେ ସେମାନେ। ଏକାଧିକ ଲୋକ ଗଙ୍ଗାଧରଙ୍କୁ ଡାକି ଆଣିବା ପାଇଁ ଯାତ୍ରା କରିଥିଲେ ବିଜେପୁର ଉଦ୍ଦେଶ୍ୟରେ। ପ୍ରିୟ ପୁତ୍ରର ଅସୁସ୍ଥତା ସଂପର୍କିତ ଦୁଃସମ୍ବାଦ ପାଇବା ପରେ ଗଙ୍ଗାଧର କାଳବିଳମ୍ବ ନ କରି ବରପାଲିକୁ ପହଞ୍ଚିଥିଲେ। ମାତ୍ର ସେତେବେଳକୁ ଅର୍ଜୁନଙ୍କ ଅବସ୍ଥା ହୋଇଯାଇଥିଲା ସାଂଘାତିକ। ଠିକ୍ ଗଙ୍ଗାଧର ପହଞ୍ଚିଲେ ଅର୍ଜୁନଙ୍କ ନିକଟକୁ। ଉଭୟ ପିତାପୁତ୍ରଙ୍କ ଚାରିଚକ୍ଷୁର ଭାବମୟ ମିଳନ ଘଟିଗଲା ମୁହୂର୍ତ୍ତକରେ। ସତେ ଯେମିତି ଅର୍ଜୁନ ଅପେକ୍ଷା କରି ରହିଥିଲେ ପୂଜ୍ୟ ପିତାଙ୍କୁ। ପିତାଙ୍କ ସହିତ ସାକ୍ଷାତ ଓ ସୂକ୍ଷ୍ମ ଭାବବିନିମୟ ହେବାକ୍ଷଣି ଚିରଦିନ ପାଇଁ ମୁଦ୍ରିତ ହୋଇଗଲା ଅର୍ଜୁନଙ୍କ ଦୁଇ କୋମଳ ଆଖିପତା। ଗଙ୍ଗାଧର ଏହି ଆକସ୍ମିକ ପୁତ୍ର ବିୟୋଗରେ କିପରି ଶୋକାଭିଭୂତ ହୋଇଯାଇଥିଲେ, ତାହା କବିପୁତ୍ର ଭଗବାନ ମେହେର ସ୍ୱରଚିତ 'ପିତୃପ୍ରସଙ୍ଗ' ଗ୍ରନ୍ଥରେ ଉଲ୍ଲେଖ କରିଛନ୍ତି। ବଡ଼ଭାଇଙ୍କ ଅଚାନକ ନିଧନ ତାଙ୍କୁ ମଧ୍ୟ କିପରି ନିଃସଙ୍ଗତାର ଗହ୍ୱର ମଧ୍ୟକୁ ନିକ୍ଷେପ କରିଦେଇଥିଲା, ତାହାର ସୂଚନା ପ୍ରଦାନ କରିଛନ୍ତି ସେ ଅତୁଳନୀୟ ଧୈର୍ଯ୍ୟ ଧାରଣ କରି। ଅର୍ଜୁନଙ୍କ ପ୍ରତି ଭଗବାନଙ୍କର ଯେଉଁ ନିବିଡ଼ ସଂପ୍ରୀତି ରହିଥିଲା, ତାହାର ପ୍ରମାଣ ମିଳିଯାଉଥିଲା ସେ ବୃଦ୍ଧାବସ୍ଥାରେ ଉପନୀତ ହେବା ପର୍ଯ୍ୟନ୍ତ। ଭଗବାନ ମେହେର ଛୟାଅଶୀ ବର୍ଷ ବୟସରେ ସ୍ୱର୍ଗାରୋହଣ କରିଥିଲେ। ସେହି ସମୟ ପର୍ଯ୍ୟନ୍ତ ବଡ଼ ଭାଇ ଅର୍ଜୁନଙ୍କ ସ୍ନେହ ସ୍ମରଣ କରିବା ମାତ୍ରକେ ତାଙ୍କର ଦୁଇ ଆଖିପତା ଓଦା ହୋଇଯାଉଥିଲା। ଗଙ୍ଗାଧର ଦୁଇ ଭାଇ ଦୁଇ ସଖା ଭଳି ଚିରଦିନ ଅନ୍ତରଙ୍ଗ ସଂପର୍କରେ ବାନ୍ଧି ହୋଇ ରହିବେ, ସେଥିପାଇଁ ଉଭୟଙ୍କ ନାମକରଣ କରିଥିଲେ 'ଅର୍ଜୁନ' ଓ 'ଭଗବାନ'। ଅର୍ଜୁନ ଅକାଳରେ ଦେହତ୍ୟାଗ କରିବା ପୂର୍ବରୁ ନିଜ ପିତାଙ୍କ କବିତ୍ୱ ସଂପର୍କରେ ଥିଲେ ସଚେତନ। କାବ୍ୟକବିତା ରଚନାରେ ସ୍ନେହଶୀଳ ପିତା ନିଜକୁ କିପରି ଢାଳି ଦେଉଥିଲେ, ସେହି ଦୃଶ୍ୟ ସେ ଦର୍ଶନ କରିଛନ୍ତି ବହୁ ସମୟରେ। ପୂର୍ବରୁ ମାତୃହରା ହୋଇପଡ଼ିଥିଲେ ଅର୍ଜୁନ। ଠିକ୍ ରବୀନ୍ଦ୍ର ପୁତ୍ର ଶମୀନ୍ଦ୍ରଙ୍କ ପରି। ମାତୃହରା ସନ୍ତାନମାନଙ୍କ ପ୍ରତି ଗଙ୍ଗାଧର ସର୍ବଦା ଥିଲେ ଅତ୍ୟନ୍ତ ଯତ୍ନଶୀଳ । ଏକ ସଙ୍ଗରେ ପିତା ଓ ମାତାଙ୍କ

ଭୂମିକା ତାଙ୍କୁ ନିର୍ବାହ କରିବାକୁ ପଡ଼ିଲା ଏହି ଶୋକସନ୍ତପ୍ତ ସନ୍ତାନମାନଙ୍କ ପାଇଁ।

ସମ୍ବଲପୁରର ଯେଉଁ ଜିଲ୍ଲା ସ୍କୁଲରେ ଅର୍ଜୁନ ଅଧ୍ୟୟନ କରୁଥିଲେ, ତାହାର ପ୍ରଧାନଶିକ୍ଷକ ଦାଶରଥି ପାଣିଗ୍ରାହୀ ତା.୦୨.୦୮.୧୯୦୨ ମସିହାର ପତ୍ରରେ ଗଙ୍ଗାଧରଙ୍କୁ ଜ୍ଞାପନ କରିଛନ୍ତି ଆନ୍ତରିକ ସାନ୍ତ୍ୱନା। ଲେଖିଛନ୍ତି - 'ସମଧିକ ଅନୁତାପର ସହିତ ଅବଗତ ହେଲି ଯେ, ଆପଣଙ୍କର ପୁତ୍ର ଅର୍ଜୁନ ଇହସଂସାର ତ୍ୟାଗ କରି ଆପଣମାନଙ୍କୁ ଶୋକସାଗରରେ ଡୁବାଇ ଦେଇ ଯାଇଅଛି। ପୁତ୍ର ବିୟୋଗରେ ପିତାର ମନରେ ଯେ କିପରି କଷ୍ଟ ହୁଏ, ତାହା ଭୁକ୍ତଭୋଗୀ ବିନା ଅନ୍ୟ କେହି ଜାଣିପାରିବେ ନାହିଁ। ଏପରି ସମୟରେ ଯେଉଁମାନେ ଶୋକ କରନା ବୋଲି ଉପଦେଶ ଦିଅନ୍ତି ସେମାନେ କେବଳ ବାହ୍ୟିକ ପ୍ରୀତି ସଂପାଦନା ପାଇଁ। ପ୍ରକୃତରେ ଏଥିରୁ ବଳି ପତ୍ରଦ୍ୱାରା ଶୋକ ଦୂର କରି ନପାରୁଁ। ଯଦି କିଛି ଥାଏ ଆପଣଙ୍କ ହସ୍ତରେ। 'ବିପଦେ ଧୈର୍ଯ୍ୟ' ଏହି କଥାଟି ସ୍ମରଣ କରି ଓ "ଈଶ୍ୱରେଚ୍ଛା ନିରଙ୍କୁଶା" ଜାଣି ଅକାରଣେ ମନସ୍ତାପରେ ରହିବେ ନାହିଁ ଏତିକି ଅନୁରୋଧ।" (ପିତୃ ପ୍ରସଙ୍ଗ - ପୃଷ୍ଠା ୨୫୪)

ଏହି ହୃଦୟବିଦାରକ ଦୁଃଖଦ ସମ୍ବାଦ କବିବର ରାଧାନାଥ ରାୟଙ୍କ ନିକଟରେ ପହଞ୍ଚିଥିଲା। ମେଦିନୀପୁର ଅବସ୍ଥାନ କାଳରେ ତା.୦୧.୦୮.୧୯୦୨ରେ ରାଧାନାଥ ତାଙ୍କର ସମବେଦନା ଜଣାଇଛନ୍ତି ପତ୍ର ମାଧ୍ୟମରେ। ଉକ୍ତ ପତ୍ରରେ ଏକଥା ଉଲ୍ଲେଖ କରିଛନ୍ତି ଯେ, ଯେଉଁମାନଙ୍କର ପ୍ରକୃତି ଭାବପ୍ରଧାନ, ସେମାନେ ପ୍ରାୟତଃ ଦୁଃଖୀ। ଏହି ଦୁଃଖ ମୋଚନ ସକାଶେ କୌଣସି ଉପଦେଶ ଦେବାପାଇଁ ସେ ଚାହିଁ ନାହାନ୍ତି। ଲେଖିଛନ୍ତି ଯେ - 'ଦାର୍ଶନିକତାର ଆଶ୍ରୟ ଗ୍ରହଣ ବ୍ୟତୀତ ଶାନ୍ତି ଲାଭର କୌଣସି ଆଶା ନାହିଁ। ଦାର୍ଶନିକତାର ଆଶ୍ରୟ ଏବଂ କାଳର ପ୍ରଭାବଦ୍ୱାରା ଆପଣଙ୍କର ଶୋକାବେଶ କ୍ରମଶଃ ମନ୍ଦୀଭୂତ ହୋଇପାରେ। କେବଳ ଏକମାତ୍ର ଅଶ୍ରୁବିସର୍ଜନଦ୍ୱାରା ଶୋକ କ୍ରମଶଃ ହ୍ରାସ ହୋଇପାରେ ବୋଲି ରାଧାନାଥ ଉଲ୍ଲେଖ କରି ଉପଦେଶ ପ୍ରଦାନରୁ କ୍ଷାନ୍ତ ରହିଛନ୍ତି। ବଙ୍ଗୀୟ କବି ନଗେନ୍ଦ୍ରବାଳାଙ୍କର ଏକ ପଦପଂକ୍ତି ଉଦ୍ଧାର କରି ସେ କହିଛନ୍ତି ଯେ - ଏ ସଂସାର ହେଉଛି ଗୁରୁର ଦେଶ। କେବଳ ଉପଦେଶ ଦେବା ଜାଣେ ସେ। କାହା ହୃଦୟରେ କି ପ୍ରକାର ବ୍ୟଥା, କି କ୍ଷତ ସୃଷ୍ଟି କରିଛି, ତାହାର ଗଭୀରତା ମାପିବାର ଶକ୍ତି ସଂସାରୀଜନଙ୍କ ନଥାଏ।

କବିଗୁରୁ ରାଧାନାଥ ରାୟଙ୍କଠାରୁ ଏ ପତ୍ର ପ୍ରାପ୍ତି ପରେ ଗଙ୍ଗାଧର ନିଶ୍ଚୟ ଉଲ୍ଲେଖ ଯୋଗ୍ୟ ଆଶ୍ୱାସନା ଲାଭ କରିଥିବେ। ନିଜେ କବି 'ଇନ୍ଦୁମତୀ' କାବ୍ୟରଚନା ସମୟରେ ମୃତ୍ୟୁର ଆଗମନୀ ସଂପର୍କରେ ଯେଉଁ ବର୍ଣ୍ଣନା ଦେଇଛନ୍ତି, ତାହା ତାଙ୍କର ସ୍ୱତଃ ମନେପଡ଼ିଯାଉଥିବ। ସେ ଲେଖିଥିଲେ -

'ଜୀବନ- ପ୍ରଦୀପ ଜଳୁଥାଏ ଦେହେ
ଆୟୁସ୍ତୈଳ ଥିବାଯାଏ
ଆୟୁସ୍ତୈଳ ସବୁ ନିଃଶେଷିତ ହେଲେ
ନିର୍ବାଣ ସେ ହୋଇଯାଏ ।
ଅଚିନ୍ତ୍ୟ ପୁରୁଷ ହସ୍ତେ ଅଛି ସେହି
ତୈଳ ଦେବା ଅଧିକାର
ଅପକ୍ଷ ପାତରେ ବଣ୍ଟନ କରନ୍ତି
କର୍ମ ଦେଖି ଯେ ଯାହାର ।
ମର୍ତ୍ତ୍ୟମଣ୍ଡଳରେ ଜନମିଲେ ଦିନେ
ଅବଶ୍ୟ ଅଛି ମରଣ,
ସର୍ବଗ୍ରାସୀ କାଳ କ୍ରତି ନିମେଷରେ
କରୁଛି ଆୟୁ 'ହରଣ' ।

(ଗଙ୍ଗାଧର ଗ୍ରନ୍ଥାବଳୀ - ପୃ. ୩୦)

ମୃତ୍ୟୁର ଏହି ରହସ୍ୟ ଅନୁଭବ କରିପାରିଥିଲେ ଗଙ୍ଗାଧର ଅନେକ ପୂର୍ବରୁ । ନିଜ ଜୀବନ କ୍ଷେତ୍ରରେ ସେପରି ବିୟୋଗାନ୍ତକ ଘଟଣା ଯେତେବେଳେ ସଂଘଟିତ ହେଲା, ସେତେବେଳେ ଯଦିଓ ପୁତ୍ର-ସ୍ନେହରେ କ୍ରନ୍ଦନ କରୁଥିଲା ହୃଦୟ ତାଙ୍କର, ଜ୍ଞାନ-ତପସ୍ୱୀ ଗଙ୍ଗାଧରଙ୍କ ଦାର୍ଶନିକ କଣ୍ଠସ୍ୱର ମଧ୍ୟ ସେ ଶୁଣିପାରୁଥିଲେ ନିଜ ଅନ୍ତରାତ୍ମା ମଧ୍ୟରେ । ଯେଉଁ ନିଷ୍ଠୁର ସତ୍ୟ କବିତାର ପଦପଂକ୍ତିରେ ସେ ଫୁଟାଇ ଉଠାଇଛନ୍ତି, ତଦନୁସାରେ କିପରି ମହାନ ଧୈର୍ଯ୍ୟଶୀଳତାର ସେ ହୋଇପାରିବେ ଦୃଷ୍ଟାନ୍ତ, ତାହା ବି ଚିନ୍ତା କରୁଥିଲେ ଅତି ଗଭୀର ଭାବରେ । ଏପରି ସୁଗଭୀର ଦାର୍ଶନିକ ଚିନ୍ତନ ବ୍ୟତୀତ ଆଉ କିଛି ମାର୍ଗ ନଥିଲା ତାଙ୍କ ଶୋକାବେଗକୁ ମନ୍ଥର କରିବା ସକାଶେ । ଯାହା ବି ହେଉ, ପରମେଶ୍ୱରଙ୍କ ପ୍ରତି ଅତୁଟ ବିଶ୍ୱାସ ରଖି ଏହି ଦୁଃସହ ବେଦନାକୁ ସହ୍ୟ କଲେ ସେ ଓ ପୁତ୍ର ଅର୍ଜୁନଙ୍କ ଜୀବନ୍ତ ପ୍ରତିଛବି ନିଜ ଅନ୍ତରରେ ସତେଜ ରଖିଥିଲେ ଚିରଦିନ ପାଇଁ । ବିଶ୍ୱକବି ରବୀନ୍ଦ୍ରନାଥ ପୁତ୍ର ଶମୀନ୍ଦ୍ରଙ୍କ ମୃତ୍ୟୁଜନିତ ଅସହ୍ୟ ବେଦନାକୁ ଯେଉଁ ଦୃଷ୍ଟିଭଙ୍ଗୀ ନେଇ ଗ୍ରହଣ କରିଥିଲେ, ଗଙ୍ଗାଧରଙ୍କ ଚେତନା ତା'ଠାରୁ ଆଦୌ ଭିନ୍ନ ନଥିଲା । ରବୀନ୍ଦ୍ରନାଥ ପରଲୋକ ନିବାସୀ ପୁତ୍ର ଶମୀନ୍ଦ୍ରଙ୍କ ସହିତ ପ୍ଲାନ୍‌ଚେଟ୍ ମାଧ୍ୟମରେ ଭାବବିନିମୟ କରିବାର ଯେଉଁ ଆନ୍ତରିକତା ଓ ବ୍ୟାକୁଳତା ପ୍ରଦର୍ଶନ କରିଥିଲେ, ତାହା ତାଙ୍କୁ ଶାନ୍ତି ଓ ଆଶ୍ୱସ୍ତି ପ୍ରଦାନ କରିପାରିଥିଲା । ସ୍ୱଭାବକବି ଗଙ୍ଗାଧର ମେହେର ସେପରି କୌଣସି ନିର୍ଦ୍ଧାରିତ ପଦ୍ଧତି ଦ୍ୱାରା ଯଦିଓ ଅର୍ଜୁନଙ୍କ ଅମର ଆତ୍ମା ସହିତ

ଭାବାଳାପ କରିବା ସମ୍ଭବ ହୋଇନଥିଲା; ତଥାପି ସେ ନିଜସ୍ୱ ସୁତୀବ୍ର ସଂଯୋଗକ୍ଷମ ଶକ୍ତିବଳରେ ଅର୍ଜୁନଙ୍କ ଦିବଂଗତ ସତ୍ତା ସହିତ ଆପଣାକୁ ଅଭିନ୍ନ କରିଦେଇପାରିଥିଲେ ଓ କେତେବେଳେ ସ୍ୱପ୍ନରେ ବା କେତେବେଳେ ଜାଗ୍ରତାବସ୍ଥାରେ ଅର୍ଜୁନଙ୍କ ସ୍ନେହାପ୍ଲୁତ କୋମଳ ପ୍ରାଣସତ୍ତା ସହିତ ଏକ ଅଦୃଶ୍ୟ ସୂକ୍ଷ୍ମଜଗତରେ ନିର୍ବିଘ୍ନରେ ଭାବସମ୍ବନ୍ଧ ସ୍ଥାପନ କରିପାରିଥିଲେ। ଅର୍ଜୁନଙ୍କ ସତେଜ ଆତ୍ମା ସହିତ ଆଳାପ କରିବାଦ୍ୱାରା ହିଁ ସେ ତାଙ୍କର ସ୍ଥିତପ୍ରଜ୍ଞ ଚେତନାକୁ ରଖିପାରିଥିଲେ ଆଦୌ ବିଚଳିତ ନ କରି। ଯଦି ତାହା ସଂପନ୍ନ କରିବାରେ ସେ ହୋଇଥା'ନ୍ତେ ବିଫଳ, ତେବେ କଦାପି ପରବର୍ତ୍ତୀ ସମୟରେ କାବ୍ୟସାଧନାରେ ମଗ୍ନ ହୋଇ ରହିପାରିନଥାନ୍ତେ ଅବିଚଳିତ ସୃଷ୍ଟିଧର୍ମୀ ପ୍ରେରଣା ବହନ କରି।

ରବୀନ୍ଦ୍ରନାଥ ଶମୀନ୍ଦ୍ରଙ୍କ ଚିରବିଦାୟକୁ କିପରି ଭାବେ ଗ୍ରହଣ କରିଥିଲେ, ତାହା ବାସ୍ତବରେ ଏକାନ୍ତ ଉଲ୍ଲେଖନୀୟ। ସେ ତାଙ୍କର କନିଷ୍ଠ ଜାମାତା ନଗେନ୍ଦ୍ରନାଥଙ୍କୁ ଲେଖିଥିଲେ - 'ଶମୀର ଯେପରି ହଠାତ୍ ମୃତ୍ୟୁ ଘଟିଲା, ସେ ସମ୍ବାଦ ବିଦେଶରେ ଥିବା ରଥୀକୁ ନ ଦେବା ପାଇଁ ଅନେକେ ମୋତେ ଅନୁରୋଧ କରିଥିଲେ। କିନ୍ତୁ ସଂସାରରେ ଈଶ୍ୱର ଯେତେବେଳେ ମୋତେ ଦୁଃଖ ଦେଇଛନ୍ତି, ସେତେବେଳେ ତାଙ୍କ ସମ୍ମୁଖରେ ଦଣ୍ଡାୟମାନ ହୋଇ ତାହାକୁ ବରଣ କରିବାକୁ ହେବ - ରଥୀର ଭାଗରେ ଯେଉଁ ଦୁଃଖ ପଡ଼ିଛି, ଯେତେ କଷ୍ଟ ହେଉନା କାହିଁକି ରଥୀ ତାହାକୁ ଶିରୋଧାର୍ଯ୍ୟ କରିବ ଏବଂ ଏହାହିଁ ତା'ର କର୍ତ୍ତବ୍ୟ ବୋଲି ଅନୁଭବ କରି ଶମୀର ମୃତ୍ୟୁପରେ ମୁଁ ତାହାକୁ ସେଇ ସମ୍ବାଦ ଦେବାରେ ବିଳମ୍ବ କରିନାହିଁ। ସେହି ଆଘାତ ହୃଦୟରେ ଗ୍ରହଣ କରି ଯଦି ତାହାର କୌଣସି ମଙ୍ଗଳ ନ ଘଟିଛି, ଯଦି ତାହାର ଜୀବନଧାରା ପୂର୍ବାପେକ୍ଷା ଗଭୀରତର, ପୂର୍ଣ୍ଣତର ନ ହୋଇଛି, ତେବେ ସେ କଥା ଦୁର୍ଭାଗ୍ୟଜନକ। କିନ୍ତୁ ମହତ୍ ଦୁଃଖ ଯେତେବେଳେ ଈଶ୍ୱର ପ୍ରେରିତ, ସେତେବେଳେ ତାକୁ ଅକୁଣ୍ଠିତ ଚିତ୍ତରେ ଗ୍ରହଣ କରିବାକୁ ପଡ଼ିବ।" (କବିପୁତ୍ର ଶମୀ - ପୃ. ୪୫, ୪୬)

ରବୀନ୍ଦ୍ରନାଥଙ୍କ ଏହି ଅକଳ୍ପନୀୟ ଗ୍ରହଣଶୀଳତା ଈଶ୍ୱରଦତ୍ତ ହୋଇନଥିଲେ ସେ ଏହି ଦୁଃସହ ବେଦନାଙ୍କୁ ଏପରି ସାଶ୍ରୁଲୋଚନାରେ ଅଥଚ ସକୃତଜ୍ଞ ଚିତ୍ତରେ ଗ୍ରହଣ କରିପାରିନଥା'ନ୍ତେ। ରବୀନ୍ଦ୍ରନାଥଙ୍କ କ୍ଷେତ୍ରରେ ଯାହା ଥିଲା ଏକାନ୍ତ ବାସ୍ତବ, ଗଙ୍ଗାଧରଙ୍କ ଜୀବନରେ ମଧ୍ୟ ତାହା ଥିଲା ଠିକ୍ ତଦ୍ରୂପ। ଗଙ୍ଗାଧରଙ୍କ ସ୍ଥିତପ୍ରଜ୍ଞ ମାନସିକତାର ଭାରସାମ୍ୟ ଦେଖି ଆତ୍ମୀୟସ୍ୱଜନ ଓ ସାରସ୍ୱତ ସାଧକମାନେ ସ୍ତବ୍ଧ ହୋଇ ରହିଯାଇଥିଲେ। ରବୀନ୍ଦ୍ରନାଥ ତାଙ୍କର କୌଣସି ଏକ କବିତାରେ କହିଛନ୍ତି - 'ଯାଦେର ଜୀବନ ଦୁଃଖେ ଗଢ଼ା, ତା'ର ଆର୍ ଦୁଃଖ କିରେ?' ଯାହାର ଜୀବନ ହିଁ ଦୁଃଖମୟ, ତାହାର ଆଉ

ଦୁଃଖର ସ୍ୱତନ୍ତ୍ର ବ୍ୟଥା ବା ବେଦନା କାହିଁକି ବା ଜନ୍ମନେଇ ପାରିବ? ସାଧାରଣ ମଣିଷ ଦୁଃଖାକ୍ରାନ୍ତ ହୋଇ ଯେପରି ଭାଙ୍ଗିପଡ଼େ, ରବୀନ୍ଦ୍ରନାଥ ବା ଗଙ୍ଗାଧର ସେପରି କାଚଖଣ୍ଡର ଉପାଦାନରେ ନିର୍ମିତ ହୋଇ ନଥିଲେ। ଉଭୟେ ଥିଲେ ଏକ ଏକ ହୀରକ-ଜ୍ୟୋତି ବିକିରଣ କରୁଥିବା ମହାମୂଲ୍ୟବାନ ରତ୍ନ। ଆମ ସମସ୍ତଙ୍କର ଏ ଧାରଣା ରହିଛି ଯେ, ହୀରକ ମଧ୍ୟରେ ଲୁଚି ରହିଥାଏ ବିଷାକ୍ତ ଉପାଦାନ। ହୀରକନିର୍ମିତ ମୁଦ୍ରିକା ଲେହନ କରି ପ୍ରାଣବିସର୍ଜନ କରିଥିବାର ନାୟକ ନାୟିକା ସାହିତ୍ୟରେ ଯେମିତି ସମାଜରେ ମଧ୍ୟ ସେପରି ଦୁର୍ଲ୍ଲଭ ନୁହନ୍ତି। ରବୀନ୍ଦ୍ର ଆଉ ଗଙ୍ଗାଧର ଉଭୟେ ଯେଉଁ ଶୁଭ୍ର ରଜତଜ୍ୟୋତି ବିକିରଣ କରୁଥିଲେ, ତା'ର ପଶ୍ଚାତ୍‌ରେ ସଂରକ୍ଷିତ ହୋଇ ରହିଥିଲା ଯେ ଦୁଃଖରୂପକ ବିଷବଳୟ, ତାହା ଆବିଷ୍କାର କରିପାରିଲେ ସଂସାରୀ ମନୁଷ୍ୟ ନିର୍ବାକ ଓ ନିଃସ୍ପନ୍ଦ ହୋଇଉଠିବ। ଗଙ୍ଗାଧର ତ ଥିଲେ ଦେବଦେବ ମହାଦେବଙ୍କ ମଙ୍ଗଳମୟ ନାମଧାରଣ କରିଥିବା ଜୀବନ୍ତ ବିଗ୍ରହ। ନୀଳକଣ୍ଠ ପରି ବିଷପାନ ପୂର୍ବକ ଅମୃତର ସ୍ରୋତ ସୃଷ୍ଟି କରିବା ଥିଲା ତାଙ୍କର ବିଶେଷତ୍ୱ। ଯଥାର୍ଥ ଅର୍ଥରେ ସେ ତେଣୁ ଥିଲେ ଗଙ୍ଗାଧର ଓ ଗଙ୍ଗାଧାରା ପରି ପବିତ୍ର ତଥା ଅକଳୁଷ।

ଦୁଃଖ ତ ପ୍ରତ୍ୟେକ ମଣିଷ ଜୀବନରେ ବିଭିନ୍ନ ରୂପରେ ଆସିଥାଏ। ସାଧାରଣ ମନୁଷ୍ୟ ତାହାର ନିପୀଡ଼ନରେ ବ୍ୟସ୍ତ, ବିବ୍ରତ, ବିଚଳିତ ଓ ସଂସାର ପ୍ରତି ବୀତସ୍ପୃହ ହୋଇଉଠେ। କିନ୍ତୁ ଶ୍ରେଷ୍ଠ ସାହିତ୍ୟ ବା କଳାର ସଧକମାନେ ଏପରି ଉପାଦାନରେ ଗଠିତ ଯେ, ଦୁଃଖ ସେମାନଙ୍କ ଜୀବନରେ ଏକ ପରିପୂର୍ଣ୍ଣତା ଆଣିଦେଇଥାଏ। ରବୀନ୍ଦ୍ରନାଥ ଓ ଗଙ୍ଗାଧର ଉଭୟେ ହୃଦୟଙ୍ଗମ କରିପାରିଥିଲେ ଦୁଃଖ ଦେବତାର ପ୍ରଚ୍ଛନ୍ନ ଆଶିଷ। ସେଥିପାଇଁ ଯଦିଓ ସାମୟିକ ଭାବରେ ସେମାନେ ବ୍ୟତିବ୍ୟସ୍ତ ହୋଇଉଠିଥିବେ, ତଥାପି ତାଙ୍କ ଅନ୍ତରାତ୍ମାରେ ପ୍ରଜ୍ଜ୍ୱଳିତ ଜୀବନଶିଖା ତାଙ୍କୁ ସ୍ୱତନ୍ତ୍ର ମାର୍ଗ ପ୍ରଦର୍ଶନ କରାଇ ଦେଇଥିବ, ଏହାକୁ ଗ୍ରହଣ ଓ ରୂପାନ୍ତରୀକରଣ ନିମିତ୍ତ। ରବୀନ୍ଦ୍ର ଶମୀନ୍ଦ୍ରଙ୍କୁ ହରାଇବା ପରେ ଯେଉଁ ଭାବ-ସଂପର୍କ ପିତା ପୁତ୍ରଙ୍କ ମଧ୍ୟରେ ସଂସ୍ଥାପିତ ହୋଇଛି, ତାହା ତାଙ୍କର ସୃଜନଶକ୍ତିକୁ ଅଧିକ ବର୍ଦ୍ଧିତ କରିଛି ନିଶ୍ଚୟ। ଏହି ଦୁଃଖାତୁର ଅବସ୍ଥା ତାଙ୍କ ଲେଖନୀମୁନକୁ ନିଥର କରିଦେଇ ପାରିନଥିଲା। ଠିକ୍ ସେହିପରି ଗଙ୍ଗାଧରଙ୍କ ଜୀବନରେ ମଧ୍ୟ ଯଦିଓ ପୁତ୍ରବିରହ ଜନିତ ଶୋକ ଅଧୀରତା ସୃଷ୍ଟି କରିଥିଲା, ତତ୍‌ପରେ ମହାଭାରତ ମହାକାବ୍ୟ ପଠନରେ ସେ ନିଜକୁ ହଜାଇ ଦେଇଥିଲେ। ଏହି ସୁଗଭୀର ନିମଜ୍ଜମାନତା ମଧ୍ୟରୁ ତାଙ୍କର ଯେଉଁ କାବ୍ୟରଚନା ଆରମ୍ଭ ହେଲା, ତାହା ହେଉଛି 'କୀଚକ ବଧ'। ପ୍ରିୟ ପୁତ୍ର ଅର୍ଜୁନ ସତେ କି ଏକ ସୃଜନାତ୍ମକ ପ୍ରେରଣାରେ ରୂପାନ୍ତରିତ ହୋଇ କବି-ପିତାଙ୍କୁ ଲେଖନୀ ଚାଳନା ଅବ୍ୟାହତ ରଖିବା ପାଇଁ ଦେଇଚାଲିଥିଲେ ପବିତ୍ର ଅନ୍ତଃପ୍ରେରଣା।

ଯେତେଦିନ ପର୍ଯ୍ୟନ୍ତ ମଣିଷ ଦୁଃଖ ରୂପକ ଅଗ୍ନିରେ ପରୀକ୍ଷିତ ନ ହୋଇଛି, ସେତେଦିନ ପର୍ଯ୍ୟନ୍ତ ତା'ର ସୁବର୍ଣ୍ଣ-ସୌନ୍ଦର୍ଯ୍ୟ ଯଥାର୍ଥ ଭାବରେ ଉକୁଟି ଉଠିପାରିବ ନାହିଁ। ତା'ବୋଲି କୌଣସି ମଣିଷ କେବେହେଲେ ଏପରି ବିୟୋଗାନ୍ତକ ଦୁଃଖ ଆମନ୍ତ୍ରଣ କରିନଥାଏ। ମୃତ୍ୟୁଦେବତା ଅଶେଷ କରୁଣା ବଳରେ କବିଚିତ୍ତରେ ଯେପରି ସୃଷ୍ଟି ହୋଇପାରିବ କଲ୍ୟାଣମୟ ଚେତନାର ରଶ୍ମିରେଖା, ସେହିପରି ପୀଡ଼ାଦାୟକ ଅନୁଭୂତି ପ୍ରେରଣ କରିଥାଆନ୍ତି। ଏହା ସାହିତ୍ୟଶିଳ୍ପୀର ଅନ୍ତରକୁ କି ତୀବ୍ର ଭାବରେ ଦୋହଲାଇ ଦିଏ, ତାହା କିଏ ବା ନ ଜାଣେ! ମାତ୍ର ଏହି ଅତ୍ୟନ୍ତ ଗଭୀର ଶୋକାନୁଭୂତିର ସ୍ପର୍ଶରେ କବିପ୍ରାଣରୁ ସୃଜନର ନିର୍ଝରିଣୀ କିପରି ପ୍ରବାହିତ ହୋଇଆସେ, ତାହା ଜାଣନ୍ତି ଏହି ରହସ୍ୟମୟ ଜୀବଜଗତର ପରମ କାରୁଣିକ ସ୍ରଷ୍ଟା। ସୁଖ ପ୍ରଦାନ କରି କବି-ଜୀବନକୁ ଅଳସ-ବିଳାସରେ ଅର୍ଥଶୂନ୍ୟ କରିଦେବା ତାଙ୍କର ଲକ୍ଷ୍ୟ ନୁହେଁ। ଦୁଃଖର ସୁତୀବ୍ର ତାଡ଼ନାରେ ସେମାନଙ୍କୁ ଅନ୍ତର୍ମୁଖୀ କରିଦେବା ହିଁ ହେଉଛି ପରମ ଦିବ୍ୟସତ୍ତାଙ୍କ ମହତ୍ ଉଦ୍ଦେଶ୍ୟ। ରବୀନ୍ଦ୍ରନନ୍ଦନ ଶମୀନ୍ଦ୍ର ଓ ଗଙ୍ଗାଧରଙ୍କ ହୃଦୟନନ୍ଦନ ଅର୍ଜୁନ ସୂକ୍ଷ୍ମଲୋକରେ ଲୁପ୍ତ ହୋଇଯିବାର ପ୍ରଶ୍ନ ଉଠେନା। ସେମାନେ ଚିରକାଳ ଶିଶୁର ସରଳ, କୋମଳ, ନିଷ୍ପାପ ରୂପ ଧରି ନିଜ ନିଜ ପିତାଙ୍କ ସ୍ନେହସିକ୍ତ କୋଳମଣ୍ଡନ କରି ରହିଛନ୍ତି ଓ ରହିଥିବେ ମହାକାଳର ମହାପ୍ରବାହକୁ ଅସ୍ୱୀକାର କରି।

■

ରବୀନ୍ଦ୍ରଙ୍କ 'ବଙ୍ଗମାତା' ଓ ଗଙ୍ଗାଧରଙ୍କ 'ମାତୃଭୂମି' କବିତାର ଅନ୍ତଃସ୍ୱର

ବିଶ୍ୱକବି ପ୍ରକୃତରେ ହେଉଛନ୍ତି ବିଶ୍ୱ-ଚେତନାର ସନ୍ଦେଶ ବାହକ। ଯଦିଓ ତାଙ୍କର ଜନ୍ମଭୂମି ପଶ୍ଚିମବଙ୍ଗରେ ସେ ନିଜକୁ କେବେହେଲେ କୌଣସି ସୀମା ମଧ୍ୟରେ ବନ୍ଦୀ କରି ରଖିନାହାନ୍ତି। ବଙ୍ଗଭୂମି ପ୍ରତି ତାଙ୍କ ମମତାର ଗଭୀରତା ଅକଳନ୍ତି। ତେବେ କୌଣସି ବଙ୍ଗପୁତ୍ର ବା ବଙ୍ଗକନ୍ୟାଙ୍କୁ ପ୍ରାଦେଶିକ କ୍ଷୁଦ୍ରତା ମଧ୍ୟରେ ସୀମିତ କରି ରଖିବା ତାଙ୍କର ଆଦୌ ଉଦ୍ଦେଶ୍ୟ ନଥିଲା। ଏ ଦୃଷ୍ଟିରୁ 'ବଙ୍ଗମାତା' କବିତାଟି ଯେତେବେଳେ ସେ ଲେଖୁଛନ୍ତି ସେତେବେଳେ ତାଙ୍କର ବିଶ୍ୱଦୃଷ୍ଟି କିପରି ସଂପ୍ରସାରିତ ହୋଇଯାଇଛି, ତାହା ଅନୁଭବ କରିପାରିବାର କଥା।

କୌଣସି ଏକ ନିର୍ଦ୍ଦିଷ୍ଟ ଭୂମିର ପରିଚୟ ନିଶ୍ଚୟ ପ୍ରତ୍ୟେକ ମଣିଷଙ୍କ ପଛରେ ରହିଥାଏ। ମାତ୍ର ଏ ପୃଥିବୀକୁ ମଣିଷର ଅବତରଣ ଘଟିଛି ସର୍ବତ୍ର ବିଚରଣ କରିବା ପାଇଁ ଓ ଆପଣାର କ୍ଷୁଦ୍ର ଜନ୍ମଭୂମିଟିକୁ ଭଲପାଉଥିଲେ ମଧ୍ୟ ତାହାରି ଭିତରୁ ନିଜକୁ ଉତ୍ତୀର୍ଣ୍ଣ କରିନେବା ସକାଶେ। ସେଥିପାଇଁ ବଙ୍ଗସନ୍ତାନକୁ ସର୍ବପ୍ରଥମେ ମନୁଷ୍ୟ ହେବାକୁ ଉଦ୍‌ବୋଧନ ଦେଇଛନ୍ତି ରବୀନ୍ଦ୍ରନାଥ। ମା' ସର୍ବଦା ଗୃହକ୍ରୋଡ଼ରେ ନିଜ ଶିଶୁକୁ ନିକଟରେ ରଖିବାକୁ ଚାହିଁବା ସ୍ୱାଭାବିକ। ମାତୃ-ଅନ୍ତରରେ ଯେତେବେଳେ ଘଟେ ବିଶ୍ୱଜଗତ ପାଇଁ ଗଭୀର ଉଦ୍‌ବେଳନ ସେତେବେଳେ ସେ ତାକୁ ମୁକ୍ତ କରିଦିଏ ଅନନ୍ତ ପଥରେ ପାଦ ଥାପିବା ପାଇଁ। ରବୀନ୍ଦ୍ରନାଥ 'ବଙ୍ଗମାତା' କବିତାରେ ଏହି ପବିତ୍ର ଭୂମିକୁ ସମ୍ବୋଧନ କରି କହିଛନ୍ତି ଯେ -

'ପୁଣ୍ୟେ ପାପେ ଦୁଃଖେ ସୁଖେ ପତନେ ଉତ୍‌ଥାନେ

ମନୁଷ୍ୟ ହେବାକୁ ଦିଅ ତୁମ ସନ୍ତାନରେ ।
ହେ ସ୍ନେହାର୍ଦ୍ର ବଙ୍ଗଭୂମି, ତବ ଗୃହକ୍ରୋଡ଼େ
ଚିର ଶିଶୁ କରି ତାକୁ ରଖନାହିଁ ଧରି ।
ଦେଶ ଦେଶାନ୍ତର ମଧ୍ୟେ ଯେଉଁଠି ଯା' ସ୍ଥାନ
ଖୋଜି ହିଁ ନେବାକୁ ଦିଅ ନିଜ ଅନ୍ୱେଷଣେ ।'(୧)

ସିଏ ରହେ ଚିର ଶିଶୁ ହୋଇ ଯାହାର ଚେତନାର ବିସ୍ତାର ଘଟିପାରେ ନାହିଁ। ଶିଶୁର ସରଳ ଓ ନିର୍ମଳ ହୃଦୟ ତ ଚିର ଆକାଂକ୍ଷିତ ବିଷୟ। ସେ ସଂପର୍କରେ ଏଠାରେ କୁହାଯାଉନାହିଁ। ନିଜର ଚତୁଃପାର୍ଶ୍ୱର କ୍ଷୁଦ୍ର ପରିସରରେ ସବୁ ଦିନ ପାଇଁ ଯିଏ ଆପଣାକୁ ସୀମାବଦ୍ଧ କରି ରଖେ, ତା'ର ଆତ୍ମାର ବିକାଶ ଯେ ଅସମ୍ଭବ - ଏହାର ସଂକେତ ପ୍ରଦାନ କରିଛନ୍ତି ରବୀନ୍ଦ୍ର। ଏ କ୍ଷେତ୍ରରେ ମନେପଡୁଛି ଏକ ସୁନ୍ଦର ଉପାଖ୍ୟାନ। ଜଣେ ଥିଲେ ଋଷି। ସେ ନିଜର ଏକ ଶିଷ୍ୟଙ୍କ ସହିତ ଗ୍ରାମରୁ ଗ୍ରାମ ପଦବ୍ରଜରେ ଯାତ୍ରା କରୁଥିଲେ ଲୋକହିତ ସକାଶେ। ଏପରି ଭ୍ରମଣ କରୁଁ କରୁଁ ପହଞ୍ଚି ଥିଲେ ଏପରି ଏକ ଗାଁରେ ଯେଉଁଠି ସୌଜନ୍ୟ ଓ ଶିଷ୍ଟାଚରର ଅଭାବ ତାଙ୍କୁ ବ୍ୟଥିତ କରିଥିଲା। ସେ ସେଠାରୁ ଫେରି ଆସିବାବେଳେ ଗ୍ରାମବାସୀଙ୍କ ଉଦ୍ଦେଶ୍ୟରେ ଉଚ୍ଚାରଣ କରିଥିଲେ - 'ସମସ୍ତେ ଏଠି ଏକଜୁଟ ହୋଇ ସବୁକାଳେ ରହିଥା'ନ୍ତୁ। ଏଭଳି ଆଶୀର୍ବଚନ ଉଚ୍ଚାରଣ କରି ଯେତେବେଳେ ପହଞ୍ଚିଲେ ଆଉ ଏକ କ୍ଷୁଦ୍ର ଗ୍ରାମରେ ସେଠି ତାହାର ବିପରୀତ ଦୃଶ୍ୟ ତାଙ୍କୁ ଚକିତ କରିଦେଲା। ସେ ଲକ୍ଷ୍ୟ କଲେ, ସେହି ଗ୍ରାମର ପ୍ରତିଟି ମଣିଷ କେତେ ଶାନ୍ତ, ଶିଷ୍ଟ, ସୌଜନ୍ୟଯୁକ୍ତ ଓ ସାଧୁ-ହୃଦୟର ଅଧିକାରୀ। ସେମାନଙ୍କ ଆଚରଣରେ ଆପ୍ୟାୟିତ ଋଷିବର ପ୍ରତ୍ୟାବର୍ତ୍ତନ ସମୟରେ ଆଶିଷ ପ୍ରଦାନ କରି କହିଲେ ଯେ - 'ଗ୍ରାମବାସୀ ସମସ୍ତେ ଛିନ୍ନ ବିଚ୍ଛିନ୍ନ ହୋଇଯାଅ। ଋଷିଙ୍କ ଅନୁସରଣ କରୁଥିବା ଶିଷ୍ୟ ଏହାର ତାତ୍ପର୍ଯ୍ୟ ବୁଝିନପାରି ଗୁରୁଙ୍କଠାରୁ ଚାହିଁଲେ ତାହାର ସ୍ପଷ୍ଟୀକରଣ। ଗୁରୁଦେବ ପ୍ରକାଶ କଲେ ଯେ 'ଯେଉଁମାନେ ଅଶିଷ୍ଟ ଓ ଅଭଦ୍ର ସେମାନେ ଗୋଟିଏ ସ୍ଥାନରେ ସୀମିତ ରହିବାଦ୍ୱାରା ଆଉ ସେହି ଅଶିଷ୍ଟତା ଅନ୍ୟ ସ୍ଥାନକୁ ସଂକ୍ରମିତ କରିପାରିବ ନାହିଁ।' ସେହିପରି ଯେଉଁମାନେ ଶିଷ୍ଟାଚାର ସମ୍ବୃଦ୍ଧ ଜୀବନଶୈଳୀରେ ଅଭ୍ୟସ୍ତ, ସେମାନେ ସର୍ବତ୍ର ବିଚରଣ କରିବାଦ୍ୱାରା ସେହି ସୌଜନ୍ୟ ଓ ସାଧୁତା ହେବ ସଂପ୍ରସାରିତ। ଋଷିଙ୍କର ଏ ଅନୁଶୀଳନ ଶିଷ୍ୟ ଜଣକ ହୃଦୟଙ୍ଗମ କରିପାରିଥିଲେ ଯଥାର୍ଥ ଭାବରେ।

ବଙ୍ଗଭୂମିର ସନ୍ତାନମାନଙ୍କୁ ଦେଶ ଦେଶାନ୍ତର ଯାତ୍ରା କରିବା ନିମନ୍ତେ ଯେଉଁ ଆହ୍ୱାନ ଶୁଣାଇଛନ୍ତି ରବୀନ୍ଦ୍ରନଥ, ତା' ମଧ୍ୟରେ ନିଶ୍ଚୟ ଲୁକ୍କାୟିତ ହୋଇ ରହିଛି

ଏହି ମହତ୍ ଭାବନା। ଯେଉଁ ବଙ୍ଗବାସୀମାନେ ମମତାପୂର୍ଣ୍ଣ ଜୀବନ ନିର୍ବାହରେ ପ୍ରସ୍ଫୁଟିତ କରନ୍ତି ଶ୍ରଦ୍ଧାର ବର୍ଣ୍ଣିଳ ପୁଷ୍ପରାଜି, ସେମାନେ ଯଦି ଦେଶ ବିଦେଶକୁ ଯାତ୍ରା କରନ୍ତି, ତାହା ହେଲେ ବଙ୍ଗଭୂମିର ମହାନ ସଂସ୍କୃତି ନିଶ୍ଚୟ ସଂପ୍ରସାରିତ ହୋଇଯିବ। ଅବଶ୍ୟ କବିଙ୍କ ଏପରି ପଦ ରଚନା ମଧ୍ୟରେ ପ୍ରଚ୍ଛନ୍ନ ହୋଇରହିଛି ଆଉ ଏକ ଭାବ - ତାହା ହେଲା, ଭିନ୍ନ ଦେଶର ପରିମଣ୍ଡଳରେ ରହିଛି ଯେଉଁ ମହତ୍ ଚିନ୍ତନ ଓ ସଦୁଦ୍ୟମ, ତାହାକୁ ନିଜସ୍ୱ କରିନେବାର ସୌଭାଗ୍ୟ ଅର୍ଜନ କରିବା। ରବୀନ୍ଦ୍ର ସବୁବେଳେ ବିଶ୍ୱାସ କରନ୍ତି ଆଦାନ - ପ୍ରଦାନରେ। ଆମ ନିକଟରେ ଯାହା କିଛି ସୁନ୍ଦର ବିଷୟ ରହିଛି ତାହାକୁ ପାଶ୍ଚାତ୍ୟ ଜୀବନଶୈଳୀରେ ସଂଯୁକ୍ତ କରିବା ଓ ପାଶ୍ଚାତ୍ୟରେ ଯେଉଁ ଐଶ୍ୱର୍ଯ୍ୟ ଏକାନ୍ତ ଅଭିଳଷିତ, ତାହାକୁ ଆପଣାର କରିନେବାରେ ଜୀବନ ହୁଏ ଗୌରବାନ୍ୱିତ। ସେଥିପାଇଁ ତ ପ୍ରାଚ୍ୟ ପାଶ୍ଚାତ୍ୟର ମହାମିଳନ ସଂଘଟିତ ହୋଇଛି କବିଗୁରୁଙ୍କ ପ୍ରତିଷ୍ଠିତ ଶାନ୍ତିନିକେତନରେ।

କାହାକୁ ସୁନାପୁଅ କରି ବାନ୍ଧିରଖିବାର ସପକ୍ଷରେ ନାହାନ୍ତି କବି। ସେ ଭଲପାଆନ୍ତି ଦୁଃଖ ଓ ସଂଘର୍ଷ ମଧ୍ୟରେ ଗତି କରି ପ୍ରତ୍ୟେକଙ୍କ ଜୀବନ ବିକଶିତ ହେଉ ବୋଲି। ତେଣୁ କାହାରି ପରିଚୟ କେବଳ ବଙ୍ଗାଳୀ ହୋଇ ରହୁ ଏକଥା କିପରି ବା ଇଚ୍ଛା କରିଥାଆନ୍ତେ ଏହି ମହାଭାରତୀୟ ଚେତନାରେ ଉଦ୍‌ବୁଦ୍ଧ ବିଶ୍ୱକବି ! କବିତାର ପରବର୍ତ୍ତୀ ଅଂଶରେ ଏହି ଭାବନା କିପରି ବ୍ୟଞ୍ଜିତ ହୋଇଉଠିଛି, ତାହା ଲକ୍ଷ୍ୟ କରାଯାଉ -

‘ପଦେ ପଦେ ବହୁ କ୍ଷୁଦ୍ର ନିଷେଧର ଡୋରେ
ବାନ୍ଧି ବାନ୍ଧି ରଖ ନାହିଁ ସୁନାପୁଅ କରି।
ପ୍ରାଣ ପାତି, ସହି ଦୁଃଖ, ଆପଣା ହାତରେ
ସଂଗ୍ରାମ ସେ କରୁ ସଦା ଭଲମନ୍ଦ ସହ।
ଶୀର୍ଣ୍ଣ ଶାନ୍ତ ସାଧୁ ଯେତେ ତବ ପୁତ୍ରବର୍ଗେ
ଗୃହାଛଡ଼ା ଲକ୍ଷ୍ମୀଛଡ଼ା କରି ରଖ ସର୍ବେ।
ସାତ କୋଟି ସନ୍ତାନଙ୍କୁ ହେ ମୁଗ୍ଧ ଜନନୀ
ରଖିଛ ବଙ୍ଗାଳି କରି ମନୁଷ୍ୟ କଲନି।’ (୨)

ରବୀନ୍ଦ୍ରନାଥଙ୍କ ଏହି କବିତାରେ ଯେଉଁ ସନ୍ଦେଶ ସ୍ପନ୍ଦିତ, ତାହାହିଁ ଗଙ୍ଗାଧରଙ୍କ ‘ମାତୃଭୂମି’ କବିତାରେ ମଧ୍ୟ ବ୍ୟଞ୍ଜିତ ହୋଇଉଠିଛି ମର୍ଯ୍ୟାଦାପୂର୍ଣ୍ଣ ଭାବରେ। କବିତାଟିରେ ଉତ୍କଳସନ୍ତାନଙ୍କୁ ସକଳ ସଂକୀର୍ଣ୍ଣ ସୀମା ମଧ୍ୟରୁ ଉତ୍ତୋଳିତ କରିନେବାର କୌଣସି ପ୍ରତ୍ୟକ୍ଷ ଆହ୍ୱାନ ଅନୁପସ୍ଥିତ। ନିଜ ଜନ୍ମଭୂମି ଅବିଭକ୍ତ ସମ୍ବଲପୁର ଜିଲ୍ଲାକୁ କବି ଯେପରି ଭଲପାଉଥିଲେ ସେହିପରି ପବିତ୍ର ଉତ୍କଳଭୂମିକୁ ମଧ୍ୟ ପୂଜା କରୁଥିଲେ

ନିଜ ଅନ୍ତର ମଧ୍ୟରେ। କୌଣସି ସଂକୀର୍ଣ୍ଣତାବାଦୀ ଜାତୀୟତାଦ୍ୱାରା ସେ ଯେ ନଥିଲେ ଆବଦ୍ଧ, ଏହାର କଳାତ୍ମକ ଅଭିବ୍ୟକ୍ତି ହେଉଛି ତାଙ୍କର 'ମାତୃଭୂମି' କବିତା। ଏହି କବିତାଟିରେ ଶିଶୁ-ସତ୍ତାର କ୍ରମସଂପ୍ରସାରଣକୁ ଯେପରି ବୋଧଗମ୍ୟ ଶବ୍ଦ ସହାୟତାରେ କବି ଉଲ୍ଲେଖ କରିଛନ୍ତି, ତାହା ତାଙ୍କୁ ଯେତିକି ଉତ୍କଳୀୟ କବିର ଶ୍ରେଷ୍ଠ ମାନ୍ୟତା ପ୍ରଦାନ କରିଛି, ସେତିକି ବିଶ୍ୱଚେତନାର କବି ଭାବରେ ପରିଚିତ କରାଇ ଦେଇଛି।

ଛୋଟ ଶିଶୁଟିଏ ପଡ଼ୋଶୀମାନଙ୍କ ଘରକୁ ଗଲା ପରେ ଜାଣେ ଯେ, ତା'ର ସମବୟସ୍କ ସାଥୀମାନେ ସେ ସବୁ ଘରେ କ୍ରୀଡ଼ାରତ। ନିଜ ସାହିରୁ ବା ପଡ଼ାରୁ ଯେତେବେଳେ ଅନ୍ୟ ପଡ଼ାକୁ ବୁଲିଯାଏ, ସେତେବେଳେ ତା'ର ସଂପ୍ରୀତିର ସଂସାର ଆହୁରି ପରିବ୍ୟାପ୍ତ ହୋଇଯାଏ। ମଣିଷ ନିଜ ଗାଁକୁ କେତେ ଭଲପାଏ ବାସ୍ତବରେ! ସେଥିପାଇଁ ତ ସଚ୍ଚିଦାନନ୍ଦ ରାଉତରାୟଙ୍କ 'ଛୋଟ ମୋର ଗାଁଟି' ଲାଭ କରିଛି ଅଜସ୍ର ଲୋକପ୍ରିୟତା। ବିନୋଦ ଚନ୍ଦ୍ର ନାୟକଙ୍କ 'ଗ୍ରାମପଥ' କାହାକୁ ବା ଆବିଷ୍ଟ କରିଦେଇନାହିଁ! ଗ୍ରାମ୍ୟ-ମମତା ଗଙ୍ଗାଧରଙ୍କ ମଧ୍ୟରେ ଉଜ୍ଜୀବିତ ଥିଲା ସେହିପରି। ଜନ୍ମଗ୍ରାମ 'ବରପାଲି'କୁ ସିଏ ପ୍ରାଣ ଦେଇ ଭଲପାଉଥିଲେ। ଯେତେବେଳେ ଅନ୍ତିମ ଜୀବନରେ ଜମିଦାରଙ୍କଠାରୁ ଅପମାନିତ ଓ ନିର୍ଯ୍ୟାତିତ ହେବାକୁ ପଡ଼ିଥିଲା ତାଙ୍କୁ, ସେତିକିବେଳେ ଅନେକ ଭଦ୍ରବ୍ୟକ୍ତି ବରପାଲି ତ୍ୟାଗ କରି ଅନ୍ୟ କେଉଁଠି ରହିବା ପାଇଁ ତାଙ୍କୁ ଦେଇଥିଲେ ପରାମର୍ଶ। ମାତ୍ର, ସେ ସବୁ ଅନୁରୋଧ ତାଙ୍କ ପାଇଁ ଗ୍ରହଣୀୟ ହୋଇନଥିଲା ଆଦୌ। ବରପାଲିକୁ ଶ୍ରଦ୍ଧା କରିବା ଥିଲା ଯେମିତି ଆନ୍ତରିକ ସେହିପରି ସମ୍ବଲପୁର ମାଟିକୁ, ପଶ୍ଚିମ ଓଡ଼ିଶାକୁ, ସମଗ୍ର ଉତ୍କଳ ଭୂମିକୁ ଓ ଭାରତବର୍ଷକୁ ତାଙ୍କର ଭଲପାଇବା। ସେହିପରି ନିରାଟ ସତ୍ୟାନୁଭୂତି। 'ମାତୃଭୂମି' କବିତାରେ ଏହି ସଂପ୍ରସାରଣର ଯେଉଁ ଚିତ୍ର ପ୍ରଦତ୍ତ, ତାହା ବ୍ୟାଖ୍ୟା କରିବା ଦ୍ୱାରା ଏ କଥା ହିଁ ପ୍ରତିପାଦିତ ହୋଇଯାଏ ଯେ, ତାଙ୍କର ମାତୃଭୂମି ସଂପର୍କିତ ଉପଲବ୍ଧି କେଉଁ ସ୍ତରକୁ ସ୍ପର୍ଶ କରିପାରେ। ଯେତେବେଳେ ଜଣେ ମଣିଷ ଏହି ମାତୃଭୂମି ମମତାକୁ ପ୍ରସାରିତ ହେବାକୁ ବାଟ ଛାଡ଼ିଦିଏ, ସେତେବେଳେ ସେ ବୁଝେ ଯେ, ସ୍ୱର୍ଗରୁ ଅଧିକ ସୌନ୍ଦର୍ଯ୍ୟମୟ ହେଉଛି ତା'ର ନିଜ ଦେଶ। ଦେଶର ସୀମା ମଧ୍ୟରେ ତା'ହେଲେ କ'ଣ ଅନ୍ତ ହୋଇଯାଏ ଏହି ସ୍ୱର୍ଗୀୟ ଅନୁରକ୍ତିର? କେବେ ନୁହେଁ। ଗଙ୍ଗାଧର ସେଥିପାଇଁ ଅତ୍ୟନ୍ତ ସରଳ ଭାଷାରେ ବର୍ଣ୍ଣନା କରିଛନ୍ତି -

'ଜ୍ଞାନବଳେ ଯେବେ ଜାଣେ ସମସ୍ତଙ୍କ
ଜନକ ଜଗତପତି,
ସହୋଦର ଜ୍ଞାନ କରେ ଅବନୀର
ମାନବ-ସମାଜ ପ୍ରତି।

ତେବେ ସେ ଜଣାଇ ଯେ କରଇ ଯେତେ
ଲୋକଙ୍କର ଉପକାର
ବିଶ୍ୱପତିଙ୍କର ବିଶ୍ୱଗୃହେ ଅଟେ
ସେ ତେତେ ଯୋଗ୍ୟ କୁମର।'(୩)

ମାନବିକ ଜ୍ଞାନର ସଂପ୍ରସାରଣ କିପରି ବିଶ୍ୱପ୍ରୀତିରେ ଉପନୀତ ହୁଏ, ତାହା ଯେପରି ବ୍ୟକ୍ତ କରିଛନ୍ତି ଗଙ୍ଗାଧର, ସେପରି ଶୈଳ୍ପିକ ଅଭିବ୍ୟକ୍ତି କ୍ୱଚିତ୍ ଘଟିଛି ଭାରତ ବର୍ଷରେ। ଏ କବିତାଟିର ଶେଷ ପଦଟି ହିଁ ସମସ୍ତେ ସଶ୍ରଦ୍ଧ ଚିତ୍ତରେ ଆବୃତ୍ତି କରନ୍ତି।

'ମାତୃଭୂମି ମାତୃ ଭାଷାରେ ମମତା
ଯା ହୃଦେ ଜନମି ନାହିଁ
ତାକୁ ଯେବେ ଜ୍ଞାନୀ ଗଣରେ ଗଣିବା
ଅଜ୍ଞାନ ରହିବେ କାହିଁ।' (୪)

ଆମ ଓଡ଼ିଶାକୁ ଓ ଓଡ଼ିଆ ଭାଷାକୁ ପରିପୂର୍ଣ୍ଣ ଭାବରେ ସମ୍ମାନ ପ୍ରଦାନ କରିବା ଲାଗି ଏ ପଦଟିକୁ ଆମେ ଗାନ କରିଥାଉ। ଏହା ମଧ୍ୟ କୌଣସି ଦୃଷ୍ଟିରୁ ଅନୁପଯୁକ୍ତ ବିବେଚିତ ହେବାର ପ୍ରଶ୍ନ ଉଠୁନାହିଁ। ସମଗ୍ର ଓଡ଼ିଶାକୁ ଓ ଓଡ଼ିଆ ଭାଷାକୁ ପ୍ରକୃତ ଗୌରବ ଦେବା ପାଇଁ ଯେଉଁ ମହାନ ବାର୍ତ୍ତା ଏଥିରେ ଗୁମ୍ଫିତ ହୋଇ ରହିଛି, ତାହା ସମସ୍ତଙ୍କ ପ୍ରାଣକୁ କମ୍ପିତ କରିଦିଏ। ଓଡ଼ିଶାର ଛୋଟ ଶିଶୁଙ୍କଠାରୁ ଆରମ୍ଭ କରି ସଚେତନ ପ୍ରୌଢ଼ ଓ ଜ୍ଞାନୀ ବୃଦ୍ଧଙ୍କ ପର୍ଯ୍ୟନ୍ତ ସମସ୍ତେ ଏହାକୁ ଯେପରି ଆନ୍ତରିକତାର ସହିତ ଉଚ୍ଚାରଣ କରୁଛନ୍ତି ଓ ହୃଦୟରେ ଲିପିବଦ୍ଧ କରି ରଖିଛନ୍ତି, ତାହା ନିଶ୍ଚୟ ଅନାବିଳ ମାତୃଭୂମି ଓ ମାତୃଭାଷା ପ୍ରତି ମମତାର ଏକ ଶ୍ରେଷ୍ଠ ଦୃଷ୍ଟାନ୍ତ। ଗଙ୍ଗାଧରଙ୍କ ଅନ୍ୟ ପ୍ରେରଣାଗର୍ଭିତ ଏକାଧିକ କବିତା ବିଭିନ୍ନ ମହୋତ୍ସବରେ ପ୍ରାରମ୍ଭିକ ସଙ୍ଗୀତ ଭାବରେ ଗାନ କରାଯାଏ। ଏ ଲେଖକ ଜାଣିବାରେ ହୁଏତ ପ୍ରଥମ ଥର ପାଇଁ ଏହି ସଂପୂର୍ଣ୍ଣ କବିତାଟିକୁ ସ୍ୱାଗତ ସଙ୍ଗୀତ ଭାବରେ ଗାନ କରାଯାଇଥିଲା କିଛି ବର୍ଷ ତଳେ ଜର୍ମାନ୍‌ରେ ରହୁଥିବା ରାଜେନ୍ଦ୍ର ନାରାୟଣ ଦାସଙ୍କ ଓଡ଼ିଶାରେ ପୁସ୍ତକ ଲୋକାର୍ପଣ ଉତ୍ସବରେ। ଯିଏ ଏ କବିତାର ମର୍ମକୁ ହୃଦୟଙ୍ଗମ କରିପାରିବ ଯଥାର୍ଥ ଭାବରେ ସେ ସେହି ପରିମାଣରେ ଯେତିକି ପଶ୍ଚିମ ଓଡ଼ିଶାପ୍ରେମୀ ସେତିକି ହୋଇଉଠିବ ଉତ୍କଳପ୍ରେମୀ ଓ ଭାରତମାତାଙ୍କ ସୁଯୋଗ୍ୟ ଦାୟାଦ। ପୁନଶ୍ଚ ଏହି ମହାନ ଜାତୀୟତାର ତୀର୍ଥରୁ ଉତ୍ତୀର୍ଣ୍ଣ ହୋଇ ସମଗ୍ର ପୃଥିବୀମାତାଙ୍କ ସେ ହେବ ଉପଯୁକ୍ତ ସୁସନ୍ତାନ। ଗଙ୍ଗାଧର ସ୍ୱରଚିତ ଆଉ ଏକ କବିତା 'ଈଶ୍ୱରଦ୍ରୋହୀ'ରେ ବର୍ଣ୍ଣନା କରିଛନ୍ତି ଯେ - ନିଜ ଦେଶ ପରିବେଶ ବୋଲି ଯିଏ ମଣିଷ ଭିତରେ ଭେଦଭାବ ସୃଷ୍ଟି କରେ, ସେ ହେଉଛି

ଈଶ୍ୱରଦ୍ରୋହୀ । ତାହେଲେ ଗଙ୍ଗାଧର ମନୁଷ୍ୟ-ଚେତନାଟିକୁ କେତେ ଊର୍ଦ୍ଧ୍ୱକୁ ଉତ୍ତୋଳିତ କରିନେଇଯିବାର ମହତ୍ ପ୍ରୟାସ କରିଛନ୍ତି । ତାହା ଲକ୍ଷ୍ୟ କରିବାର କଥା ।

ବିଶ୍ୱକବି ରବୀନ୍ଦ୍ରନାଥଙ୍କ 'ବଙ୍ଗମାତା' କବିତାର ଭାବବୃତ୍ତ ସହିତ 'ମାତୃଭୂମି' କବିତାର ଅନ୍ତଃସ୍ୱର ମଧ୍ୟରେ ଯେଉଁ ସାମଞ୍ଜସ୍ୟ ବିଦ୍ୟମାନ, ତାହାକୁ ଭିନ୍ନ ଭିନ୍ନ ଭାବରେ ପ୍ରେରଣାଦାୟକ ରୂପେ ବିଶ୍ଲେଷଣ କରାଯାଇପାରେ । ରବୀନ୍ଦ୍ରନାଥ ତ ଦେଶ ଅତିକ୍ରମ କରି ଯାଇପାରିଥିଲେ ବିଦେଶ ଭୂମିକୁ । ପୃଥିବୀର ମହାନ କବି ଡବ୍ଲ୍ୟୁ.ବି.ଇଟ୍‌ସ୍ ବା ଲେଖକ ରୋମା ରୋଲାଁଙ୍କ ସହିତ ତାଙ୍କର ସାକ୍ଷାତ୍ ପରିଚୟ ସମ୍ଭବ ହୋଇ ପାରିଥିଲା । ନିଜେ ଇଂରାଜୀ ଭାଷାଭିବ୍ୟକ୍ତିରେ ଧୂରୀଣ ଥିବାରୁ ସେ ସ୍ୱରଚିତ 'ଗୀତାଞ୍ଜଳି'କୁ ପୁନଶ୍ଚ ଇଂରାଜୀରେ ରୂପାୟିତ କରିପାରିଥିଲେ । ଗଙ୍ଗାଧରଙ୍କ ନିକଟରେ ଏ ସବୁ କୌଣସି ସୁଯୋଗ ନଥିଲେ ମଧ୍ୟ ଯେପରି ଭାବରେ ତାଙ୍କ ଚେତନାର ଚରମ ବିକାଶ ସାଧିତ ହୋଇପାରିଛି, ତାହା ଆଶ୍ଚର୍ଯ୍ୟଜନକ ଅନୁଭୂତି । ନିଜ ହୃଦୟର ନିଭୃତତମ ପ୍ରଦେଶରୁ ଯେଉଁ ସୂକ୍ଷ୍ମ ସ୍ୱର ଅନ୍ତର୍ମୁଖୀ କବି ଶୁଣିପାରେ, ସେ ହିଁ ଏପରି ପରିବ୍ୟାପ୍ତ ଚେତନାର ଅଧିକାରୀ ହେବା ସଙ୍ଗେ ସଙ୍ଗେ ନିଜ ପ୍ରଦେଶର ମାତୃଭୂମି ଭକ୍ତମାନଙ୍କୁ ଦେଇପାରେ ଆପଣାକୁ ଉଦାର, ପ୍ରସାରିତ ତଥା ସମ୍ବେଦନଶୀଳ ହେବାର ମହାନ ବାର୍ତ୍ତା । ବାସ୍ତବରେ ଯେଉଁମାନେ ଉଚ୍ଚ ଶ୍ରେଣୀର ଲେଖକ ସେମାନେ କୌଣସି ସୀମିତ ପରିସରରେ ଆବଦ୍ଧ ହୋଇ ରହିପାରନ୍ତି ନାହିଁ ବା ନିଜ ସାହିତ୍ୟରେ ସେପରି ସଂକୀର୍ଣ୍ଣତାର କଥା ଉଲ୍ଲେଖ କରିପାରନ୍ତି ନାହିଁ । ଯେଉଁ ଯେଉଁ ସ୍ଥାନରେ ଗଙ୍ଗାଧରଙ୍କ ଉତ୍କଳୀୟ ପ୍ରୀତିର ଶ୍ରେଷ୍ଠ ନିଦର୍ଶନ ରହିଛି ସେହି ସେହି ପଦସମ୍ଭାରର ଅନ୍ତଃସ୍ୱର ହେଉଛି ବିଶ୍ୱାତ୍ମା ସହିତ ସମ୍ବନ୍ଧିତ ହୋଇଯିବାର ସ୍ପଷ୍ଟ ନିର୍ଦ୍ଦେଶ । ତା'ପରେ ଆଉ ଏକ କଥା ମଧ୍ୟ ଉଲ୍ଲେଖନୀୟ ଯେ, ପ୍ରତ୍ୟେକ କବି ବା ଲେଖକ ହେଉଛନ୍ତି ବିବର୍ତ୍ତନଶୀଳ ଆତ୍ମାର ଅଧିକାରୀ । ସେମାନେ ପରସ୍ତକୁ ପରସ୍ତ ପ୍ରତିମୁହୂର୍ତ୍ତରେ ଉନ୍ମୋଚିତ ହୋଇଯାଉଥାଆନ୍ତି । ସେଥିପାଇଁ ଗୋଟିଏ କବିତାର ଭାବଧାରା ମଧ୍ୟରେ ଯଦି ନିର୍ଦ୍ଦିଷ୍ଟ ପରିସୀମା ପ୍ରତି ଅନୁରକ୍ତି ଭରିରହିଥାଏ, ତା'ର ପରବର୍ତ୍ତୀ କବିତାଗୁଡ଼ିକରେ ଅସୀମର ଆରାଧନା ପରିଦୃଷ୍ଟ ହୁଏ । ଜଣେ କବି ଯେଉଁ ଉଚ୍ଚତମ ସୋପାନକୁ ଉତ୍ତୀର୍ଣ୍ଣ ହୋଇପାରିଛି, ତାହାକୁ ଦୃଷ୍ଟି ସମକ୍ଷରେ ରଖି ତାଙ୍କ କବିତ୍ୱର ସାର୍ଥକତା ନିର୍ଣ୍ଣୟ କରାଯିବା ବିଧେୟ । ତେବେ ସେ ଯାହା ହେଉ ନା କାହିଁକି ରବୀନ୍ଦ୍ରନାଥ ହୋଇପାରନ୍ତି ବିଶ୍ୱକବି, ଗଙ୍ଗାଧର ରହିଯାଆନ୍ତି ସ୍ୱଭାବ କବି ଭାବରେ ଓଡ଼ିଶାର ପରିସୀମା ମଧ୍ୟରେ । ଉଭୟଙ୍କ କବିତାର ଅନ୍ତଃସ୍ୱରରେ ଯେଉଁ ସାମଞ୍ଜସ୍ୟ ପ୍ରତିଫଳିତ, ତାହାର ଶ୍ରେଷ୍ଠ ସନ୍ତକ ହେଉଛି ଆଲୋଚିତ ଏ ଦୁଇଟି କ୍ରାନ୍ତିକାରୀ କବିତା ।

■

ପ୍ରାନ୍ତଟୀକା

୧. ଦାସ ଚିତ୍ତରଂଜନ, ବଙ୍ଗମାତା : ରବୀନ୍ଦ୍ର-କତିପୟ। ପ୍ରଥମ ପ୍ରକାଶନ, ପଥିକ ପ୍ରକାଶନୀ, ଭୁବନେଶ୍ୱର, ୨୦୦୯, ପୃଷ୍ଠା ୪୯।

୨. ତତ୍ରୈବ।

୩. ମେହେର ଗଙ୍ଗାଧର, ମାତୃଭୂମି : ସ୍ୱଭାବ କବି ଗଙ୍ଗାଧର ଗ୍ରନ୍ଥାବଳୀ। ସଂପାଦନା - ଡକ୍ଟର ମଣୀନ୍ଦ୍ର କୁମାର ମେହେର, ପ୍ରଥମ ସଂପୂର୍ଣ୍ଣ ସଂସ୍କରଣ, ପୁନର୍ମୁଦ୍ରଣ, ଗ୍ରନ୍ଥ ମନ୍ଦିର, କଟକ-୨, ୨୦୧୫। ପୃଷ୍ଠା ୩୦୩।

୪. ତତ୍ରୈବ।

ବ୍ରିଟିଶ୍ ଶାସନ ବିରୋଧରେ ରବୀନ୍ଦ୍ରନାଥ ଓ ଗଙ୍ଗାଧରଙ୍କ ସ୍ୱର ଉତ୍ତୋଳନ

ଅନେକଙ୍କ ମନରେ ଏକ ଭ୍ରାନ୍ତଧାରଣା ରହିଛି ଯେ ରବୀନ୍ଦ୍ରନାଥ ବ୍ରିଟିଶ୍ ସରକାରଙ୍କୁ ସମର୍ଥନ ଜଣାଉଥିଲେ ଆନ୍ତରିକ ଭାବରେ। ଏପରିକି ଯାହା ଆଜି ସ୍ୱାଧୀନ ଭାରତର ଜାତୀୟ ସଂଗୀତ, ତାହା ରବୀନ୍ଦ୍ରନାଥ ବ୍ରିଟିଶ ସରକାରଙ୍କ ଉଦ୍ଦେଶ୍ୟରେ ଲେଖିଥିବା ବନ୍ଦନାଗୀତି ବୋଲି ମଧ ପ୍ରମାଣ କରିବାର ଅପଚେଷ୍ଟା କରାଯାଇଛି। ଏକଥା ସତ୍ୟ ଯେ, ରବୀନ୍ଦ୍ରନାଥ ସ୍ୱାଧୀନତା ସଂଗ୍ରାମରେ ପ୍ରତ୍ୟକ୍ଷ ଅଂଶ ଗ୍ରହଣ କରିନଥିଲେ। ବ୍ରିଟିଶ୍ ସରକାରଙ୍କ ପ୍ରତି ତାଙ୍କର ନିରବ ସମର୍ଥନ ଯେ ନଥିଲା ଏକଥା ମଧ ନୁହେଁ। ତେବେ ରବୀନ୍ଦ୍ର ସେଇ ଉପାଦାନରେ ଗଢ଼ା ହୋଇଥିଲେ, ଯାହାକୁ କୁହାଯାଏ ସମ୍ବେଦନଶୀଳ ଓ ସ୍ୱାଭିମାନୀ ମାନବସତ୍ତା। ବ୍ରିଟିଶ୍ ସରକାରଙ୍କ ଶାସନ ପ୍ରତି ତାଙ୍କର ତୀକ୍ଷ୍ଣ ଦୃଷ୍ଟି ସର୍ବଦା ଥିଲା ଜାଗ୍ରତ। ଅପର ପକ୍ଷରେ ପୁଣି ପରାଧୀନ ଭାରତବର୍ଷର କୋଟି କୋଟି ମଣିଷଙ୍କ ପ୍ରତି ତାଙ୍କର ସହାନୁଭୂତି ଥିଲା, ଏକାନ୍ତ ନିର୍ମଳ ଓ ଗଭୀର। ସେ ବ୍ରିଟିଶ ସରକାରଙ୍କଠାରୁ 'ନାଇଟ୍' ଉପାଧି ଗ୍ରହଣ କରିଥିଲେ ସରସ ଚିତ୍ତରେ। ତା'ର ଅର୍ଥ ଏହା ନୁହେଁ ଯେ ଜଣେ ବିଦେଶୀ ସରକାରଙ୍କ କୁଶାସନ ପ୍ରତି ସେ ସାରା ଜୀବନ ଆଖି ବୁଜି ଦେଇଥିଲେ। ଇତିହାସର ଅତ୍ୟନ୍ତ କଳଙ୍କିତ ଅଧ୍ୟାୟ, ବ୍ରିଟିଶ୍ ଶାସନର ନିଷ୍ଠୁରତା ଓ ପୈଶାଚିକତାର ଭୟାବହ ରୂପ ହେଉଛି ୧୯୧୯ ମସିହା ଏପ୍ରିଲ ମାସରେ ପଞ୍ଜାବର ଜାଲିଆନା ୱାଲାବାଗ୍‌ଠାରେ ହୋଇଥିବା ସମୂହ ଗଣହତ୍ୟା। ଭାରତୀୟମାନଙ୍କର ମୃତ ଶରୀର ଶତଶତ ସଂଖ୍ୟାରେ ଟଳି ପଡ଼ିବାର ସେ ଦୃଶ୍ୟ ରବୀନ୍ଦ୍ରଙ୍କ ମନରେ ସୃଷ୍ଟି କରିଥିଲା ଗଭୀର ପ୍ରତିକ୍ରିୟା। ତାଙ୍କର ସହାନୁଭୂତି ସିକ୍ତ

ଦେଶାତ୍ମବୋଧ – ଆପ୍ଲୁତ ହୃଦୟ କ୍ରନ୍ଦନ କରିଉଠିଥିଲା ଏ ଘଟଣାରେ । ସେ ସମୟରେ ଦୁଶ୍ଚିନ୍ତାଗ୍ରସ୍ତ ବେଦନା ପୀଡ଼ିତ ବିଶ୍ୱକବି ବ୍ରିଟିଶ୍ ସରକାରଙ୍କ ଏହି ନରସଂହାର ବିରୋଧରେ ଯେଉଁ ପ୍ରତିକ୍ରିୟା ପ୍ରକାଶ କରିଥିଲେ ଓ ସରକାରଙ୍କ ତରଫରୁ ତାଙ୍କୁ ପ୍ରଦାନ କରାଯାଇଥିବା ସମ୍ମାନ ଯେପରି ଭାବରେ ଫେରସ୍ତ କରିଦେଇଥିଲେ ତାହା ତାଙ୍କ ଦେଶପ୍ରେମର ଶ୍ରେଷ୍ଠ ଅଭିବ୍ୟକ୍ତି । ସେ ସମୟର ବଡ଼ଲାଟ୍‌ଙ୍କ ପାଖକୁ ସେ ଲେଖିଥିଲେ ଏକ ମର୍ମଭେଦୀ ପତ୍ର । ପତ୍ରଟି କଲିକତାରୁ ପ୍ରକାଶିତ ଦୈନିକ ଖବରକାଗଜ ଦି ଷ୍ଟେଟ୍‌ସ୍‌ମ୍ୟାନ୍‌ରେ ସେହି ବର୍ଷ ଜୁନ୍ ୩ ତାରିଖ ଦିନ ପ୍ରକାଶିତ ହୋଇଥିଲା । ଇଂରାଜୀ ଭାଷାରେ ରଚିତ ସେହି ପତ୍ରଟିର ଓଡ଼ିଆ ଅନୁବାଦ କରିଛନ୍ତି ଓଡ଼ିଶାର ବିଶିଷ୍ଟ ସାହିତ୍ୟ ସାଧକ ଓ ଶ୍ରେଷ୍ଠ ଅନୁବାଦକ ଶ୍ରୀଯୁକ୍ତ ଚିତ୍ତରଞ୍ଜନ ଦାସ । ଏଠାରେ ଇଂରାଜୀ ପତ୍ରଟିକୁ ଉଦ୍ଧାର କରିବାର କୌଣସି ପ୍ରୟୋଜନ ନାହିଁ । କାରଣ ଆମେ ରବୀନ୍ଦ୍ରଙ୍କ ହୃଦୟ ମଧ୍ୟକୁ ପ୍ରବେଶ କରିବା ପାଇଁ ଯେଉଁ ପଥର ଅନୁସନ୍ଧାନୀ ସେହି ପଥ ପ୍ରଶସ୍ତ ଭାବରେ ପ୍ରସ୍ତୁତ କରିଦେଇଛନ୍ତି ଅନୁବାଦକ । ସଂପୂର୍ଣ୍ଣ ପତ୍ରିଟିକୁ ଉଦ୍ଧାର କରାଗଲା ମଧ୍ୟ ଆଦୌ ଅପ୍ରାସଙ୍ଗିକ ହେବ ନାହିଁ । ତେବେ ସେଥିରେ ଫୁଟି ଉଠିଥିବା କବିଙ୍କ ମର୍ମ ବେଦନକୁ ସ୍ପର୍ଶ କରିବା ପାଇଁ ନିର୍ବାଚିତ କେତୋଟି ବାକ୍ୟକୁ ଉଦ୍ଧାର କଲେ ଯେକୌଣସି ପାଠକ କବିଙ୍କ ଦେଶପ୍ରେମର ମହାନ୍ ପରିଚୟ ଲାଭ କରିପାରିବେ ନିଶ୍ଚୟ । ଉକ୍ତ ପତ୍ରରେ ରବୀନ୍ଦ୍ର ସ୍ପଷ୍ଟ ଭାବରେ ଉଲ୍ଲେଖ କରିଛନ୍ତି ଯେ ପଞ୍ଜାବରେ ଯେଉଁ ଅଚିନ୍ତନୀୟ ଘଟଣା ଘଟିଗଲା ତାହା ଭାରତରେ କିପରି ସୃଷ୍ଟି କରିଛି ଆତଙ୍କର ବାତାବରଣ । ରବୀନ୍ଦ୍ରନାଥ ପତ୍ରଟିରେ ଲେଖିଛନ୍ତି 'ସେହି ଭାଗ୍ୟହୀନ ଜନ ସମଷ୍ଟିଟି ଉପରେ ଯେପରି ନିତାନ୍ତ ଅନୁବାଦହୀନ କଠୋରତା ସହିତ ଶାସ୍ତିର ପ୍ରୟୋଗ ହୋଇଛି ଏବଂ ଯେପରି ଏକ ପଦ୍ଧତିର ଆଶ୍ରୟ ନେଇ ତାହା ଆଚରିତ ହୋଇଛି ତାହାର ଯେ କେଉଁଠି ହେଲେ ଆଦୌ କୌଣସି ପ୍ରୟୋଗ ଦୃଷ୍ଟାନ୍ତ ସଭ୍ୟ ସରକାରମାନଙ୍କର ଇତିହାସରେ ଦେଖିବାକୁ ମିଳିବ ନାହିଁ ।' ବ୍ରିଟିଶ ସରକାରର ନିରସ୍ତ୍ର ଓ ନିସମ୍ବଳ ଜନସମୂହ ପ୍ରତି ଯେପରି କ୍ରୂର ଆକ୍ରମଣ କରାଗଲା ତାହା ବିବେକହୀନତାର ଯେ ପରିଚୟ ଦେଇଛି ଏକଥା ସୂଚାଇ ଦେଇଛନ୍ତି ରବୀନ୍ଦ୍ର ତୀକ୍ଷ୍ଣ ଭାଷାରେ । କେବଳ ସେତିକି ନୁହେଁ, ରବୀନ୍ଦ୍ର ଏହି ଅମାନବୀୟ ଆକ୍ରମଣର ପ୍ରଭାବ ଭାରତବର୍ଷର କୋଣ ଅନୁକୋଣକୁ କିପରି ଯନ୍ତ୍ରଣାସିକ୍ତ କରିଛି ତାହା ମଧ୍ୟ ଉପଲବ୍ଧି କରିଛନ୍ତି । ବ୍ରିଟିଶ ସରକାରଙ୍କ ନୃଶଂଶ ଆଚରଣରେ ବେଦନାବିଦ୍ଧ ହୋଇଥିବା କବିପ୍ରାଣ ଭିତରେ ଭିତରେ ଯେ ଅଶ୍ରୁବିସର୍ଜନ କରିଛି, ଏକଥା ତାଙ୍କ ଉକ୍ତିରୁ ଅନୁଭବ କରିହୁଏ । ସେ ଲେଖିଛନ୍ତି, 'ମୁଁ ଭାବୁଛି ଯେ ଅତିକମ୍‌ରେ ସକଳ ପରିଣାମକୁ ବରିନେଇ ମୁଁ ମୋର ନିଯୁତ

ସଂଖ୍ୟାର ଦେଶବାସୀଙ୍କର ପ୍ରତିବାଦକୁ ଏକ ସାକାର ରୂପ ପ୍ରଦାନ କରିବି। ସେମାନେ ତ ହତବାକ୍ ହୋଇ ଘୋର ଆତଙ୍କ ତଥା ପରିତାପ ମଧ୍ୟରେ ମୂକ ହିଁ ହୋଇ ରହିଛନ୍ତି। ଏପରି ଏକ ସମୟ ଆସି ପହଞ୍ଚିଛି ଆମେ ଶାସକମାନଙ୍କ ତରଫରୁ ଯେଉଁ ସବୁ ସମ୍ମାନସୂଚକ ନାନା ସନ୍ତକ ପ୍ରାପ୍ତ ହୋଇଛୁ, ସାଂପ୍ରତିକ ଏହି ଅପମାନଟିର ଅତ୍ୟନ୍ତ ଅସଂଗତିଯୁକ୍ତ ପରିପ୍ରେକ୍ଷୀରେ ସେଗୁଡ଼ିକ ଆମର ଲଜ୍ଜାଟିକୁ ପ୍ରତ୍ୟକ୍ଷ କରିଆଣୁଛି ଏବଂ ମୁଁ ମଧ୍ୟ ନିଜେ ପାଇଥିବା ସକଳ ବିଶେଷ ସ୍ୱୀକୃତିକୁ ପରିହାର କରିବାକୁ ହିଁ ଚାହୁଁଛି ଏବଂ ମୋ ନିଜ ଦେଶବାସୀଙ୍କ ପାଖରେ ଯାଇ ଠିଆ ହେବାକୁ ଇଚ୍ଛା କରୁଛି। ସେହିସବୁ କାରଣରୁ ମୁଁ ବାଧ୍ୟ ହୋଇ ମାନନୀୟ ମହାଭାଗଙ୍କଠାରେ ମୋର 'ନାଇଟ' ଉପାଧିରୁ ମତେ ମୁକ୍ତ କରିଦେବାକୁ ଅନୁରୋଧ କରୁଛି।' ମଇ ମାସ ୩୦ ତାରିଖ ଦିନ ଏ ପତ୍ରଟି ଲେଖିଥିଲେ ରବୀନ୍ଦ୍ରନାଥ। ଏଥିରେ ଭାରତ ବିରୋଧୀ, ଜନବିରୋଧୀ ଓ ମନୁଷ୍ୟତାର ମଧ୍ୟ ପରିପନ୍ଥୀ ବ୍ରିଟିଶ୍ ଶାସକର ପଦକ୍ଷେପ ବିରୋଧରେ ରବୀନ୍ଦ୍ରନାଥ ଯେପରି ସୁଦୃଢ଼ ଶକ୍ତି ଓ ଦେଶପ୍ରେମ ନେଇ ଛିଡ଼ା ହୋଇଛନ୍ତି, ତାହା ଆମେ କଳ୍ପନାର ଚକ୍ଷୁରେ ସହଜରେ ପ୍ରତ୍ୟକ୍ଷ କରିପାରିବା।

ଓଡ଼ିଶାରେ ଇଂରେଜ ସରକାରଙ୍କ ପ୍ରତି ସମର୍ଥନ ଓ ସମ୍ମାନର ଅଭାବ ନଥିଲା। ସ୍ୱଭାବକବି ଗଙ୍ଗାଧର ମେହେର ଇଂରେଜ ସରକାରଙ୍କଠାରୁ କୌଣସି ସମ୍ମାନ ଲାଭ କରିନଥିଲେ କିମ୍ବା ସେଥିପାଇଁ ଲାଳାୟିତ ମଧ୍ୟ ନଥିଲେ କେବେ ହେଲେ। 'ଭିକ୍ଟୋରିଆ ସ୍ତବ' କବିତା ରଚନା କରିଥିବା ହେତୁ ଅନେକେ ଗଙ୍ଗାଧରଙ୍କ ପ୍ରତି ସମାଲୋଚନାର ଶରବିଦ୍ଧ କରିବା ଲାଗି ପଶ୍ଚାତ୍‌ପଦ ହୋଇନାହାଁନ୍ତି। ଏ କବିତାଟି ପ୍ରଥମ ମହାସମର ଶେଷରେ ଲିପିବଦ୍ଧ ହୋଇଥିଲା। ସେହିପରି ଆଉ ଏକ କବିତା ସେ ଲେଖିଛନ୍ତି, ଯାହାର ଶୀର୍ଷକ ହେଉଛି 'ମହାପ୍ରୟାଣ'। ସମ୍ରାଟ ସପ୍ତମ ଏଡ଼ୱାର୍ଡଙ୍କ ବିୟୋଗ ଉପଲକ୍ଷ୍ୟେ ଏହା ରଚିତ। ଏ କବିତାଗୁଡ଼ିକ ଗଙ୍ଗାଧର ରଚନା କରିବାର ଅର୍ଥ ନୁହେଁ ଯେ ଭାରତବାସୀଙ୍କ ପ୍ରତି ତାଙ୍କର ମମତା ସାମାନ୍ୟ ମାତ୍ରାରେ ମଧ୍ୟ ଊଣାଥିଲା। ବରଂ ବ୍ରିଟିଶ୍ ସରକାରଙ୍କ ଦ୍ୱାରା ଭାରତବାସୀଙ୍କ କଲ୍ୟାଣ କିପରି ହେବ ସେଇ ଚିନ୍ତାରେ ଓ ସେଇ ଭାବନାରେ ସେ ହେଉଥିଲେ ଭାବନିମଗ୍ନ। ଧୀରେ ଧୀରେ ଯେତେବେଳେ ସେ ଉପଲବ୍ଧି କଲେ ଯେ ବ୍ରିଟିଶ ଶାସନର କୁପ୍ରଭାବ ଭାରତବାସୀଙ୍କୁ କରିଦେଉଛି ଅତିଷ୍ଠ, ସେତେବେଳେ ତାଙ୍କର ମୋହଭଙ୍ଗ ହେବା ଆରମ୍ଭ ହୋଇଥିଲା। ନିଜ ମନର ଏହି ସତ୍ୟ ଉପଲବ୍ଧି ପ୍ରକାଶିତ ହୋଇଥିଲା ତାଙ୍କର ଏକ ଚିଠିରେ, ଯାହା ସେ ପ୍ରେରଣ କରିଥିଲେ ତାଙ୍କର କବି ବନ୍ଧୁ ବ୍ରଜମୋହନ ପଣ୍ଡାଙ୍କ ପାଖକୁ। ସେଥିରେ ସେ ଉଲ୍ଲେଖ କରିଥିଲେ ଯେ, 'ମୁଁ ରାଜସେବାର ଲାଳସୀ ନୁହେଁ। ଇଂରେଜଠାରୁ ବଳି ବଡ଼ ରାଜା

କିଏ ଅଛି ? ଯେତେବେଳେ ସେ ରାଜାଙ୍କ ସେବାରେ ବୈରାଗ୍ୟ ଜନ୍ମି ଆସିଲାଣି, ଅନ୍ୟ କେଉଁ ରାଜାଙ୍କର ସେବାକୁ ଇଚ୍ଛା କରିବି।' (ତାରିଖ ୨୮.୦୯.୧୯୧୫, ଗଙ୍ଗାଧର ଗ୍ରନ୍ଥାବଳୀ, ପୃ.-୪୭୦)

ବାସ୍ତବରେ ଗଙ୍ଗାଧରଙ୍କ ଏହି ଆତ୍ମ ସ୍ୱୀକାରୋକ୍ତି ଅକ୍ଷରେ ଅକ୍ଷରେ ସତ୍ୟ। ଗଙ୍ଗାଧର ରାଜସେବା ପାଇଁ କେବେହେଲେ ଲାଳାୟିତ ନଥିଲେ କିମ୍ବା କୌଣସି ରାଜାଙ୍କ ସହିତ ନିଜ ସ୍ୱାର୍ଥ ସାଧନ ପାଇଁ ସଂପର୍କ ରଖୁନଥିଲେ। ସପ୍ତମ ଏଡ଼୍‌ୱାର୍ଡ ବା ଭିକ୍ଟୋରିଆଙ୍କ ସଂପର୍କରେ ସେ କବିତା ଲେଖିବାଦ୍ୱାରା ତାଙ୍କୁ କିଛି ଅର୍ଥପ୍ରାପ୍ତି ହେବାର ସମ୍ଭାବନା ନଥିଲା ଆଉ ଯଦି ସେପରି ସମ୍ଭାବନା ଥା'ନ୍ତା, ତା ହେଲେ ମଧ୍ୟ ସେ ତାକୁ ଗ୍ରହଣ କରିନଥାନ୍ତେ। ସେ ପ୍ରକୃତରେ ଚାହୁଁଥିଲେ ସର୍ବଦା ଲୋକକଲ୍ୟାଣ। ସେଥିପାଇଁ ତାଙ୍କ ସାହିତ୍ୟରେ ଯେଉଁ ଉଦାର ରାଜାମାନଙ୍କ ଚରିତ୍ର ଚିତ୍ରିତ, ସେ ସମସ୍ତେ ଥିଲେ ନ୍ୟାୟପରାୟଣ, ପ୍ରଜାବତ୍ସଳ ଓ ମଙ୍ଗଳାକାଂକ୍ଷାଯୁକ୍ତ ହୃଦୟର ଅଧିକାରୀ। ରାଜାମାନଙ୍କର ପ୍ରଜା ବିରୋଧୀ ମନୋଭାବ ଦେଖିଲେ ସେ ଦାରୁଣ ଆଘାତ ଅନୁଭବ କରୁଥିଲେ। ତାଙ୍କ ଜୀବନର ଅନ୍ତିମ ପର୍ଯ୍ୟାୟରେ ବରପାଲି ଜମିଦାରଙ୍କ ଔଦ୍ଧତ୍ୟ ବିରୁଦ୍ଧରେ ନମ୍ରତାର ସହ ନିର୍ଭୀକ ଭାବରେ ସ୍ୱରୋତ୍ତଳନ କରିଥିଲେ ସେ। ଏଇଭଳି ସ୍ୱାଧୀନଚେତା ସ୍ରଷ୍ଟା ଇଂରେଜ ସରକାରଙ୍କ ନିଷ୍ଠୁର ଦମନ ଲୀଳାକୁ ସମର୍ଥନ କରିବାର ପ୍ରଶ୍ନ ହିଁ ଉଠୁନାହିଁ। ସେହି ଏକ ହିଁ ସମୟରେ ସେ ବରପାଲିର ଉଦ୍ଧତ ଯୁବ ଜମିଦାରଙ୍କ ଅବିବେକିତା ବିରୋଧରେ ଯେପରି ପ୍ରତିବାଦ କରିଥିଲେ, ଠିକ୍ ସେହିପରି ଇଂରେଜ ସରକାର ବିରୋଧରେ ମଧ୍ୟ ତାଙ୍କ ଅନ୍ତର୍କମ୍ପନକୁ ପ୍ରକାଶ କରିଥିଲେ 'ଭାରତୀ ଭାବନା' ରଚନା କରି। ଏହା ତାଙ୍କର ସାହିତ୍ୟ ସାଧନାର ଶେଷ ଅବଦାନ। ବ୍ରିଟିଶ୍ ତିଆରି ନିବ୍‌ରେ ବ୍ରିଟିଶ୍ ସରକାର ବିରୋଧରେ ରଚନା କଲେ ସେ 'ଭାରତୀ ଭାବନା' ସ୍ୱପ୍ରସ୍ତୁତ କାଳିକୁ ବ୍ୟବହାର କରି। ବିଶ୍ୱକବି ରବୀନ୍ଦ୍ରନାଥଙ୍କ ହୃଦୟକୁ ଜାଲିଓ୍ୱାନାଓ୍ୱାଲାବାଗ୍ ହତ୍ୟାକାଣ୍ଡ ଯେପରି ଥରାଇ ଦେଇଥିଲା ସେହିପରି ଉକ୍ତ ନୃସଂଶ ଆଚରଣ ଗଙ୍ଗାଧରଙ୍କୁ ମଧ୍ୟ ଦେଇଥିଲା ଅସହ୍ୟ ପୀଡ଼ା। ସେହି ଅନ୍ତର୍ବେଦନାର ପରିପ୍ରକାଶ ହେଉଛି ୧୯୨୨ ମସିହାରେ ରଚିତ 'ଭାରତୀ ଭାବନା'। ଗଙ୍ଗାଧର ମହାତ୍ମାଗାନ୍ଧୀଙ୍କୁ ନିକଟରୁ ଦେଖିବାର ସୁଯୋଗ ପାଇନଥିଲେ କିନ୍ତୁ ସେ ସମୟର ସମ୍ବାଦପତ୍ରରେ ପ୍ରକାଶିତ ହେଉଥିବା ଖବରଦ୍ୱାରା ସେ ଉପଲବ୍ଧି କରିଥିଲେ ଯେ, ଗାନ୍ଧୀ ହେଉଛନ୍ତି ପରାଧୀନ ଭାରତର ସ୍ୱର୍ଗଚ୍ୟୁତ ମୁକ୍ତିଦାତା। ସେଥିପାଇଁ ନିଜ ଅନ୍ତର ମଧ୍ୟରେ ଗାନ୍ଧିଜୀଙ୍କ ଯେଉଁ ଚିତ୍ର ସେ ଅଙ୍କନ କରିଥିଲେ, ତାହା 'ଭାରତୀ ଭାବନା' କବିତାଟିରେ ପ୍ରକାଶିତ ହେଲା ଅତ୍ୟନ୍ତ ପ୍ରଭାବଶାଳୀ ଭାବରେ।

ଏହି କବିତାଟିକୁ ସେ ଏପରି ଭାବରେ ରଚନା କରିଥିଲେ ଯେ, ସେଥିରୁ ପ୍ରକାଶିତ ହେଉଥିଲା ଦୁଇଟି ଅର୍ଥ। ଗୋଟିଏ ଥିଲା କୃଷ୍ଣ ଓ ଗୋପୀମାନଙ୍କୁ ଆଧାର କରି ଓ ଅନ୍ୟଟି ଥିଲା ଇଂରେଜ ସରକାରଙ୍କ ଅତ୍ୟାଚାର ବିରୋଧରେ ସ୍ପଷ୍ଟ ସତ୍ୟର ଅନ୍ତର୍ଭେଦୀ ଉଚ୍ଚାରଣ। ଅନେକ ସମାଲୋଚକ ଭିନ୍ନ ଦୃଷ୍ଟିରେ କହିପାରନ୍ତି - 'ଏପରି ଦ୍ୱିଅର୍ଥସୂଚକ କବିତା କ'ଣ ଗଙ୍ଗାଧରଙ୍କ ନିର୍ଭୀକତାର ପରିଚାୟକ ହୋଇପାରେ?' ଏହାର ଉତ୍ତର ହେଉଛି - ହଁ ଏହା ନିଶ୍ଚିତ ଭାବରେ ଗଙ୍ଗାଧରଙ୍କ ବୀରୋଚିତ ହୃଦୟର ପରିସ୍ଫୁଟନ। ଯେଉଁ ବାହ୍ୟଅର୍ଥ କବିତାରେ ରହିଛି, ତାହା ଏକ ଖୋଳପା ମାତ୍ର। ସେଇ ଖୋଳପା ଖୋଲି ଦେଲେ ଯେଉଁ ଅଗ୍ନିଶିଖା ହୁଏ ଉତ୍‌ଥିତ, ତାହାର ଉତ୍ତପ୍ତତାକୁ ଯେ କେହି ଅନୁଭବ କରିପାରିବ। ପରାଧୀନ ଭାରତବର୍ଷରେ ଏହାକୁ ଇଂରେଜ ସରକାରଙ୍କ ଭକ୍ତମାନଙ୍କ ଆଗରେ ଗୋଟିଏ ଅର୍ଥରେ ବ୍ୟାଖ୍ୟା କରିବାର ଥିଲା ଉଦ୍ଦେଶ୍ୟ। ଆଉ ଯେଉଁମାନେ ଦେଶପ୍ରେମୀ ସେମାନଙ୍କ ଆଗରେ ଏହାର ଅସଲ ଅର୍ଥ ପ୍ରକାଶ କରିଦେବା ଥିଲା କବିଙ୍କ ମୂଳଲକ୍ଷ୍ୟ। ଆବଶ୍ୟକ ହେଲେ ବିପ୍ଳବୀ ଦେଶପ୍ରେମୀମାନେ ଯେପରି ଛଦ୍ମବେଶ ଧାରଣ କରି ଶତ୍ରୁ ନିକଟକୁ ପହଞ୍ଚିଥାନ୍ତି ଆକ୍ରମଣ ଉଦ୍ଦେଶ୍ୟରେ। ଠିକ୍ ସେହିପରି ଗଙ୍ଗାଧର ଛଦ୍ମ ଅର୍ଥ ବ୍ୟଞ୍ଜିତ ଶବ୍ଦ ଗୁମ୍ଫନ କରି ତା' ଭିତରେ ସଂରକ୍ଷିତ କରି ରଖିଦେଲେ ଇଂରେଜ ସରକାର ପ୍ରତି ବୀତସ୍ପୃହ ହେବାର ଶକ୍ତିଶାଳୀ ଭାବଧାରା। ସେଥିପାଇଁ ବର୍ତ୍ତମାନ ସ୍ୱାଧୀନ ଭାରତବର୍ଷରେ ତାକୁ ଆଉ ଦ୍ୱିଅର୍ଥ କରି ବ୍ୟାଖ୍ୟା କରିବାର କ'ଣ ବା ପ୍ରୟୋଜନ ଅଛି? ଦେଶପ୍ରେମୀ ମଣିଷ ଆଗରେ କିମ୍ବା ସ୍ୱାଧୀନତାପ୍ରାପ୍ତ ଭାରତ ମାଟିରେ ଦଣ୍ଡାୟମାନ ହୋଇ ଆଉ ସେଭଳି କବିତାର ଦୁଇଟି ଅର୍ଥ ବାହାର କରିବା ସଂପୂର୍ଣ୍ଣ ଅନାବଶ୍ୟକ।

'ଭାରତୀ ଭାବନା'ରେ ସେ ଯାହା ଲେଖିଛନ୍ତି ସେଇ ସମସ୍ତ ପଦର ଭାବ ବ୍ୟକ୍ତ କରିବା ଏଠାରେ ସମ୍ଭବ ହୋଇନପାରେ। କିନ୍ତୁ ସେଥିରୁ ଗୋଟିଏ ବା ଦୁଇଟି ପଦର ମର୍ମ ଉଦ୍‌ଘାଟନ କରିଦେଲେ ଗଙ୍ଗାଧରଙ୍କ ଦୃଷ୍ଟିଭଙ୍ଗୀ ସ୍ୱତଃ ସ୍ପଷ୍ଟ ହୋଇ ଉଠିବ। କବିତାର ପ୍ରଥମ ପଦର ଅର୍ଥ ହେଉଛି - 'ହେ ରାଜା ଆମର ଭରତବର୍ଷରେ ତୁମେ ଯାହା କରିଗଲ, ତାହା ବିସ୍ମରି ଯିବା ସମ୍ଭବ ନୁହେଁ। ତୁମେ ଛଳ କୌଶଳ ପ୍ରୟୋଗ କରି ଆମର ମର୍ଯ୍ୟାଦା ସମ୍ମାନକୁ ଭୂଲୁଣ୍ଠିତ କରିଛ। ତୁମର ପ୍ରଭୁତ୍ୱ ଜାହିର୍ କରି ଆମର ସ୍ୱାଧୀନତା ହରଣ କରିନେଇଛ।' ସେହିପରି ଆଉ ଏକ ପଦରେ ସେ କହୁଛନ୍ତି, ମହାତ୍ମାଗାନ୍ଧି ଅସହଯୋଗ ଆନ୍ଦୋଳନର ଆରମ୍ଭ କରିବା ପରେ ତୁମର କ୍ରୂରତା ଓ ନିଷ୍ଠୁରତା ପ୍ରମାଣିତ ହୋଇଗଲା। ଯେଉଁ ଜେନେରାଲ ଡାୟାର ଗୁଳିଚାଳନାର ଆଦେଶ ନେଇ ଅସଂଖ୍ୟ ଭାରତୀୟଙ୍କୁ ହତ୍ୟା କଲା ତା'ର ମର୍ଯ୍ୟାଦା ତୁମେ ବଢ଼ାଇ ଦେଲ।

ମହାତ୍ମାଗାନ୍ଧିଙ୍କୁ କଲ କାରାରୁଦ୍ଧ। ଭାରତବାସୀ ତାଙ୍କୁ କାରାମୁକ୍ତ କରିବା ପାଇଁ ଯେତେ ହାହାକାର କ୍ରନ୍ଦନ କଲେ ମଧ୍ୟ ତାହା ତୁମର ଶ୍ରୁତିଗୋଚର ହେଲା ନାହିଁ। ଏଠାରେ 'ଭାରତୀ ଭାବନା' କବିତାର ପଦକୁ ଉଦ୍ଧାର କରାନଯାଇ ତା'ର ଅନ୍ତର୍ନିହିତ ଅର୍ଥକୁ କେବଳ ପ୍ରକାଶ କରାଯାଉଛି। ଉଲ୍ଲେଖଯୋଗ୍ୟ ଯେ କବିଙ୍କ ଜନ୍ମଭୂମି ବରପାଲିର ମହାନ୍ ସ୍ୱାଧୀନତା ସଂଗ୍ରାମ ଭାଗୀରଥି ପଟ୍ଟନାୟକ ଓ ତାଙ୍କର ବିପ୍ଳବୀ ପୁତ୍ର ପ୍ରଫୁଲ୍ଲ ପଟ୍ଟନାୟକ ଏହି କବିତା ପୁରପଲ୍ଲୀରେ ଗାନ କରିକରି ଜନସାଧାରଣଙ୍କ ମନରେ ଦେଶପ୍ରେମର ପ୍ରଦୀପ ପ୍ରଜ୍ଜ୍ୱଳନ କରୁଥିଲେ ଅକ୍ଲାନ୍ତ ଚିତ୍ତରେ। ଏହି କବିତାର ଭିତର ଅର୍ଥକୁ ଯଥାର୍ଥ ଭାବରେ ବୁଝିପାରି ସେଦିନ ହଜାର ହଜାର ଲୋକ ବ୍ରିଟିଶ ସରକାରର ଅତ୍ୟାଚାର ବିରୋଧରେ ନିଜ ହୃଦୟର ଅଗ୍ନିଯୁକ୍ତ ଶର ନିକ୍ଷେପ କରିଥିଲେ ମନେମନେ ଇଂରେଜ ସରକାରଙ୍କ ନିଷ୍ଠୁରତା ଉଦ୍ଦେଶ୍ୟରେ।

ଗଙ୍ଗାଧର ସ୍ୱାଧୀନ ଭାରତକୁ ଦେଖିବାର ସୁଯୋଗ ଲାଭ କରିନଥିଲେ। ରବୀନ୍ଦ୍ରନାଥ ମଧ୍ୟ ସ୍ୱାଧୀନତା ପୂର୍ବରୁ ଶେଷ ନିଃଶ୍ୱାସ ତ୍ୟାଗ କରିଥିଲେ। ତେବେ ଭାରତବାସୀଙ୍କ ସମ୍ମୁଖରେ ସେମାନେ ନିଜ ନିଜ ଦେଶପ୍ରେମର ଯେଉଁ ବଳିଷ୍ଠ ପରିଚୟ ଉପସ୍ଥାପନ କଲେ, ତାହା ଉଭୟଙ୍କୁ ବୁଝିବା ପାଇଁ କେବଳ ଯେ ପ୍ରଶସ୍ତ ମାର୍ଗ ପ୍ରସ୍ତୁତ କଲା ସେତିକି ନୁହେଁ, ଅଧିକନ୍ତୁ ଉଭୟଙ୍କ ଅନ୍ତର୍ବାଣୀ ଭାରତବାସୀଙ୍କୁ ଜାତୀୟତାର ଭାବଧାରାରେ ଉଦ୍‌ବୁଦ୍ଧ କଲା ଓ ଆଜି ପର୍ଯ୍ୟନ୍ତ ମଧ୍ୟ କରି ଆସୁଛି ନିରବଚ୍ଛିନ୍ନ ଭାବରେ। ତେଣୁ ଏହି ଦୁଇ ସ୍ୱଦେଶପ୍ରେମୀ କବିଙ୍କ ପ୍ରତି ଭାରତବାସୀ ଚିର କୃତଜ୍ଞ ରହିବା ହେବ ଉଭୟଙ୍କ ଉଦ୍ଦେଶ୍ୟରେ ଶ୍ରେଷ୍ଠ ସମ୍ମାନ।

■

ବିଶ୍ୱକବିଙ୍କ ଶାନ୍ତିନିକେତନ ଓ ସ୍ୱଭାବକବିଙ୍କ ବରପାଲି ଗ୍ରାମ

ଜଣେ ମହାନ ଚେତନାସଂପନ୍ନ ସୃଜନଧର୍ମୀ ଶିଳ୍ପୀ କେବଳ ତା' ନିଜପାଇଁ ସ୍ୱପ୍ନ ଦେଖେନାହିଁ। ସେ ସର୍ବଦା ସ୍ୱପ୍ନାଚ୍ଛନ୍ନ ହୁଏ ଏକ ସୁନ୍ଦରତର ପୃଥିବୀ ପାଇଁ, ଏକ ସୁନ୍ଦରତମ ସମାଜ ନିର୍ମାଣ ନିମିତ୍ତ। ରୁଷିଆର ଋଷିକବି ଟଲଷ୍ଟୟ ତାଙ୍କ ଗ୍ରାମ ୟାସ୍ନାୟା ପୋଲ୍ୟାନାକୁ କେନ୍ଦ୍ର କରି କେତେ ସ୍ୱପ୍ନ ରଚନା କରିଥିଲେ, ତାହା ତାଙ୍କର ଜୀବନୀ-ପାଠକମାନେ ଜାଣନ୍ତି। ମହାତ୍ମା ଗାନ୍ଧୀ ତ ସମଗ୍ର ଭାରତବର୍ଷ ପାଇଁ ଯେଉଁ ନୂତନ ଆଲୋକ ଆମନ୍ତ୍ରଣ ନିମିତ୍ତ ତପସ୍ୟାମଗ୍ନ ଥିଲେ, ତାହା କାହାକୁ ଅଜଣା ନାହିଁ। ବିଶ୍ୱକବି ରବୀନ୍ଦ୍ରନାଥ ତାଙ୍କ ସ୍ୱପ୍ନର ଶାନ୍ତିନିକେତନକୁ ଯେପରି ବାସ୍ତବ ରୂପ ପ୍ରଦାନ କରିବାରେ ଶ୍ରେଷ୍ଠ ସଫଳତା ଅର୍ଜନ କରିଛନ୍ତି, ତାହା ସମଗ୍ର ପୃଥିବୀ ସକାଶେ ଏକ ବିରଳ ଦୃଷ୍ଟାନ୍ତ। ବିଶ୍ୱକବିଙ୍କ ପିତା ମହର୍ଷି ଦେବେନ୍ଦ୍ରନାଥ ଏହି ଜନମାନବଶୂନ୍ୟ ବୃହତ୍ ଭୂମିଟିକୁ ଯେତେବେଳେ ଗ୍ରହଣ କରିଥିଲେ ସେତେବେଳେ ସେଠାରେ ନା ଥିଲା ବୃକ୍ଷଲତାର ସବୁଜିମା, ନା ଥିଲା ଜୀବନ ପ୍ରବାହର ସାମାନ୍ୟ ସଂକେତ। ଏଇ ଭୂମିଟି ଉପରେ ସ୍ଥାପିତ ହୋଇଥିଲା ତାଙ୍କ ଉପାସନା ମନ୍ଦିର। ଉତ୍ତରାଧିକାରୀ ଭାବରେ ରବୀନ୍ଦ୍ରନାଥ ଏ ଅଞ୍ଚଳକୁ ବିଶ୍ୱବିଦିତ ଏକ ମହାନ ଅନୁଷ୍ଠାନରେ ପରିଣତ କରିବାର ସ୍ୱପ୍ନରେ ହେଲେ ତଲ୍ଲୀନ। ରବୀନ୍ଦ୍ରନାଥଙ୍କଦ୍ୱାରା ନବଜୀବନର ସ୍ପନ୍ଦନ ଲାଭ କରିଥିବା ଶାନ୍ତିନିକେତନ ଓ ସେଥିରେ ପ୍ରତିଷ୍ଠିତ ବିଶ୍ୱଭାରତୀ ବିଶ୍ୱବିଦ୍ୟାଳୟ ସଂପ୍ରତି ଭାରତବର୍ଷର ଏକ ଏହାନ ତୀର୍ଥଭୂମିରେ ପରିଣତ ହୋଇସାରିଛି। ରବୀନ୍ଦ୍ରନାଥ ମଣିଷ ଭିତରେ ମନୁଷ୍ୟତାର ବିବେକ ଓ ବିବେଚନାର ଯେଉଁ ବୀଜ ବପନ କରିବାପାଇଁ ପ୍ରତିଷ୍ଠା କରିଥିଲେ ଏକ ଆଦର୍ଶ

ଶିକ୍ଷାନୁଷ୍ଠାନ, ତାହା ଆଜି ଏକ ବିରାଟ ରୂପ ପରିଗ୍ରହ କରି ସ୍ୱାଧୀନ ଭାରତବର୍ଷର ଏକ ଶ୍ରେଷ୍ଠ ଶିକ୍ଷାୟତନର ଗୌରବ ଲାଭ କରିଛି। ସମଗ୍ର ବିଶ୍ୱ ଯେଉଁଠି ଏକ ସୁନ୍ଦରତମ ନୀଡ଼ରେ ପରିଣତ ହୋଇଛି, ତାହାହିଁ ହେଉଛି ଶାନ୍ତିନିକେତନ। ପ୍ରାଚ୍ୟ ଓ ପାଶ୍ଚାତ୍ୟର ଭାବାଦର୍ଶ ଯେଉଁଠି ସମନ୍ୱିତ, ତାହାହିଁ ହେଉଛି ଏହି ଶାନ୍ତିନିକେତନ। ରବୀନ୍ଦ୍ରନାଥଙ୍କ ପ୍ରତିଷ୍ଠିତ ଏହି ପବିତ୍ର ଶିକ୍ଷାନୁଷ୍ଠାନ ଥିଲା ତାଙ୍କ ଆଧୁନିକ ଚିନ୍ତାଚେତନାର ଏକ ଚରମ ଅଭିବ୍ୟକ୍ତି। କୌଣସି ଡିଗ୍ରୀ ପ୍ରଦାନ କରିବା ଏ ଶିକ୍ଷାର ଲକ୍ଷ୍ୟ ନଥିଲା। ଲକ୍ଷ୍ୟ ଥିଲା ମଣିଷ ଭିତରେ ମହାମାନବୀୟ ସଦ୍‌ଗୁଣର ସଞ୍ଚାର କରିବା। ଆଜି ରବୀନ୍ଦ୍ରନାଥଙ୍କ ସେଇ ପରିଯୋଜନା ଅନେକ ମାତ୍ରାରେ ପରିବର୍ତ୍ତିତ ହୋଇଯାଇଥିଲେ ସୁଦ୍ଧା ଶାନ୍ତିନିକେତନର ଶୀତଳତା ଓ ସ୍ନିଗ୍ଧତା ପ୍ରତିଟି ଶିକ୍ଷକ, ଶିକ୍ଷାର୍ଥୀ, ପରିଦର୍ଶକ ସମସ୍ତଙ୍କୁ ଯେଉଁ ପ୍ରଶାନ୍ତିର ବଳୟ ମଧ୍ୟକୁ ନେଇଯାଏ, ତାହା ଅନୁଭବୀ ହିଁ ବାସ୍ତବରେ ବ୍ୟକ୍ତ କରିପାରିବ ସ୍ୱାନୁଭୂତିର କଥା।

ରବୀନ୍ଦ୍ରଙ୍କ କବିତା ସହିତ ସ୍ୱଭାବକବି ଗଙ୍ଗାଧର ମେହେରଙ୍କ କବିତାର ତୁଳନା ନିମିତ୍ତ ଉନ୍ମୁକ୍ତ ହୋଇଯାଇଛି ଅନେକ ମାର୍ଗ। ଉଭୟେ ଥିଲେ ସମାନ ସମୟର ଜଣେ ଜଣେ ସାର୍ଥକ ସ୍ରଷ୍ଟା। ଉଭୟଙ୍କ ଚେତନାରେ ଥିଲା ଯେଉଁ ଆଧ୍ୟାତ୍ମିକ ଉପଲବ୍ଧି ତାହା ସେମାନଙ୍କ କବିତାଗୁଚ୍ଛରେ ପ୍ରକାଶିତ ହୋଇଛି ଅନ୍ତରାତ୍ମାର ସୌନ୍ଦର୍ଯ୍ୟାନୁଭୂତି ବହନ କରି। ସେଥିପାଇଁ ଓଡ଼ିଶାରେ 'ଅର୍ଘ୍ୟଥାଳି' ଯେମିତି ପ୍ରିୟ, ରବୀନ୍ଦ୍ରଙ୍କ 'ଗୀତାଞ୍ଜଳି' ମଧ୍ୟ ସେପରି ଏକାନ୍ତ ଆପଣାର। ଉଭୟ କବିଙ୍କ ସାହିତ୍ୟକୁ କେନ୍ଦ୍ର କରି ବିଭିନ୍ନ ଶୀର୍ଷକରେ ଚର୍ଚ୍ଚା ନିବନ୍ଧ ପ୍ରସ୍ତୁତ କରାଯାଇପାରେ। ସେହିପରି ଉଭୟଙ୍କ ବ୍ୟକ୍ତିତ୍ୱକୁ ନେଇ ମଧ୍ୟ ରଚନା କରାଯାଇପାରେ ବିଶ୍ଳେଷଣାତ୍ମକ ପ୍ରବନ୍ଧ। ତେବେ ଏହି ଦୁଇ ମହାନ ଶିଳ୍ପୀ କେବଳ ଲେଖନୀ ଚାଳନା କରି ପରିତୃପ୍ତି ଅନୁଭବ କରିନଥିଲେ ଓ ନିଜ ନିଜ ସ୍ୱପ୍ନର ଏକ ଏକ ଉଦାହରଣ ପୃଥିବୀରେ ପ୍ରତିଷ୍ଠିତ କରିବାର ଯେଉଁ ଆନ୍ତରିକ ଉଦ୍ୟମ କରିଥିଲେ, ତାହାକୁ ବିସ୍ମରିଗଲେ ଉଭୟଙ୍କ ବ୍ୟକ୍ତିତ୍ୱର ପୂର୍ଣ୍ଣାଙ୍ଗ ରୂପାୟନ ସମ୍ଭବ ନୁହେଁ। ରବୀନ୍ଦ୍ରନାଥଙ୍କ ସ୍ୱପ୍ନର ମହାନ ତୀର୍ଥ ହେଉଛି ଶାନ୍ତିନିକେତନ, ଆଉ ସ୍ୱଭାବକବି ଗଙ୍ଗାଧରଙ୍କ ସ୍ୱପ୍ନର ଗ୍ରାମ ହେଉଛି ତାଙ୍କ ଜନ୍ମଭୂମି ବରପାଲି।

ଶାନ୍ତିନିକେତନକୁ ସବୁଜ ସୁନ୍ଦର କରିବାପାଇଁ ରବୀନ୍ଦ୍ରନାଥ ଯେଉଁ ଅସୀମ ତ୍ୟାଗ ସ୍ୱୀକାର କରିଥିଲେ, ତାହା ତାଙ୍କ ଏକ ସ୍ୱରଚିତ ଦୀର୍ଘ କବିତା ଭଳି ଏକାନ୍ତ ହୃଦୟସ୍ପର୍ଶୀ। ରବୀନ୍ଦ୍ରନାଥଙ୍କ ଦ୍ୱାରା ରୋପିତ ବୃକ୍ଷଲତା ଏବେ ମଧ୍ୟ ସମସ୍ତଙ୍କୁ ପ୍ରଦାନ କରୁଛନ୍ତି ରବୀନ୍ଦ୍ରିୟ ସ୍ମୃତିର ସ୍ନିଗ୍ଧ ସ୍ପର୍ଶ। ତେଣୁ ଏ କ୍ଷେତ୍ରରେ ରୀବନ୍ଦ୍ରଙ୍କ ଅସାଧାରଣ କୀର୍ତ୍ତିର ବ୍ୟାଖ୍ୟା କରିବା ନିଷ୍ପ୍ରୟୋଜନ।

ଅପରପକ୍ଷରେ ଆମେ ମୁହଁ ବୁଲାଇ ନେବ ଓଡ଼ିଶାର ଅବିଭକ୍ତ ସମ୍ବଲପୁର ଜିଲ୍ଲାର ବରପାଲି ଗ୍ରାମ ଉଦ୍ଦେଶ୍ୟରେ। ଏହି ପବିତ୍ର ଭୂମିରେ ଗଙ୍ଗାଧର ଜନ୍ମଲାଭ କରିଥିଲେ ଓ ସମ୍ବଲପୁର, ବିଜେପୁର, ପଦ୍ମପୁର ଆଦି ସ୍ଥାନରେ ଚାକିରି କରିସାରିବା ପରେ ଅସୁମାରି ସ୍ୱପ୍ନ ନେଇ ପ୍ରତ୍ୟାବର୍ତ୍ତନ କରିଥିଲେ ତାଙ୍କର ଜନ୍ମଭୂମି ବରପାଲିକୁ। ଶାନ୍ତିନିକେତନକୁ ସୌନ୍ଦର୍ଯ୍ୟମୟୀ କବିତାର ସ୍ନିଗ୍ଧତା ପ୍ରଦାନ କରିବାର ଯେଉଁ ସ୍ୱାଧୀନତା ରବୀନ୍ଦ୍ରଙ୍କର ଥିଲା, ବରପାଲିକୁ ବାଲ୍ମୀକି ଆଶ୍ରମ ଭାବରେ ପ୍ରତିଷ୍ଠିତ କରିବାର ସେପରି ସ୍ୱାଧୀନତା ଗଙ୍ଗାଧରଙ୍କ ନିକଟରେ ନଥିଲା। ବରପାଲି ଥିଲା ଦେଶୀୟ ଜମିଦାର ଅଧ୍ୟୁଷିତ ଏକ ଗ୍ରାମ। ଏହି ଗ୍ରାମରେ ଅତ୍ୟନ୍ତ ଗ୍ରାମ୍ୟଚେତନା ଅର୍ଥାତ୍ ସଂକୀର୍ଣ୍ଣମନା ଲୋକଙ୍କର ଅଭାବ ନଥିଲା। ତଥାପି ତାହାରି ମଧ୍ୟରେ ଗଙ୍ଗାଧର ସ୍ୱପ୍ନ ଦେଖିଥିଲେ ବରପାଲିକୁ ଏକ ଆଦର୍ଶ ବୃହତ୍ ପଲ୍ଲୀର ରୂପ ପ୍ରଦାନ କରିବାପାଇଁ। ଜୀବନର ଶେଷ ପର୍ଯ୍ୟାୟରେ ସାହିତ୍ୟ ସାଧନାରୁ ନିବୃତ ହୋଇ ସେ ପ୍ରବୃତ୍ତ ହୋଇଥିଲେ ବରପାଲିକୁ ଏକ ବିଶାଳ ଶାନ୍ତି ତଥା ସୌହାର୍ଦ୍ଦ୍ୟର ଜ୍ୟୋତି ଓହ୍ଲାଇ ଆଣିବା ନିମିତ୍ତ। ଗଢ଼ିଥିଲେ 'ସାଧୁସମିତି' ନାମକ ଏକ ଅନୁଷ୍ଠାନ। ଏ ଅନୁଷ୍ଠାନର ମୂଳ ଉଦ୍ଦେଶ୍ୟ ଥିଲା ବରପାଲି ଗ୍ରାମରେ ଶାନ୍ତି ପ୍ରତିଷ୍ଠା କରିବା ଓ ବରପାଲିବାସୀଙ୍କ ମଧ୍ୟର ପାରସ୍ପରିକ ସଦ୍‌ଭାବ ସୃଷ୍ଟି କରିବା। ପଦ୍ମପୁରରୁ କବି ବରପାଲିକୁ ଫେରିଆସିବା ପରେ ତାଙ୍କୁ ବିଭିନ୍ନ ଅନୁଷ୍ଠାନର ମୁଖ୍ୟ ପଦପଦବୀରେ ରହି ଦାୟିତ୍ୱ ନିର୍ବାହ କରିବାକୁ ପଡୁଥିଲା। ସେ ମଧ୍ୟ ଥିଲେ ରାଜପରିବାରର ପରମ ହିତୈଷୀ, ମାତ୍ର ତାଙ୍କର ଏହି ଶୁଭଚିନ୍ତକ ଆତ୍ମାକୁ ଯଥାର୍ଥ ଭାବରେ ଚିହ୍ନିପାରିଲେ ନାହିଁ ବରପାଲିର ଉଦ୍ଧତ ଯୁବ ଜମିଦାର। ସେପରି ମଧ୍ୟ ଜନସାଧାରଣ ସମସ୍ତେ ବୁଝିପାରିଲେ ନାହିଁ ଗଙ୍ଗାଧର କି ଶକ୍ତି, ସାମର୍ଥ୍ୟ, ମନୋବଳ ଓ ସଦିଚ୍ଛା ନେଇ ଏଠାକୁ ଆସିଛନ୍ତି। ଗ୍ରାମ ଭିତରର କୁଟିଳ ଲୋକଙ୍କଦ୍ୱାରା ଜାତିଭେଦକୁ କେନ୍ଦ୍ର କରି ଯେଉଁ ଅଶାନ୍ତିର ବହ୍ନି ପ୍ରଜ୍ୱଳିତ ହେଲା, ତାକୁ ଲିଭାଇ ଦେବାର ଆନ୍ତରିକ ଉଦ୍ୟମ କରିଥିଲେ ଗଙ୍ଗାଧର। ନିଜେ ବହୁ ଭାବରେ ଅସହ୍ୟ ନିର୍ଯ୍ୟାତନାର ଶିକାର ହୋଇଥିଲେ ହେଁ ତାଙ୍କର ଶାନ୍ତି ପ୍ରତିଷ୍ଠାର ସତ୍ ଉଦ୍ୟମ ସେ ରଖିଥିଲେ ଅବ୍ୟାହତ କରି। ବରପାଲି ଜମିଦାର ତାଙ୍କୁ ଗୁଳିବିଦ୍ଧ କରି ମାରିଦେବାର ଧମକ ଦେଇଥିଲେ ମଧ୍ୟ ତାଙ୍କର ଚରିତ୍ର ସଂଶୋଧନ ପାଇଁ ଥିଲେ ଉପାସନାରତ। ଜୀବନର ଅନ୍ତିମ ପର୍ଯ୍ୟାୟରେ ପୁଣି ମେହେର ମହାସଭା ଆହ୍ୱାନ କରି ପ୍ରଥମେ ନିଜ ଜାତିକୁ କୁସଂସ୍କାର ମୁକ୍ତ ଏକ ସୁସଭ୍ୟ ସମାଜରେ ପରିଣତ କରିବାପାଇଁ ସେ ଗ୍ରହଣ କରିଥିଲେ ଅତ୍ୟନ୍ତ ସାହସିକ ପଦକ୍ଷେପ। ଗଙ୍ଗାଧରଙ୍କ ସବୁ ସ୍ୱପ୍ନ ଯେ ଚୂର୍ଣ୍ଣିଭୂତ ହୋଇଗଲା, ତାହା ନୁହେଁ; କିନ୍ତୁ ବରପାଲି ଗ୍ରାମଟିକୁ ଶାନ୍ତି ଓ ସୌହାର୍ଦ୍ଦ୍ୟର ଏକ ଆଦର୍ଶ ଗ୍ରାମ ଭାବରେ ଗଢ଼ିବା

ପାଇଁ ସେ ଯେଉଁ ଅକ୍ଳାନ୍ତ ଉଦ୍ୟମ କରିଥିଲେ, ତାହାର ସଫଳ ରୂପାୟନ ପ୍ରତ୍ୟକ୍ଷ କରିବା ଆଜି ସମ୍ଭବ ନୁହେଁ। କାରଣ ଅନ୍ୟ ସମସ୍ତ ଗ୍ରାମ ପରି ବରପାଲି ଏକ ବିରାଟ ଗ୍ରାମର ରୂପ ନେଇଛି ସିନା, ମାତ୍ର ସେଥିରେ ନା ଅଛି ସୁନ୍ଦର ଉଦ୍ୟାନଟିଏ, ନା ଅଛି ସୁପ୍ରସିଦ୍ଧ ଆଦର୍ଶ ଶିକ୍ଷାନୁଷ୍ଠାନଟିଏ, ନା ଅଛି ରାଜନୈତିକ ବିଦ୍ୱେଷମୁକ୍ତ ସ୍ୱଚ୍ଛ ପରିବେଶଟି, କିମ୍ବା ନା ଅଛି ଗଙ୍ଗାଧରଙ୍କ ସ୍ମୃତିକୁ ଚିର ଉଜ୍ଜୀବିତ କରି ରଖିପାରିବା ଭଳି ମହାନ ସଂଗ୍ରହାଳୟଟିଏ। ଅନ୍ୟ ପକ୍ଷରେ ଆମେ ଦେଖିବା ଶାନ୍ତିନିକେତନରେ ରବୀନ୍ଦ୍ରିୟ ସତ୍ତାର ସ୍ପର୍ଶ ପ୍ରତିଟି ମୁହୂର୍ତ୍ତରେ ସୁଲଭ ଶାନ୍ତିନିକେତନଠାରେ।

ଏ ଦୃଷ୍ଟିରୁ ବିଚାର କଲେ ରବୀନ୍ଦ୍ରନାଥ ହେଉଛନ୍ତି ସଫଳ ନାଟକର ଶ୍ରେଷ୍ଠ ନାୟକ ଆଉ ଗଙ୍ଗାଧର ହେଉଛନ୍ତି ବ୍ୟର୍ଥ ମନୋରଥ ବରପାଲିର ବିଫଳ ନାୟକ। ମାତ୍ର ଉଭୟଙ୍କ ଆତ୍ମାରେ ସୁସ୍ଥ ସମାଜ ନିର୍ମାଣ ପାଇଁ ଯେଉଁ ଅମାପ ସ୍ୱପ୍ନ ଭରି ରହିଥିଲା, ତାହାକୁ ଆମେ କେବେହେଲେ ଅସ୍ୱୀକାର କରିପାରିବା ନାହିଁ। ଚର୍ମଚକ୍ଷୁରେ ରୀବନ୍ଦ୍ରଙ୍କ ଶାନ୍ତିନିକେତନର ସୌନ୍ଦର୍ଯ୍ୟ ଦୃଷ୍ଟି ଆକର୍ଷଣକାରୀ ଆଉ ଅନ୍ତର୍ଚକ୍ଷୁରେ ନିରୀକ୍ଷଣ କରିପାରିଲେ ବରପାଲିର ବାୟୁମଣ୍ଡଳ ଭିତରେ ସମ୍ବଲପୁର ଅଞ୍ଚଳର ସୂକ୍ଷ୍ମ ଭାବଲୋକରେ ବାଲ୍ମୀକି ଆଶ୍ରମ, କଣ୍ୱମୁନିଙ୍କ ଆଶ୍ରମର ପବିତ୍ରତା କିପରି ବିରାଜମାନ, ତାହା ଅନୁଭବୀ ମାତ୍ରକେ ଜାଣିପାରିବେ। ଗଙ୍ଗାଧର ତାଙ୍କ ଚେତନା ଜଗତରେ ଯେଉଁ ଆଶ୍ରମ ପରିବେଶ ପ୍ରତିଷ୍ଠା କରିଯାଇଛନ୍ତି, ତାକୁ ଓହ୍ଲାଇ ଆଣି ପାରିନଥିବାରୁ ଆମେ ହିଁ ବିଫଳ ନାୟକ। ଗଙ୍ଗାଧର ବିଫଳ ନାୟକ ନୁହନ୍ତି, ସେ ହେଉଛନ୍ତି ଶ୍ରେଷ୍ଠ ସମାଜ ପ୍ରତିଷ୍ଠାର ସ୍ୱର୍ଗଚ୍ୟୁତ ଦେବଦୂତ। ରବୀନ୍ଦ୍ର ଓ ଗଙ୍ଗାଧରଙ୍କ ଜୀବନର ସାର୍ଥକତା ଏଇଠାରେ ଏଇ ବିନ୍ଦୁରେ ହିଁ ଉପଲବ୍ଧି କରିବାଲାଗି ଆମେ ସକ୍ଷମ। ଆଜିବି ରବୀନ୍ଦ୍ରନାଥ ଏଇ ଭାରତର ମହାମାନବର ସାଗରତୀରେ ଆପଣା ଚିତ୍ତକୁ ଜାଗ୍ରତ କରିବା ପାଇଁ ପ୍ରେରଣା ପ୍ରଦାନ କରିଛନ୍ତି, ଆଉ ଏବେବି ଗଙ୍ଗାଧର ସମଗ୍ର ବିଶ୍ୱକୁ ମଧୁମୟ କରିବାର ଶକ୍ତି ପ୍ରେରଣ ତଥା ସଞ୍ଚରଣ କରୁଛନ୍ତି ଅତ୍ୟନ୍ତ ପ୍ରେମପୂର୍ଣ୍ଣ ଓ ଶକ୍ତିପୂର୍ଣ୍ଣ ଭାବରେ। ଆମେ ଏହି ଉଭୟଙ୍କ ଚେତନାର ପବିତ୍ରତାକୁ ଯଦି ପୃଥିବୀରେ ପ୍ରତିଷ୍ଠିତ କରିପାରିବା, ତାହେଲେ ଆମେ ସମସ୍ତେ ହୋଇଯିବା ଏକ ଶାନ୍ତି ସଂଚାରକାରୀ ଚିରାନନ୍ଦ ପ୍ରଦାନକାରୀ ନାଟକର ସର୍ବଶ୍ରେଷ୍ଠ ଚରିତ୍ର।

ତୋମାର କୀର୍ତ୍ତିର ଚେୟେ ତୁମି ଯେ ମହତ୍ !

ବିଶ୍ୱକବି ରବୀନ୍ଦ୍ରନାଥ ଠାକୁରଙ୍କ ଜୀବନ ଓ ପ୍ରତିଭାରେ ମୁଗ୍ଧ ହୋଇ କେହି ଜଣେ ପ୍ରସିଦ୍ଧ କବି ଏଭଳି ସମ୍ବୋଧନ କରିଥିଲେ ରବୀନ୍ଦ୍ରନାଥଙ୍କୁ। ବାସ୍ତବରେ ରବୀନ୍ଦ୍ରନାଥଙ୍କ ହୃଦୟ ଯେତିକି ବିଶାଳ, ତାଙ୍କ ଜୀବନ କ୍ଷେତ୍ର ଯେତିକି ଭାବମୟ; ତାଙ୍କର ସୁକୀର୍ତ୍ତି ତାହାର ଏକ ଅଂଶ ବୋଲି ମନେହେବା ଏକାନ୍ତ ସ୍ୱାଭାବିକ। ତେଣୁ ତୁମର କୀର୍ତ୍ତିଠାରୁ ତୁମେ ନିଜେ ଆହୁରି ମହତ୍ ଓ ବିଶାଳ ବୋଲି ପ୍ରତିପାଦନ କରିଛନ୍ତି କବି। ଏ ବାକ୍ୟଟି ପ୍ରାୟ ୩୫ ବର୍ଷ କାଳ ଏ ଲେଖକକୁ ଆଚ୍ଛନ୍ନ କରିରଖିଥିଲା। ଏହି ଭାବପୂର୍ଣ୍ଣ ପଦଟିକୁ ସ୍ୱଭାବକବି ଗଙ୍ଗାଧର ମେହେରଙ୍କ କ୍ଷେତ୍ରରେ ପ୍ରୟୋଗ କରି ଅନେକତ୍ର ଏ ଲେଖକ ଲାଭ କରିଥିଲା ଅସୀମ ତୃପ୍ତି ଓ ଆନନ୍ଦ।

ଏତେ ବର୍ଷ ଅତିକ୍ରମ କରିଗଲା ପରେ ଏହି ଲେଖକର ଭାବନାରେ ଦେଖାଦେଇଛି ଏକ ଭିନ୍ନ ଆଲୋଡ଼ନ। ଗଙ୍ଗାଧରଙ୍କ ଜୀବନ ନିଶ୍ଚିତ ଭାବରେ ମହତ୍ ଭାବର ଏକ ସାଗର। ତାଙ୍କର କାବ୍ୟକବିତା ତାହାର ଏକ କ୍ଷୁଦ୍ର ଅଂଶ ମାତ୍ର। ତେଣୁ ରବୀନ୍ଦ୍ରଙ୍କ କୀର୍ତ୍ତିଠାରୁ ରବୀନ୍ଦ୍ର ଯେଭଳି ଆହୁରି ମହୀୟାନ ସେହିପରି ଗଙ୍ଗାଧର ମଧ୍ୟ ତାଙ୍କ କୃତି ଅପେକ୍ଷା ଅକଳ୍ପନୀୟ ଭାବରେ ବିଶାଳ ଓ ଅମାପ। ତେଣୁ ରବୀନ୍ଦ୍ରନାଥଙ୍କ ପ୍ରତି ପ୍ରୟୋଗ ହୋଇଥିବା ଏ ଉକ୍ତି ଗଙ୍ଗାଧରଙ୍କ କ୍ଷେତ୍ରରେ ପ୍ରୟୋଗ କରିବାଦ୍ୱାରା ରବୀନ୍ଦ୍ରଙ୍କ ପ୍ରତିଭା ଓ ଜୀବନ ତଥା ଗଙ୍ଗାଧରଙ୍କ ଜୀବନ ଓ ପ୍ରତିଭା, ଉଭୟଙ୍କର ମହାନତାକୁ ଆମେ ଅନୁଭବ କରିପାରୁ।

କିନ୍ତୁ ପୂର୍ବରୁ ଏ ଲେଖକ ଯେଉଁ କଥାଟି ଉଲ୍ଲେଖ କରିଛି, ତା' ପ୍ରତି ଦୃଷ୍ଟି ନିବଦ୍ଧ

କରିବାକୁ ପାଠକମାନଙ୍କୁ ତାହାର ଆନ୍ତରିକ ଆହ୍ୱାନ ଜଣାଉଛି। ଦୀର୍ଘ ୩୫ ବର୍ଷ ପରେ ଏ ଗବେଷକ ବା ଲେଖକର ଅନ୍ତରରେ ଏ ସମ୍ପର୍କୀତ ଧାରଣାରେ ଯେଉଁ କ୍ରାନ୍ତିକାରୀ ପରିବର୍ତ୍ତନ ସଂଗଠିତ ହୋଇଛି, ତାହାକୁ ବର୍ଣ୍ଣନା ନକରି ସେ ରହିପାରୁନାହିଁ।

ବାହାରେ ଦେଖିଲେ ଏ ପଦର କୌଣସି ଅସମୀଚୀନତା ଆଦୌ ଅନୁଭବ କରିହେବ ନାହିଁ। କିନ୍ତୁ ଆଜି କାହିଁକି କେଜାଣି ଏ ଲେଖକର ଅନ୍ତରତଳେ ସେଇ ପଦ ପରିବର୍ତ୍ତିତ ହୋଇ ଏଭଳି ଉଚ୍ଚାରିତ ହେଉଛି - ତୋମାର କୀର୍ତ୍ତି ଯେମନ ମହତ୍, ତୁମି ଓ ତେମନ୍ ମହତ୍। ଅର୍ଥାତ୍ ତୁମ କୀର୍ତ୍ତି ଯେପରି ମହତ୍, ତୁମେ ମଧ୍ୟ ସେଭଳି ମହତ୍। ବିଶ୍ୱକବି ରବୀନ୍ଦ୍ରନାଥଙ୍କର ଯେଉଁ କୃତି ଓ କୀର୍ତ୍ତି ଆମକୁ ବିମୁଗ୍ଧ କରେ, ତାହାର ମହନୀୟତା ବାସ୍ତବିକ ଆଶ୍ଚର୍ଯ୍ୟଜନକ। ରବୀନ୍ଦ୍ରନାଥ ଥିଲେ ବହୁମୁଖୀ ପ୍ରତିଭାର ଅଧିକାରୀ, ସାହିତ୍ୟର ପ୍ରାୟ ସମସ୍ତ ବିଭାଗରେ ସେ ଲେଖନୀ ଚାଳନା କରି ଯେଉଁ ଅଜସ୍ର ଶବ୍ଦରାଶି ସୃଷ୍ଟି କରିଯାଇଛନ୍ତି, ସେଥିରେ ଅବଗାହନ କଲେ ସମୁଦ୍ର ସ୍ନାନର ଅନୁଭୂତି ଜଣେ ପ୍ରାପ୍ତ ହେବା ଏକାନ୍ତ ସ୍ୱାଭାବିକ। ସ୍ୱଭାବକବି ଗଙ୍ଗାଧର ମେହେର ରବୀନ୍ଦ୍ରଙ୍କ ଭଳି ଏତେ ପରିମାଣରେ ସାହିତ୍ୟ ସର୍ଜନା କରିପାରିନାହାନ୍ତି, କିନ୍ତୁ କାବ୍ୟକବିତା, ଗଦ୍ୟରଚନା, ଚିଠିପତ୍ର ପ୍ରଭୃତିରେ ତାଙ୍କ ପ୍ରତିଭାର ଯେଉଁ ଦିବ୍ୟ କିରଣ ବିଚ୍ଛୁରିତ ହୋଇଛି, ତାହା ସମଗ୍ର ଓଡ଼ିଶାର ସୁପାଠକବର୍ଗଙ୍କୁ ଦେଇଛି ଅନନ୍ୟ ଅନୁଭୂତି। ରବୀନ୍ଦ୍ରନାଥ ଖାଲି ସାହିତ୍ୟ ସୃଷ୍ଟି କରିନଥିଲେ, ସେ ମଧ୍ୟ ଥିଲେ ଅଭିନେତା। ଥିଲେ ଚିତ୍ରକର। ଆଉ ଏ ପୃଥିବୀ ପ୍ରତି ତାଙ୍କର ଏକ ଶ୍ରେଷ୍ଠ ଅବଦାନ ହେଉଛି ତାଙ୍କ ହାତରେ ଗଢ଼ା ହୋଇଥିବା ଶାନ୍ତିନିକେତନ। ଏସବୁ ମଧ୍ୟରେ ରବୀନ୍ଦ୍ରଙ୍କ ପ୍ରତିଭାରଶ୍ମି ଯେପରି ଭାବରେ ବିଚ୍ଛୁରିତ ହୋଇଛି ସେଥିରୁ କ'ଣ ଆମେ କହିପାରିବା ନାହିଁ ଯେ 'ତୁମେ ଯେପରି ମହାନ ଆତ୍ମାର ଅଧିକାରୀ, ତୁମର ସୃଷ୍ଟିନିଚୟ ସେହିପରି ଅସୀମର ବାର୍ତ୍ତା ଗୁଞ୍ଜନରେ ସାଫଲ୍ୟମଣ୍ଡିତ। ରବୀନ୍ଦ୍ରଙ୍କ ଯେକୌଣସି ଏକ କ୍ଷୁଦ୍ର କବିତାରୁ ମଧ୍ୟ ତାଙ୍କ ବ୍ୟକ୍ତିତ୍ୱର ଆକଳନ କରିବା ଆଦୌ ଅସମ୍ଭବ ନୁହେଁ। ଶାନ୍ତିନିକେତନରେ ଫୁଟୁଥିବା ସପ୍ତପର୍ଣ୍ଣୀ ଫୁଲଟିଏ ଭିତରେ ରବୀନ୍ଦ୍ରଙ୍କ ଆତ୍ମପ୍ରକାଶ ଆଦୌ ଗୌଣ ନୁହେଁ। ତେଣୁ ତାଙ୍କ କୀର୍ତ୍ତି ମହତ୍, ଏହା ତ ନିଶ୍ଚିତ କଥା। କିନ୍ତୁ ତାଙ୍କ କୀର୍ତ୍ତି ଅପେକ୍ଷା ସେ ଆହୁରି ମହତ୍ ବୋଲି ନ କହି ଯଦି ଆମେ ତାଙ୍କର କୀର୍ତ୍ତି ଓ ତାଙ୍କର ଜୀବନ ଉଭୟଙ୍କୁ ସମାନ ଭାବରେ ମହତ ବୋଲି ବର୍ଣ୍ଣନା କରିବା, ସେଥିରେ କ'ଣ ଅବା ଅସଙ୍ଗତି ରହିବ! ସେହିପରି ସ୍ୱଭାବକବି ଗଙ୍ଗାଧର ମେହେରଙ୍କ ପ୍ରତିଭା ଯେପରି ବିସ୍ମୟଙ୍କର ତାଙ୍କର ଜୀବନଗାଥା ସେହିପରି ଅନନ୍ତ ପ୍ରେରଣାରେ ଯେ ଭରପୂର - ଏ କଥାକୁ କିଏ ଅବା ଅସ୍ୱୀକାର କରିବ। ଗଙ୍ଗାଧରଙ୍କ ସୃଷ୍ଟି ମହାନ ଓ ଗଙ୍ଗାଧରଙ୍କ ଜୀବନ ଓ ଚେତନା ମଧ୍ୟ ହେଉଛି ମହୀୟାନ।

ଅନେକେ ଏକଥା କହିପାରନ୍ତି ଯେ, ଜୀବନ ମହାକାଶ ଭଳି ବ୍ୟାପ୍ତ । ସାଗରପରି ଅପରିସୀମ ତାର କ୍ଷେତ୍ର । ଆଉ ମନୁଷ୍ୟଦ୍ୱାରା ହେଉଥିବା ଯେକୌଣସି ସୃଷ୍ଟି ତାହାର ଏକ କ୍ଷୁଦ୍ର ରୂପାୟନ ମାତ୍ର । ଏହା କେବେହେଲେ କ'ଣ ଜୀବନାକାଶ ସହିତ ସମାନ ହୋଇପାରେ ? ସେଇଥିପାଇଁ ତ କୁହାଯାଉଛି ତୁମାର କୀର୍ତ୍ତିର ଚେୟେ ତୁମି ଯେ ମହତ । ଏ ଲେଖକ ଏହାର ପୁନର୍ବିଚାର କରିଛି ନିଜର ଅନ୍ତରାତ୍ମା ମଧ୍ୟରେ । ଏ ସମଗ୍ର ବିଶ୍ୱବ୍ରହ୍ମାଣ୍ଡ ହେଉଛି ଭଗବାନଙ୍କର ସୃଷ୍ଟି । ଏ ସୃଷ୍ଟିଠାରୁ ସେ ଯେ ଆଉ କେତେ ବିଶାଳତମ, ତାହା କଳ୍ପନା କରିବା ଏକାନ୍ତ ଅସମ୍ଭବ । ମାତ୍ର ତାଙ୍କ ସୃଷ୍ଟିର ଏକ କ୍ଷୁଦ୍ର ଅଂଶ ଭିତରେ ମଧ୍ୟ ତାଙ୍କର ପ୍ରକାଶ ଘଟିପାରେ ନିଟୋଳ ଓ ପରିପୂର୍ଣ୍ଣ ରୂପରେ - ଏକଥାକୁ ଆମେ କ'ଣ ଅସ୍ୱୀକାର କରିପାରିବା ? ଫୁଲଟିଏର ପ୍ରସ୍ଫୁଟନ ଭିତରେ, ସୂର୍ଯ୍ୟକିରଣର ଆଲୋକ କଣିକାରେ, ଚନ୍ଦ୍ରର ଶୀତଳତାଭରା ସ୍ପର୍ଶରେ, ମିଟିମିଟି ତାରାମାନଙ୍କ ମଧ୍ୟରେ କେଉଁଠି ବା ତାଙ୍କର ପ୍ରକଟନର ପରିପୂର୍ଣ୍ଣତା ଅନୁପସ୍ଥିତ ?

ସେହିପରି ରବୀନ୍ଦ୍ରନାଥଙ୍କ 'ଗୀତାଞ୍ଜଳି'ର ମାତ୍ର ଗୋଟିଏ ପଦରେ ମଧ୍ୟ ରବୀନ୍ଦ୍ରଙ୍କ ସମଗ୍ର ଜୀବନର ଭାବସ୍ପନ୍ଦନ ଝଂକୃତ ହୋଇଛି ଅପୂର୍ବ ରୀତିରେ । ଏକଥାକୁ ଅସ୍ୱୀକାର କରିବା କେଉଁ ଦୃଷ୍ଟିରୁ ଆମେ ? ଭାତ ହାଣ୍ଡିରୁ ମାତ୍ର ଗୋଟିଏ ଭାତ ଆଙ୍ଗୁଠିରେ ଧରି ଚିପି ଦେବା ମାତ୍ରକେ ସମଗ୍ର ହାଣ୍ଡିରେ ଭର୍ତ୍ତି ହୋଇରହିଥିବା ଭାତ କିଭଳି ସିଦ୍ଧ ହୋଇଛି, ତାହା ଅନୁଭବ କରିପାରିବା ଆଦୌ ଅସମ୍ଭବ ନୁହେଁ । ହାଣ୍ଡିର ସବୁ ଭାତ ଯେପରି ମହାନ, ସେଥିରୁ କାଢ଼ି ଅଣା ଯାଇଥିବା ଗୋଟିଏ ଭାତ ବି ସେହିପରି ମହାନ । ଏହା କ'ଣ ପ୍ରକୃତ ବାସ୍ତବତା ନୁହେଁ ? ରବୀନ୍ଦ୍ରଙ୍କ ଗୋଟିଏ କ୍ଷୁଦ୍ର କବିତା ବା ତାଙ୍କର 'କାବୁଲିବାଲା' ଓ 'ପୋଷ୍ଟମାଷ୍ଟର' ଭଳି ଗୋଟିଏ ଗୋଟିଏ ଗଳ୍ପ ଅଥବା ତାଙ୍କର 'ନୌକଡୁବି' ବା 'ଗୋରା' ଉପନ୍ୟାସ ଭିତରେ ରବୀନ୍ଦ୍ରଙ୍କ ପ୍ରତିଭାର ପରିପୂର୍ଣ୍ଣତା କ'ଣ ଅନୁପସ୍ଥିତ ? ଗଙ୍ଗାଧର ମେହେରଙ୍କ 'ଭକ୍ତି କବିତା'ର ଗୋଟିଏ ପଦ ହେଉ ବା 'ତପସ୍ୱିନୀ' ମହାକାବ୍ୟର ସୀତାଙ୍କ ଚରିତ୍ର ଅଥବା ତାଙ୍କଦ୍ୱାରା ସୃଷ୍ଟି ହୋଇଥିବା ମୌଳିକ ଚରିତ୍ର ଅନୁକମ୍ପା କିମ୍ବା ଗଙ୍ଗାଧରଙ୍କ 'ଶିକ୍ଷିତ ଅଶିକ୍ଷିତ ଓ ଶିକ୍ଷାଭିମାନୀ' ଭଳି ପ୍ରବନ୍ଧଟିଏ ଭିତରେ, ରାଧାନାଥଙ୍କୁ ପ୍ରେରିତ ଭକ୍ତିପୂତ ପତ୍ରଟିଏ ଭିତରେ ତାଙ୍କ ସମ୍ବେଦନଶୀଳ ଉଦାର ଜୀବନର ଅଭିବ୍ୟକ୍ତି କ'ଣ କମ ପ୍ରଭାବଶାଳୀ ? ଏ ଦୃଷ୍ଟିରୁ ବିଚାରକଲେ ରବୀନ୍ଦ୍ର ଓ ଗଙ୍ଗାଧରଙ୍କ ଜୀବନ ଯେପରି ମହତ୍, ସେମାନଙ୍କ କୃତି ଓ କୀର୍ତ୍ତି ମଧ୍ୟ ଠିକ୍ ସେହିପରି ମହାନତାରେ ଉଦ୍ଭାସିତ । ରବୀନ୍ଦ୍ରନାଥଙ୍କ ପରି ଗଙ୍ଗାଧର କ'ଣ ଶାନ୍ତିନିକେତନ ଭଳି ଏକ ବିଶାଳ ଶିକ୍ଷାନୁଷ୍ଠାନ ବା ଆଶ୍ରମ ପ୍ରତିଷ୍ଠା କରିପାରିଥିଲେ ? ମାତ୍ର 'ତପସ୍ୱିନୀ' ମହାକାବ୍ୟରେ ଯେଉଁ ବାଲ୍ମୀକି ଆଶ୍ରମ ସେ ପ୍ରତିଷ୍ଠା କରିଛନ୍ତି, 'ପ୍ରଣୟବଲ୍ଲରୀ' କାବ୍ୟରେ

କଣ୍ୱମୁନିଙ୍କ ଆଶ୍ରମ ଯେମିତି ନିର୍ମାଣ କରିଛନ୍ତି, ତାହା ଶାନ୍ତିନିକେତନ ଠାରୁ କେଉଁ ଗୁଣରେ କମ୍ ପ୍ରେରଣାପ୍ରଦ। ଜଣେ ମର୍ତ୍ତ୍ୟଭୂମିରେ ନିର୍ମାଣ କରିଛନ୍ତି ଶାନ୍ତିର ନିଳୟ, ଆଉଜଣେ କାବ୍ୟଭୂମିରେ ସୃଷ୍ଟି କରିଛନ୍ତି ଶାନ୍ତିର ରାଜତ୍ୱ ଅନୁଭୂତ ହେଉଥିବା ଦିବ୍ୟ ଆଶ୍ରମର ସ୍ନିଗ୍ଧ ପରିସର। କେହି କାହାଠାରୁ କମ୍ ନୁହନ୍ତି। ଏବଂ ଉଭୟଙ୍କର ଜୀବନ ଓ କୀର୍ତ୍ତି ମଧ୍ୟ ଠିକ୍ ସେହିପରି କେହି କାହାରିଠାରୁ କମ୍ ପ୍ରଭାବଦୀପ୍ତ ନୁହନ୍ତି। ସ୍ୱଚ୍ଛ କାକର ବିନ୍ଦୁଟିଏ ଭିତରେ ଯେମିତି ସମଗ୍ର ଆକାଶ ପ୍ରତିଫଳିତ ହୋଇଯାଇପାରେ, ରବୀନ୍ଦ୍ର ବା ଗଙ୍ଗାଧରଙ୍କ ଗୋଟିଏ ଗୋଟିଏ ପ୍ରେରଣାପୂର୍ଣ୍ଣ ବାକ୍ୟ ବା ପଦ ଭିତରେ ତାଙ୍କ ଚେତନାର ଅସୀମତା ପ୍ରସ୍ଫୁଟିତ ହୋଇଯାଇପାରେ ଅନାୟାସରେ। ଗୋଲାପ ବୃକ୍ଷ ମହାନ ଓ ଗୋଲାପ ତା'ଠାରୁ କମ୍ ମହାନ ବୋଲି ଆମେ କେବେହେଲେ କହିପାରିବା ନାହିଁ। ଗୋଲାପ ଫୁଲଟିଏ ଯେଭଳି ମସୃଣ, ସୁନ୍ଦର ଓ ମନୋଲୋଭା କଣ୍ଟକିତ ଗୋଲାପ ଗଛଟି ମଧ୍ୟ ସେହିପରି ଆମମାନଙ୍କ ପାଇଁ ଏକାନ୍ତ ପୂଜ୍ୟ ଓ ନମସ୍ୟ। ବରଗଛର ପତ୍ରଟିଏ ବା ବୀଜଟିଏ ଯେପରି ମହାନ, ସମଗ୍ର ବରଗଛଟିଏ ମଧ୍ୟ ସେତିକି ମହାନ। ବିନ୍ଦୁ ଭିତରେ ସିନ୍ଧୁ ଦର୍ଶନର ଅନୁଭୂତି ପ୍ରାପ୍ତ କରିବା କିଛି ଅସମ୍ଭବ କଥା ନୁହେଁ। କ୍ଷୁଦ୍ର ଜଳବିନ୍ଦୁଟିଏ ମହାସାଗରର କଳ୍ପନା କରିବା ପାଇଁ ଆମକୁ ଦେଇପାରେ ଅସୀମ କ୍ଷମତା। ଶିଶୁଟିଏ ଯେଭଳି ଆମ ପାଇଁ ସ୍ନେହର ପାତ୍ର, ତାକୁ ସୃଷ୍ଟି କରିଥିବା ପିତାମାତା ମଧ୍ୟ ସେହିପରି ଆମର ପ୍ରିୟ ପାତ୍ର। ସ୍ରଷ୍ଟା ଓ ସୃଷ୍ଟିକୁ ଭିନ୍ନ ଭିନ୍ନ କରି ଦେଖିବା ଆଦୌ ସମୀଚୀନ ହେବ ନାହିଁ। ଦୀପ ଓ ତାହାର ଆଲୋକକୁ କେବେହେଲେ ଅଲଗା ଅଲଗା କରାଯାଇ ବିଚାର କରାଯାଇ ପାରିବ ନାହିଁ। ଜ୍ୟୋସ୍ନାଧାରାକୁ ଜହ୍ନଠୁ ଭିନ୍ନ ବୋଲି ଅଥବା କିଏ କମ୍ ମହାନ ଆଉ କିଏ ଅଧିକ ମହାନ ଏକଥା କହିବା ଆଦୌ ସମ୍ଭବ ନୁହେଁ। ଏ ଦୃଷ୍ଟିରୁ ଆମେ ଯଦି ସୂକ୍ଷ୍ମଦର୍ଶୀ ହେବା ତା'ହେଲେ ରବୀନ୍ଦ୍ରଙ୍କ ଜୀବନ ଓ ସାହିତ୍ୟ ଆଉ ଏ ପାଖରେ ଗଙ୍ଗାଧରଙ୍କ ଜୀବନ ଓ ସାହିତ୍ୟ ଉଭୟ ସମାନ ଦ୍ୟୁତିରେ ଆମ ଅନ୍ତରାତ୍ମାକୁ ଆଲୋକିତ କରିଦେଇ ପାରିବେ। ଆମେ ଭାବୋଚ୍ଛ୍ୱଳ ହେଇ ତୋମର କୀର୍ତ୍ତିର ଯେ ଯେ ତୁମି ଯେ ମହତ ବୋଲି କହିଦେବାରେ ଯେ ଅପରାଧ ହୋଇଯାଏ ତା'ମଧ୍ୟ ନୁହେଁ। ଏହା ବି କବିଙ୍କ ପ୍ରତି ଆମର ଭକ୍ତି ନୈବେଦ୍ୟ ଅର୍ପଣ କରିବାର ଏକ ଉଚ୍ଛ୍ୱାସମୟ ସମୃଦ୍ଧିଶାଳୀ ଶୈଳୀ। ତେବେ କବି ଓ କବିତା ଶିଳ୍ପୀ ଓ ଶିଳ୍ପ, ଚିତ୍ରକର ଓ ତା'ଦ୍ୱାରା ଅଙ୍କିତ ଚିତ୍ର, ଫୁଲଗଛ ଓ ଫୁଲ, ସୂର୍ଯ୍ୟ ଓ ତାଙ୍କ କିରଣ, ମେଘାଛନ୍ନ ଆକାଶ ଆଉ ମୂଷଳ ବାରିଧାରା କେହି କାହାଠାରୁ ନ୍ୟୂନ ନୁହନ୍ତି। ଉଭୟ ହିଁ ହେଉଛନ୍ତି ଅତୁଳନୀୟ। ନିଜ ନିଜ ସ୍ଥାନରେ ସମୋନେ ମହାନତାର ଏକ ଏକ ଦୀପ୍ତିମନ୍ତ ସଙ୍କେତ। ସେହିଭଳି ରବୀନ୍ଦ୍ରଙ୍କ କୀର୍ତ୍ତି ଯେପରି ମହନୀୟ ତାଙ୍କର ଜୀବନ

ମଧ୍ୟ ସେହିପରି ଯେ ମହାନତାର ଦୀପ୍ତିରେ ଉଜ୍ଜ୍ୱଳତାର, ଏକଥା କହିବା ବାହୁଲ୍ୟ ମାତ୍ର। ଗଙ୍ଗାଧରଙ୍କ ବ୍ୟକ୍ତିତ୍ୱ ଓ ଜୀବନ ଯେପରି ସ୍ୱତନ୍ତ୍ର ଓ ଅତୁଳନୀୟ, ତାଙ୍କ କାବ୍ୟ ସୃଷ୍ଟି ମଧ୍ୟ ସେହିପରି ସୁନ୍ଦର ଓ ଅନୁପମ। ରବୀନ୍ଦ୍ର ଓ ଗଙ୍ଗାଧର ଉଭୟେ ଆମର ନମସ୍ୟ। ଉଭୟଙ୍କ ଜୀବନ ଓ ଉଭୟଙ୍କ କୀର୍ତ୍ତି ମଧ୍ୟ ସମାନ ଭାବରେ ଆମ ପାଇଁ ପ୍ରେରଣା ଦାୟକ। ଏଥିରେ କ'ଣ ସନ୍ଦେହ ଅଛି ?

■

ରବୀନ୍ଦ୍ରନାଥ ଓ ଗଙ୍ଗାଧରଙ୍କ ଦୁଇଟି କବିତା : ପ୍ରାର୍ଥନାର ଦୁଇଟି ନିଷ୍ଟଳ ଦୀପଶିଖା

ବିଶ୍ୱକବି ରବୀନ୍ଦ୍ରନାଥଙ୍କ 'ଗୀତାଞ୍ଜଳି'ର ପ୍ରଥମ କବିତାର ପ୍ରଥମ ପଦଟି ଅତ୍ୟନ୍ତ ପ୍ରସିଦ୍ଧ। ପୁସ୍ତକର ମୂଳ କବିତାରେ ହିଁ ସେ ଯେପରି ଭାବରେ ଈଶ୍ୱରଙ୍କ ଉଦ୍ଦେଶ୍ୟରେ ନିଜକୁ ନିବେଦିତ କରିବାର ମହନୀୟ ଭାବଧାରାକୁ ଉନ୍ମୁକ୍ତ କରିଦେଇଛନ୍ତି, ତାହା ହୋଇଛି ଅତ୍ୟନ୍ତ ଅନ୍ତର୍ଭେଦୀ। ଜୀବନ ସେତିକିବେଳେ ହିଁ ପ୍ରକୃତରେ ସାର୍ଥକତା ବିମଣ୍ଡିତ ହୋଇଉଠେ, ଯେତେବେଳେ ପ୍ରଭୁଙ୍କ ଆଗରେ ନିଜ ହୃଦୟର ଦ୍ୱାରକୁ ଉନ୍ମୋଚନ କରିଦିଏ ମଣିଷ। ରବୀନ୍ଦ୍ରନାଥ ଆବାଲ୍ୟରୁ ଯେଉଁ ପରିବେଶରେ ବଢ଼ିଥିଲେ, ଯେଉଁ ଗ୍ରନ୍ଥଗୁଡ଼ିକୁ ପଢ଼ିବାରେ ମନୋନିବେଶ କରିଥିଲେ, ଯେଉଁ ଶ୍ରେଷ୍ଠ ବ୍ୟକ୍ତିତ୍ୱମାନଙ୍କ ସଂସ୍ପର୍ଶରେ ଆସିଥିଲେ ଓ ବୈଦିକ ଋଷିର ମନ୍ତ୍ରପାଠ କରିବାରେ ଯେଉଁ ନିଷ୍ଠା ପ୍ରକଟ କରିଥିଲେ - ସେସବୁ ତାଙ୍କୁ ପରିଣତ କରି ଦେଇଥିଲା ଏକ ଲବଣୀ ପିତୁଳା ପରି। ହୃଦୟ କମନୀୟ କାନ୍ତିରେ ସୁଶୋଭିତ ନହେଲେ, ପ୍ରତ୍ୟେକଟି ସୂକ୍ଷ୍ମତନ୍ତ୍ରୀରେ ସମର୍ପଣର ଭାବ ପୂର୍ଣ୍ଣହୋଇ ନଉଠିଲେ ଜଣେ କେବେ ହେଲେ ନିବେଦିତ ଆତ୍ମାର ଅଧିକାରୀ ହୋଇପାରେ ନାହିଁ। ରବୀନ୍ଦ୍ର ଚିତ୍ତ ଈଶ୍ୱରାନୁଭୂତିରେ ଥିଲା ଦ୍ରବୀଭୂତ। ସେଥିପାଇଁ 'ଗୀତାଞ୍ଜଳି'ର ପ୍ରଥମ କବିତାଟିରେ ତାଙ୍କର ଏହି ସମର୍ପିତ ଭାବତରଙ୍ଗ ଉଦ୍‌ବେଳିତ ହୋଇଉଠିଛି। କବି କହୁଛନ୍ତି - 'ଆମାର୍ ମାଥା ନତ କରେ ଦାଓ ହେ ତୋମାର୍ ଚରନ୍ ଧୂଲାର ତଲେ / ସକଲ ଅହଂକାର ହେ ଆମାର୍ ଡୁବାଓ ଚୋଖେର୍ ଜଲେ।' ମଣିଷର ଆଖିରୁ ଯେତେବେଳେ ଝରେ ପବିତ୍ର ଲୁହଧାରା ସେତେବେଳେ ଅନ୍ତରାତ୍ମା ହୁଏ ଅହଂକାର-ମେଘମୁକ୍ତ। ରବୀନ୍ଦ୍ରଙ୍କ କ୍ଷେତ୍ରରେ ତାହାହିଁ ହୋଇଛି।

ନିଜର ଗୌରବଗାନ କଲେ ମଣିଷକୁ ମିଳେ ଅପମାନର ଅସ୍ୱାଘାତ। ନିଜକୁ ବିଜ୍ଞାପିତ କରିବାର ମନୋଭାବ ପୋଷଣ କଲେ ମନୋଭୂମି ହୁଏ ବହିର୍ମୁଖୀ। ଯେତେବେଳେ ଜଣେ ଈଶ୍ୱରଙ୍କ କରୁଣା ନିହିତ ପରମଶାନ୍ତି ଧାରାରେ ଆପ୍ଲୁତ ହେବାକୁ ଚାହେଁ, ସେତେବେଳେ ସଂପୂର୍ଣ୍ଣ ଭାବରେ ଈଶ୍ୱରଙ୍କ ହୃଦୟ ଭିତରକୁ ପ୍ରବେଶ କରେ ସେ। ରବୀନ୍ଦ୍ରଙ୍କ ଚେତନା ଯେତେବେଳେ ଅନ୍ତର୍ମୁଖୀ ସେତେବେଳେ ତାଙ୍କ ପ୍ରାଣସତ୍ତାର କୋମଳତା ପଦ୍ମଫୁଲ ପରି କିପରି ପ୍ରସ୍ଫୁଟିତ, ତାହା ଲକ୍ଷ୍ୟ କରିବାର କଥା। ଏହି ପ୍ରଥମ କବିତାଟିରେ ରବୀନ୍ଦ୍ରଙ୍କ ସେଇ ଭାବମାଧୁର୍ଯ୍ୟର ସ୍ପର୍ଶ ଲାଭ କରି ପାଠକ ଆତ୍ମା ମଧ୍ୟ ହୋଇଯାଏ ପବିତ୍ର ଭାବଧାରାରେ ଆପ୍ଲୁତ।

ରବୀନ୍ଦ୍ରନାଥ ବଙ୍ଗଳା ଭାଷାରେ ତାଙ୍କ ହୃଦୟର ଯେଉଁ ଅଭିବ୍ୟକ୍ତି ପ୍ରଦାନ କରିଛନ୍ତି, ଗଙ୍ଗାଧର ଓଡ଼ିଆ ଭାଷାରେ ରଚିତ ନିଜସ୍ୱ କବିତାରେ ସେହି ବିନମ୍ରତାର ଶ୍ରେଷ୍ଠ ପରିଚୟ ଉପସ୍ଥାପନ କରିଛନ୍ତି। ଗଙ୍ଗାଧରଙ୍କ 'ଅର୍ଘ୍ୟଥାଳି' କବିତା ସଂକଳନର ପ୍ରଥମ କବିତାଟିର ଶୀର୍ଷକ ହେଉଛି 'ଭକ୍ତି'। ଏ କବିତାର ପ୍ରଥମ ପଦଟିରେ କବି ଲେଖିଛନ୍ତି - 'ବିଶ୍ୱ ଜୀବନ ହେ ତୁମ୍ଭଙ୍କୁ କରୁଣା ସିନ୍ଧୁ / ବୋଲିବାକୁ ମନ ବଳୁନାହିଁ ଯେଣୁ ସିନ୍ଧୁ ତୁମ୍ଭ କୃପା ବିନ୍ଦୁ।' ଈଶ୍ୱରଙ୍କ ଅପାର କରୁଣାର ଅଭିବ୍ୟକ୍ତି ଏପରି ଭାବରେ ବର୍ଣ୍ଣିତ ହେବା 'ଭକ୍ତି' କବିତାର ଧାରାରେ ଏକ ମହାନ ସଂଯୋଜନା। ଈଶ୍ୱରଙ୍କୁ କରୁଣାସାଗର ବା କରୁଣା ସିନ୍ଧୁ ବୋଲି ସମ୍ବୋଧନ କରିଦେଲେ ଯଥେଷ୍ଟ ହୁଏ ନାହିଁ। କାରଣ ଆମେ ଯେଉଁ ସିନ୍ଧୁକୁ ପ୍ରତ୍ୟକ୍ଷ କରୁ, ତାହା ହେଉଛି ପରମେଶ୍ୱରଙ୍କ କରୁଣାର ସାମାନ୍ୟ ବିନ୍ଦୁଟିଏ ମାତ୍ର। ଈଶ୍ୱରଙ୍କ କରୁଣାର କଳନା କରିବା ମଣିଷ ପାଇଁ ଯେ କେତେ ଅସମ୍ଭବ ତାହା ଏଭଳି ଗୋଟିଏ ପଦରୁ ଉପଲବ୍ଧି କରିହୁଏ। ରବୀନ୍ଦ୍ର ଈଶ୍ୱରଙ୍କ ହୃଦୟ କମଳରେ ସୁରକ୍ଷିତ ରହିବା ପାଇଁ ପ୍ରାର୍ଥନା କରିଛନ୍ତି ନୀରବରେ। ଗଙ୍ଗାଧର ଈଶ୍ୱରଙ୍କ ସେହି କରୁଣାର ବ୍ୟାପକ ପରିସର ସଂପର୍କରେ ସଂକେତାତ୍ମକ ଅଭିବ୍ୟକ୍ତି ପ୍ରଦାନ କରିବାର ଅର୍ଥ ହେଉଛି ସେହି ମହାନ୍ କରୁଣାର ଅକଳ୍ପନୀୟ ଜଗତରେ ନିଜକୁ ଆବିଷ୍କାର କରିପାରିଛନ୍ତି କବି। ଗଙ୍ଗାଧର ଅନୁଭବ କରିଛନ୍ତି ଯେ, ମାଳା ଜପ କରି ଈଶ୍ୱରଙ୍କ ଭଜନରେ ନିବିଷ୍ଟ ହେବା ସାଧ୍ୟାତୀତ। ପୁଣି ସେ କହୁଛନ୍ତି ଯେ 'ଦେଇ ନାହିଁ ବଳ ପଦ ଧୂଳି ଘେନି ପାରିବ ନାହିଁ ମୋ ମୁଣ୍ଡ / କୋଟି କୋଟି ରବି ଧୂଳି ରୂପେ ତୁମ୍ଭ ପାଦେ ହୋଇଛନ୍ତି ରୁଣ୍ଡ।' ରବୀନ୍ଦ୍ରନାଥ ନିଜର ମସ୍ତକକୁ ଈଶ୍ୱରଙ୍କ ଚରଣଧୂଳି ଉପରେ ସ୍ଥାପିତ କରିଥିବାବେଳେ ଗଙ୍ଗାଧର ସେଇ ପ୍ରତିଟି ଧୂଳିକଣା ଏକ ଏକ ସୂର୍ଯ୍ୟଭଳି ଶକ୍ତିଶାଳୀ, ତେଣୁ କୋଟି କୋଟି ରବି ସେଇ ଧୂଳିରେ ରୁଣ୍ଡ ହୋଇଛନ୍ତି ବୋଲି ବର୍ଣ୍ଣନା କରି ତାହା ମୁଣ୍ଡରେ ବହନ କରିବାର ଅସାମର୍ଥ୍ୟ ପ୍ରକାଶ କରିଛନ୍ତି। ବାହ୍ୟ

ଦୃଷ୍ଟିରୁ ଦେଖିଲେ ରବୀନ୍ଦ୍ରଙ୍କ କବିତାର ପଦଟିର ସଂପୂର୍ଣ୍ଣ ଏକ ବିପରୀତ ଅଭିବ୍ୟକ୍ତି ହେଉଛି ଗଙ୍ଗାଧରଙ୍କ ଏହି ପ୍ରସିଦ୍ଧ ପଦଟି। ରବୀନ୍ଦ୍ର ଈଶ୍ୱରଙ୍କ ଚରଣ ତଳେ ନତମସ୍ତକ ହେବାବେଳେ ଗଙ୍ଗାଧର ଈଶ୍ୱରଙ୍କ ଚରଣ ଧୂଳି ଗ୍ରହଣ କରିବାର କ୍ଷମତା କିପରି ମଣିଷର ନାହିଁ, ତାହା ପ୍ରତିପାଦନ କରିଦେଇଛନ୍ତି ପ୍ରାମାଣିକ ଭାବରେ। ଏ ଦୃଷ୍ଟିରୁ ସମୀକ୍ଷା କଲେ ରବୀନ୍ଦ୍ରଙ୍କଠାରୁ ଗଙ୍ଗାଧରଙ୍କ ଈଶ୍ୱର କଳ୍ପନା କେତେ ବିରାଟ ଓ ମହାନ, ତାହା ଚିନ୍ତା କରି ହୁଏ ନାହିଁ। ରବୀନ୍ଦ୍ରନାଥ ସେହି ବିଶାଳ ଚିନ୍ତାଚୂଳକୁ ଆରୋହଣ କରିପାରି ନାହାଁନ୍ତି। ଆପାତତଃ ଉଭୟଙ୍କ ଚିନ୍ତନରେ ବୈଷମ୍ୟ କିପରି ପରିଲକ୍ଷିତ ତାହା ସାଧାରଣ ପାଠକଟିଏ ମଧ୍ୟ ଅନୁଭବ କରିବାରେ କୌଣସି ଜଟିଳତା ନାହିଁ। କିନ୍ତୁ ଏହା ହେଉଛି ଶବ୍ଦ ପ୍ରକାଶର ମଧ୍ୟରେ ଥିବା ବାହ୍ୟ ତାରତମ୍ୟ। ମାତ୍ର ଉଭୟ ପଦର ଅନ୍ତରାଳରେ ଯେଉଁ ମହନୀୟ ଅନୁଭୂତି ଅନ୍ତର୍ଗୁମ୍ଫିତ, ତାହାର ଅନ୍ତଃସ୍ୱର ହେଉଛି ଏକ ଓ ଅଭିନ୍ନ। ଗଙ୍ଗାଧର ଓ ରବୀନ୍ଦ୍ର ଉଭୟେ ଭଗବାନଙ୍କ ନିକଟରେ ନିଜନିଜକୁ ସମର୍ପଣ କରି ଲାଭ କରିଛନ୍ତି ଦିବ୍ୟ ଶାନ୍ତିର ସ୍ପର୍ଶାନୁଭୂତି। ଗଙ୍ଗାଧର ଜାଣନ୍ତି ଯେ ତାଙ୍କ ବିଶ୍ୱଜୀବନଙ୍କ ହୃଦୟର କଥା ଉପଲବ୍ଧି କରିବା ପାଇଁ ରହିଛି ଅସୀମ ଶକ୍ତି। ତେଣୁ ସେହିଭଳି ଅସୀମ ଶକ୍ତି ସଂପନ୍ନ ବିଶ୍ୱଜୀବନ ହିଁ ଅନୁଭବ କରିପାରୁଥିବେ ଯେ ରବୀନ୍ଦ୍ର ଓ ଗଙ୍ଗାଧରଙ୍କ ଭାଷା ଓ ପ୍ରକାଶ ଭଙ୍ଗୀର ତାରତମ୍ୟ ସତ୍ତ୍ୱେ ଏ ଦୁଇଟି ନିର୍ମଳ ଆତ୍ମା ତାଙ୍କର କେତେ ନିକଟତର।

ଗଙ୍ଗାଧର ନିଜ ହୃଦୟରେ ଈଶ୍ୱରଙ୍କ ପ୍ରତିମୂର୍ତ୍ତି ସ୍ଥାପନ ସମ୍ଭବ ନୁହେଁ ବୋଲି ଜାଣନ୍ତି। ସର୍ଷପ ଗର୍ଭରେ ଯେମିତି ହିମାଳୟର ଉପସ୍ଥିତି କଳ୍ପନା ସମ୍ପୂର୍ଣ୍ଣ ଅସମ୍ଭବ, ସେହିପରି ମଣିଷ ଈଶ୍ୱରଙ୍କ ମୂର୍ତ୍ତିକୁ ନିଜ କ୍ଷୁଦ୍ରାତିକ୍ଷୁଦ୍ର ହୃଦୟରେ ସଂସ୍ଥାପିତ କରିବା ସେହିପରି ଅବାସ୍ତବ। ହୁଏ ତ ସେଇଥିପାଇଁ ରବୀନ୍ଦ୍ରନାଥ କହିଲେ, 'ଯାଚି ହେ ତୋମର୍ ଚରମ ଶାନ୍ତି / ପରାନେ ତୋମାର ପରମ କାନ୍ତି / ଆମାରେ ଅଡଲ କରିଆ ଦାଁଡା ଓ ହୃଦୟ ପଦ୍ମ ଦଲେ।' ଅର୍ଥାତ୍ ରବୀନ୍ଦ୍ର ଚାହାଁନ୍ତି ଈଶ୍ୱରଙ୍କ ଚରମଶାନ୍ତିର ସ୍ନିଗ୍ଧ ସ୍ପର୍ଶ ଓ ସେଇଥିପାଇଁ ନିଜ ହୃଦୟ ପଦ୍ମରେ ଈଶ୍ୱରଙ୍କୁ କଳ୍ପନା କରି ତାଙ୍କ ସୁରକ୍ଷାର ବଳୟ ଭିତରେ ରହିବା ପାଇଁ କରିଛନ୍ତି ଆନ୍ତରିକ ପ୍ରାର୍ଥନା। ଗଙ୍ଗାଧର ଯେଉଁ ଦୃଷ୍ଟିରୁ ଈଶ୍ୱରଙ୍କ ମୂର୍ତ୍ତି ହୃଦୟରେ ସଂସ୍ଥାପିତ କରିବା ସମ୍ଭବ ନୁହେଁ ବୋଲି କହିଛନ୍ତି, ରବୀନ୍ଦ୍ର ନିଜ ହୃଦୟ ପଦ୍ମରେ କଳ୍ପନା କରିଛନ୍ତି ଈଶ୍ୱରଙ୍କ ଉପସ୍ଥିତି ଓ ତାଙ୍କ ସାନ୍ନିଧ୍ୟରେ ରହିବାର ପରମ ଅଭିଳାଷ। ଏଇ ପଦଟିକୁ ମଧ୍ୟ ଯଦି ଆମେ ତୁଳନା କରିବା, ତାହାହେଲେ ଗଙ୍ଗାଧରଙ୍କ ଈଶ୍ୱର କଳ୍ପନା ରବୀନ୍ଦ୍ରଙ୍କଠାରୁ କେତେ ଉଚ୍ଚରେ, ତାହା ଅନୁଭବ କରିପାରିବା। ମାତ୍ର ଉଭୟ ପଦ ମଧ୍ୟରେ କବି ଆତ୍ମାର ଯେଉଁ ସୂକ୍ଷ୍ମତମ ଅଭିବ୍ୟକ୍ତି

ଅବ୍ୟକ୍ତ ତା'ରି ମଧ୍ୟରେ ରହିଛି ଭବସାମ୍ୟର ଗଭୀରତା । ହିମାଳୟକୁ ସୋରିଷ ଗର୍ଭରେ ପ୍ରତିଷ୍ଠିତ କରିବା ଅସମ୍ଭବ ନିଶ୍ଚୟ କିନ୍ତୁ ଈଶ୍ୱରଙ୍କ ଉପସ୍ଥିତି ନିଜ ହୃଦୟରେ ଅନୁଭବ କରିବାରେ କୌଣସି ପ୍ରତିବନ୍ଧକ ନାହିଁ । ଏହି ଉଭୟ କବିଙ୍କ କବିତ୍ୱ ଆଲୋଚନା କରୁଥିବାବେଳେ ଲେବାନନ୍‌ର ମହାନ୍ ସାହିତ୍ୟ ସ୍ରଷ୍ଟା ଖଲିଲ୍ ଜିବ୍ରାନଙ୍କ କଥା ସ୍ୱତଃ ମନେ ପଡ଼ିଯାଉଛି । ସେ କହିଛନ୍ତି - ମୋ ହୃଦୟ ଭିତରେ ଈଶ୍ୱର ଅଛନ୍ତି, ଏହା କହିବା ଅପେକ୍ଷା ମୁଁ ଈଶ୍ୱରଙ୍କ ହୃଦୟ ମଧ୍ୟରେ ରହିଛି ଏକଥା ଅନୁଭବ କରିବା ଅଧିକ ଯୁକ୍ତିସଂଗତ । କବି ଓ ସାହିତ୍ୟ ସ୍ରଷ୍ଟାମାନଙ୍କ ଏହା ହେଉଛି ପରିପ୍ରକାଶର ବୈଚିତ୍ର୍ୟ ମାତ୍ର । ଈଶ୍ୱର ମଣିଷ ହୃଦୟରେ ସଂସ୍ଥାପିତ ହୋଇପାରନ୍ତି, ପୁଣି ଈଶ୍ୱରଙ୍କ ହୃଦୟ ମଧ୍ୟରେ ମଣିଷ ନିଜକୁ ସୁରକ୍ଷିତ ମନେ କରିପାରନ୍ତି । ପ୍ରକାଶ ଭଙ୍ଗୀର ଏଭଳି ପାର୍ଥକ୍ୟ ସତ୍ତ୍ୱେ ତା' ମଧ୍ୟରୁ ଯେଉଁ ପରମ ସତ୍ୟର ସଂଗୀତ ନିର୍ଗତ ହୋଇଆସେ, ତା'ର ଧ୍ୱନିରେ କୌଣସି ଅସାମଞ୍ଜସ୍ୟ ନାହିଁ । ଈଶ୍ୱରଙ୍କ ପ୍ରତି ଭକ୍ତି ନିବେଦନ କରିବାର ଶୈଳୀରେ ରହିପାରେ ଭିନ୍ନ ଭିନ୍ନ ଅଭିବ୍ୟକ୍ତି । କିନ୍ତୁ ଏ ସମସ୍ତ ସ୍ରଷ୍ଟାଙ୍କ ଆତ୍ମାର ସ୍ୱରରେ ନାହିଁ କୌଣସି ବ୍ୟବଧାନ ।

ଗଙ୍ଗାଧର 'ଭକ୍ତି' କବିତାର ଶେଷ ପଦଟିରେ କହୁଛନ୍ତି 'ମୁଁ କାର ମାତର / ମୋର ନୁହେଁ ବୋଲି କହିବାକୁ ନାହିଁ ବାଟ / ଦୂରୁ ଶ୍ରୀଚରଣେ ଅର୍ପଣ କରୁଛି ଘେନ ତା ବିଶ୍ୱ ସମ୍ରାଟ ।' ତେଣୁ ଭକ୍ତପ୍ରାଣର ସର୍ବଶେଷ କଥାଟି ହେଉଛି ନିଃସର୍ତ୍ତ ଭାବରେ ଆପଣାକୁ ସଂପୂର୍ଣ୍ଣ ଭାବରେ ଈଶ୍ୱରଙ୍କ ନିକଟରେ ସମର୍ପିତ କରିଦେବା । ରବୀନ୍ଦ୍ରନାଥ ଯାହା କରିଛନ୍ତି, ଗଙ୍ଗାଧର ମଧ୍ୟ ତାହା ହିଁ କରିଛନ୍ତି । ଭକ୍ତି ଭାବର ଗଭୀରତାରେ ନାହିଁ କୌଣସି ଅସଂଗତି, ନାହିଁ କୌଣସି ସୀମିତ ଦୃଷ୍ଟି, ନାହିଁ କୌଣସି ଛଦ୍ମତା, ନାହିଁ ମଧ୍ୟ କୌଣସି ପ୍ରକାରର ଆବିଳତା । ହୃଦୟ ସଂପୂର୍ଣ୍ଣ ନିର୍ମଳ ହୋଇଗଲେ, ଆତ୍ମା ଈଶ୍ୱରଙ୍କ ଭାବତଲ୍ଲୀନତାରେ ସଂପୂର୍ଣ୍ଣ ବିଗଳିତ ହୋଇଗଲେ କବିର କବିତା ହୋଇଉଠେ ଯେତିକି ଶାନ୍ତି ପ୍ରଦାୟକ, ପ୍ରେରଣା ପ୍ରଦାୟକ ଓ ପରମ ସତ୍ତାଙ୍କ ସହିତ ସଂଯୁକ୍ତ ହୋଇଯିବା ପାଇଁ ଯେତିକି ପ୍ରଦାନ କରିପାରେ ସାମର୍ଥ୍ୟ ଉଭୟଙ୍କ କବିତା ମଧ୍ୟରେ ସେହି ଶକ୍ତି ଚିହ୍ନିତ । ତେଣୁ ଦୁଇଟି କବିତାର ପ୍ରକାଶଶୈଳୀର ଭିନ୍ନତା ସତ୍ତ୍ୱେ ଦୁଇଟି କୋମଳ କବି ଆତ୍ମାର ନିଷ୍ପାପ ସ୍ପର୍ଶ ଆମ ଚକ୍ଷୁକୁ ମଧ୍ୟ କୃତଜ୍ଞତାର ଭାବନାରେ କରିଦେଇପାରେ ଲୋତକାପ୍ଲୁତ । କବିତାର ଭାବମାଧୁର୍ଯ୍ୟ ମଧ୍ୟରେ ଅବଗାହନ କରିବାର ଆନ୍ତରିକତା ଥିଲେ ସବୁ ତାରତମ୍ୟ ହୋଇଯାଏ ଅର୍ଥହୀନ । କେବଳ କବିଙ୍କ ଭକ୍ତିଭାବର ଗଭୀରତା କଳ୍ପନା କରି ହୃଦୟ ହୁଏ ନିତ୍ୟ ସ୍ପନ୍ଦିତ । ଆତ୍ମା ଯେତେବେଳେ ବିନୀତ ହୋଇଉଠେ, ଅହଂକାରର ଖୋଳପା ଭିତରୁ ମଣିଷ ଯେତେବେଳେ ମୁକ୍ତ ହୋଇଯାଏ, ସେତେବେଳେ

ଯେଉଁ ସ୍ୱର୍ଗୀୟ ଶାନ୍ତିର ସ୍ପର୍ଶ ତାକୁ ଆବିଷ୍ଟ କରେ, ତାହା ଭାବଗ୍ରାହୀ ପାଠକମାନଙ୍କ ଅନ୍ତରାତ୍ମାକୁ ସେଇପରି ନେଇଯାଏ କରୁଣାର ଅକଳ୍ପନୀୟ ଜଗତକୁ। ରବୀନ୍ଦ୍ର ଓ ଗଙ୍ଗାଧର ଉଭୟ ନିଜକୁ ସାର୍ଥକ ଭାବରେ ପ୍ରକାଶ କରିଛନ୍ତି; ଏଇଥିପାଇଁ ଯେ ତାଙ୍କ ଭାବର ଗଭୀରତା ଭିତରକୁ ପାଠକ ପ୍ରବେଶ କଲେ ସେ ମଧ ଲାଭ କରିପାରିବ କରୁଣାସ୍ନିଗ୍ଧ କୋମଳ ଦିବ୍ୟ ଉପଲବ୍ଧିର ଜୀବନ-ସଂପଦ। ଉଭୟ ରବୀନ୍ଦ୍ର ଓ ଗଙ୍ଗାଧର ସେଥିପାଇଁ ବଙ୍ଗଳା ଓ ଓଡ଼ିଆ ଭାଷା ପାଠକଙ୍କ ଦ୍ୱାରା କେବଳ ଆଦୃତ ନୁହଁନ୍ତି, ସେମାନେ ପୃଥିବୀର ଯେକୌଣସି ମରମୀ ପାଠକ ନିମନ୍ତେ ପରିଣତ ହୋଇଛନ୍ତି ପ୍ରାର୍ଥନାର ଦୁଇଟି ଦୀପଶିଖା ପରି।

■

ରବୀନ୍ଦ୍ରଙ୍କ କବିତାରେ ଈଶ୍ୱରଙ୍କ ଆବାହନ ଓ ଗଙ୍ଗାଧରଙ୍କ କବିତାରେ ଅମୃତର ଜୟଗାନ

ବିଶ୍ୱକବି ରବୀନ୍ଦ୍ରନାଥଙ୍କ 'ଗୀତାଞ୍ଜଳି' ସହିତ ଅନ୍ୟାନ୍ୟ ଅନେକ କବିତାରେ ଯେପରି ଈଶ୍ୱରାନୁଭୂତିର ସ୍ପନ୍ଦନ ଶୁଣିହୁଏ, ସେହିପରି ଗଙ୍ଗାଧରଙ୍କ କବିତାରେ ଅମୃତାନୁଭୂତିର ସୁମଧୁର ଧ୍ୱନି ଶ୍ରୁତ ହୁଏ। ରବୀନ୍ଦ୍ରନାଥ ୧୯୧୩ ମସିହାରେ ନୋବେଲ ପୁରସ୍କାର ଲାଭ କଲେ। ସେତେବେଳେ ଗଙ୍ଗାଧର କାବ୍ୟକବିତା ରଚନାରେ ଥିଲେ ସଦା ସକ୍ରିୟ। ସେ ମଧ ଖବରକାଗଜ ନିୟମିତ ପାଠ କରିବା ସଙ୍ଗେସଙ୍ଗେ ବଙ୍ଗଳା ଭାଷାର ପତ୍ରପତ୍ରିକା ଅଧ୍ୟୟନ କରୁଥିଲେ। ତେଣୁ ରବୀନ୍ଦ୍ରଙ୍କ ନୋବେଲ ପୁରସ୍କାର ପ୍ରାପ୍ତିର ଶୁଭସମ୍ବାଦ ଯେ ସେ ଜାଣିବାର ସୁଯୋଗ ପାଇନଥିବେ ଏପରି ସମ୍ଭାବନା ନାହିଁ। ସେହିପରି ରବୀନ୍ଦ୍ରଙ୍କ କବିତା ପାଠରୁ ସେ ବଞ୍ଚିତ ହେଉଥିବେ ଏକଥା ମଧ ଅବାସ୍ତବ ମନେହୁଏ। ଉଭୟଙ୍କ ମଧରେ ପରିଚୟ ଘଟିନଥିଲା ଏକଥା ସତ୍ୟ, କିନ୍ତୁ ଗଙ୍ଗାଧର କୌଣସି ସ୍ଥାନରେ ରବୀନ୍ଦ୍ର ପ୍ରସଙ୍ଗ ଉଲ୍ଲେଖ କରିନଥିଲେ ମଧ ସେ ଯେ ତାଙ୍କ ପ୍ରତିଭା ସଂପର୍କରେ ଅବଗତ ନଥିବେ, ଏହା କୁହାଯାଇ ପାରିବ ନାହିଁ।

ରବୀନ୍ଦ୍ର ଓ ମେହେର ପ୍ରତିଭା ମଧ୍ୟରେ ରହିଥିବା ସାମଞ୍ଜସ୍ୟ ଦେଖିଲେ ଆଶ୍ଚର୍ଯ୍ୟ ହେବାକୁ ପଡ଼େ। ରବୀନ୍ଦ୍ର ଯେ ଗଙ୍ଗାଧରଙ୍କୁ ପ୍ରଭାବିତ କରିଛନ୍ତି, ଏ କଥା ପ୍ରାମାଣିକ ଭାବରେ ଉପସ୍ଥାପନ କରାଯାଇ ପାରିବ ନାହିଁ। ତେବେ ଉଭୟଙ୍କ ଚିନ୍ତନ ଓ ଆଦର୍ଶରେ ପରିଲକ୍ଷିତ ହୁଏ ଯେଉଁ ସମାନତା, ତାହା ଦୁଇଜଣ ଶ୍ରେଷ୍ଠ ସ୍ରଷ୍ଟାଙ୍କ ମାନସପଟରେ ଉଦ୍‌ଭାସିତ ସତ୍ୟର ସୁନ୍ଦରତମ ଅଭିବ୍ୟକ୍ତି ବୋଲି ବର୍ଣ୍ଣନା କରିବା ଯଥାର୍ଥ ହେବ। ଜଣେ ବଙ୍ଗଳାଭାଷାର କବି। ଆଉ ଜଣେ ଓଡ଼ିଆ ଭାଷାର। ଉଭୟଙ୍କ ଚେତନାରେ

ଯେଉଁ ସମାନ ଧ୍ୱନି ନିନାଦିତ ହେଉଥିଲା, ତାହା ଲକ୍ଷ୍ୟ କରିବା ମାତ୍ରକେ ଉଭୟଙ୍କ ଅନ୍ତରାତ୍ମାର ଉପାଦାନ ସମାନ ଭାବବସ୍ତୁରେ ନିର୍ମିତ ହୋଇଛି ବୋଲି ଆମେ ଅନୁଭବ କରିପାରିବା। ଏ ସଂପର୍କରେ ଏକ ବିସ୍ତୃତ ବ୍ୟାଖ୍ୟା ନିଶ୍ଚୟ କରାଯାଇପାରିବ। ତଥାପି ସେଇ କଷ୍ଟସାଧ ପ୍ରୟାସରୁ କ୍ଷାନ୍ତ ହୋଇ ରବୀନ୍ଦ୍ରଙ୍କ ଗୋଟିଏ କବିତା ଓ ଗଙ୍ଗାଧରଙ୍କ ଗୋଟିଏ ମାତ୍ର କବିତାକୁ ଆଲୋଚନା ପରିସରଭୁକ୍ତ କରି ଉଭୟଙ୍କ ମଧ୍ୟରେ ଥିବା ଭାବସାମ୍ୟ ଦର୍ଶାଇ ଦେବା ଏ ପ୍ରବନ୍ଧର ଉଦ୍ଦେଶ୍ୟ।

'ଗୀତାଞ୍ଜଳି'ର ପ୍ରତ୍ୟେକ କବିତାର ଭିନ୍ନ ଭିନ୍ନ ନାମକରଣ କରାଯାଇ ନାହିଁ। ତେଣୁ ରବୀନ୍ଦ୍ରଙ୍କ ଯେଉଁ କବିତାଟିକୁ ଏଇ କ୍ଷେତ୍ରରେ ଗ୍ରହଣ କରାଯାଇଛି, ତା'ର ପ୍ରଥମ ବାକ୍ୟଟିକୁ ହିଁ ତାହାର ଶିରୋନାମା ବୋଲି ଗ୍ରହଣ କରାଯାଇପାରେ। ତାହା ହେଲା – "ତୁମି ନବ ନବ ରୂପେ ଏସୋ ପ୍ରାନେ"। ଗଙ୍ଗାଧରଙ୍କ କବିତାର ନାମଟି ହେଉଛି "ଅମୃତମୟ"। ରବୀନ୍ଦ୍ରଙ୍କ ଏହି କବିତାରେ ଈଶ୍ୱରଙ୍କୁ ଅତ୍ୟନ୍ତ ଆନ୍ତରିକତାର ସହିତ ଯେପରି ଆବାହନ କରାଯାଇଛି ତାହା ଏପରି ଭାବସିକ୍ତ, ମନ୍ତ୍ରସିକ୍ତ ଓ ଆସ୍ପୃହାଯୁକ୍ତ ଯେ ତାହା ପାଠକର ପ୍ରାଣତନ୍ତ୍ରୀକୁ କମ୍ପିତ କରିଦିଏ ତାହାର ଅନନ୍ୟ ସ୍ୱରରେ। କବିତାର ପ୍ରଥମ ଭାଗଟି ଏହିପରି:

"ତୁମି ନବ ନବ ରୂପେ ଏସୋ ପ୍ରାନେ
ଏସୋ ଗନ୍ଧେ ବରନେ, ଏସୋ ଗାନେ
ଏସୋ ଅଙ୍ଗେ ପୁଲକମୟ ପରଶେ,
ଏସୋ ଚିତ୍ତେ ଅମୃତମୟ ହରଷେ,
ଏସୋ ମୁଗ୍ଧ ମୁଦିତ ଦୁ ନୟନେ
ତୁମି ନବ ନବ ରୂପେ ଏସୋ ପ୍ରାନେ।"

ଏଇ ପଦଟିରେ ରବୀନ୍ଦ୍ର-ଆତ୍ମା ଯେପରି ଭାବରେ ପରମେଶ୍ୱରଙ୍କ ଆବାହନ ନିମନ୍ତେ ମନ୍ତ୍ରପାଠ କରିଛନ୍ତି, ତାହା ଯେକୌଣସି ପାଠକଙ୍କ ପାଇଁ ଏକାନ୍ତ ବୋଧଗମ୍ୟ। ଏ କବିତାରେ ନାହିଁ କୌଣସି କ୍ଲିଷ୍ଟତା, ନାହିଁ କଠିନ ଶବ୍ଦର ପ୍ରୟୋଗ, ନାହିଁ ମଧ୍ୟ କୌଣସି ଅସ୍ପଷ୍ଟତାର ଛାୟା। ଭଗବାନଙ୍କୁ ନୂତନ ନୂତନ ରୂପରେ ଆସିବା ପାଇଁ ପ୍ରାର୍ଥନା କରନ୍ତି ରବୀନ୍ଦ୍ର। ସୁଗନ୍ଧିତ ପରିବେଶ ହୋଇ, ବର୍ଣ୍ଣମୟ ରୂପପରିଗ୍ରହ କରି ଗାନର ଏକ ସୁନ୍ଦର ତାନ ହୋଇ ସେ ଯେତେବେଳେ ଆସିବେ ସେତେବେଳେ ଜୀବନ ହୋଇଯିବ ସାର୍ଥକତା ବିମଣ୍ଡିତ। ସେ ଏଭଳି ଏକ ମହତ୍ତର ସୂକ୍ଷ୍ମ ସତ୍ତା ଯିଏ ପ୍ରତିଟି ଅଙ୍ଗପ୍ରତ୍ୟଙ୍ଗରେ ପୁଲକମୟ ପରଶ ଦେଇଯିବେ। ଚିତ୍ତ ମଧ୍ୟରେ ଅମୃତମୟ ଆନନ୍ଦ ସୃଷ୍ଟି କରିଦେବେ। ଯେତେବେଳେ ମୁଗ୍ଧ ଭାବରେ ମୁଦ୍ରିତ ହୋଇଯିବ ଦୁଇ ନୟନ ତା'ରି ଭିତରେ ସେ ହୋଇଥିବେ ପ୍ରକାଶିତ।

ରବୀନ୍ଦ୍ର ଈଶ୍ୱରଙ୍କ ଯେଉଁ ସୁନ୍ଦରତମ ଅବତରଣର ଅନୁଭୂତି କଳ୍ପନା କରିଛନ୍ତି, ତାହା ବାସ୍ତବିକ ସାମାନ୍ୟ ପରିଶୁଦ୍ଧ ଆବେଗ, ଯାହା ଭିତରେ ବର୍ତ୍ତମାନ ସେ ନିଶ୍ଚିତ ଭାବରେ ହେବ ତନ୍ମୟ ଓ ତଲ୍ଲୀନ। ଏ କବିତାର ମାତ୍ର ଦୁଇଟି ଭାଗ। ଦ୍ୱିତୀୟ ଭାଗଟିକୁ ଆମେ ଏବେ ଉଦ୍ଧାର କରିବା:

"ଏସୋ ନିର୍ମଲ ଉଜ୍ଜ୍ୱଲକାନ୍ତ,
ଏସୋ ସୁନ୍ଦର ସ୍ନିଗ୍ଧ ପ୍ରଶାନ୍ତ,
ଏସୋ ଏସୋ ହେ ବିଚିତ୍ର ବିଧାନେ।
ଏସୋ ଦୁଃଖେ ସୁଖେ ଏସୋ ମର୍ମେ
ଏସୋ ନିତ୍ୟ ନିତ୍ୟ ସବ କର୍ମେ,
ଏସୋ ସକଲ କର୍ମ-ଅବସାନେ।
ତୁମି ନବ ନବ ରୂପେ ଏସୋ ପ୍ରାନେ।"

ଈଶ୍ୱର ଆସନ୍ତି ଯେଉଁଠି ଲକ୍ଷ୍ୟ କରନ୍ତି ସେ ନିର୍ମଳତା, ଉଜ୍ଜ୍ୱଳତା ଓ ଆତ୍ମାର ମଧୁରକାନ୍ତି। ସେଥିପାଇଁ କବି ସ୍ୱୟଂ ଈଶ୍ୱରଙ୍କୁ ନିର୍ମଳତାର, ଉଜ୍ଜ୍ୱଳତାର, ସୁନ୍ଦରତାର, ସ୍ନିଗ୍ଧ ପ୍ରଶାନ୍ତ ଭାବର ଏକ ବର୍ଣ୍ଣିଳ ମହତ ସତ୍ତା ଭାବରେ ଅନୁଭବ କରିଛନ୍ତି ମର୍ମେ ମର୍ମେ। ସୁଖ ଓ ଦୁଃଖରେ ଦୈନନ୍ଦିନ ସଫଳ କର୍ମ ମଧ୍ୟରେ ନୂତନ ନୂତନ ରୂପରେ ଆସି ଏ ଜୀବନରେ ଅପୂର୍ବ ମାଧୁର୍ଯ୍ୟ ଭରିଦିଅନ୍ତୁ, ଏହାହିଁ ହେଉଛି କବିଙ୍କ ଆନ୍ତରିକ ପ୍ରାର୍ଥନା।

ରବୀନ୍ଦ୍ରଙ୍କ ଏଇ କବିତାଟି ପଢ଼ିସାରିବା ଓ ତା'ର ମର୍ମ ଉପଲବ୍ଧି କରିବାପରେ ଆମେ ଆସିବା ଗଙ୍ଗାଧରଙ୍କ ପାଖକୁ। ଗଙ୍ଗାଧର ସମଗ୍ର ସୃଷ୍ଟିକୁ ମଧୁମୟ ରୂପରେ ଦେଖିପାରିଛନ୍ତି। 'ଅମୃତମୟ' କବିତାରେ ସେହି ଦୃଷ୍ଟିଭଙ୍ଗୀ ଆହୁରି କେତେ ଅର୍ଥପୂର୍ଣ୍ଣ ଭାବରେ ପ୍ରକାଶିତ ତାହା ତାଙ୍କ ରଚିତ ପଦ ଉଦ୍ଧାରଦ୍ୱାରା ଅନୁଭବ କରିହେବ।

"ନବ ବିକଶିତ ଫୁଲ ଗନ୍ଧ
ନବ ସରସ କବିତା-ଛନ୍ଦ
ବନ ବିହଗ ମଧୁର ତାନ,
ଶିଶୁ ସରଳ ତରଳ ଗାନ,
ନବ ପ୍ରଫୁଲ୍ଲ-କମଳ କାନନ
ନବ ସୁକୁମାର ଶିଶୁ ଆନନ
ଅମୃତମୟ, ଅମୃତମୟ
ଭସାଇ ନେଉଛି ଜୀବନ।"

ଗଙ୍ଗାଧର ପ୍ରତିଟି ସୁନ୍ଦର ଦୃଶ୍ୟରେ, ପ୍ରତିଟି ମଧୁର ତାନରେ, ପ୍ରତିଟି ସଙ୍ଗୀତର ଲଳିତ ଗାନରେ, ଆଉ ପୁଷ୍ପର ପ୍ରସ୍ଫୁଟନରେ ଅନୁଭବ କରିଛନ୍ତି ଅମୃତର ମହନୀୟ ସ୍ପର୍ଶ। ସେହିପରି ଧୀର ସମୀରଣରେ, ଧବଳ ଚନ୍ଦ୍ରକିରଣରେ, ବର୍ଷାର ସ୍ୱଚ୍ଛଧାରାରେ, ଉଷାର ମୃଦୁ ମଧୁର ଆଲୋକରେ ଆଉ ପ୍ରତିଟି ଶିଶିରବିନ୍ଦୁରେ ସେ ଦେଖିଛନ୍ତି ଅମୃତର ଚିରପ୍ରବହମାନ ମହାସ୍ରୋତକୁ। ମିଟିମିଟି ତାରାଙ୍କ ଆଲୋକରେ ଅନ୍ଧକାରକୁ ଦୂର କରିବାପାଇଁ ପ୍ରଧାବିତ ଆଲୋକଧାରାରେ, ଅନ୍ଧକାରମୁକ୍ତ ପୃଥିବୀର ପୁଲକରେ, ଗିରି ନିର୍ଝରର ସଙ୍ଗୀତରେ ସେହି ଅମୃତ ସାଗରର ବିନ୍ଦୁ ବୋଲି ଅଭିହିତ କରିଛନ୍ତି। ମନୁଷ୍ୟ ଆତ୍ମା ଅମୃତସାଗରରୁ ଉତ୍‌ଥିତ ହୋଇ ସ୍ପର୍ଶ କରେ ଆକାଶକୁ ପୁଣି ଆକାଶରୁ ଖସି ଆସି ମିଶିଯାଏ ଅମୃତଧାରାରେ। ଏହିପରି ଭାବରେ ମାନବାତ୍ମା ବିଶ୍ୱନାଥଙ୍କର କରୁଣାକନ୍ଦରରୁ ଝରିଆସି ଅମୃତସାଗରରେ ଲୀନ ହୋଇଯାଏ। ସମଗ୍ର କବିତାଟିରେ ଗଙ୍ଗାଧର ଅମୃତର ଜୟଗାନ ଯେପରି କରିଛନ୍ତି ସେଥିରେ ତାଙ୍କ ଉପଲବ୍ଧିର ଗଭୀରତା ମର୍ମରିତ।

ରବୀନ୍ଦ୍ରଙ୍କ କବିତାରେ ଈଶ୍ୱରଙ୍କ ଶୁଭାଗମନ ନିମିତ୍ତ ଯେଉଁ ପ୍ରାର୍ଥନାର ସ୍ୱର ଝଙ୍କୃତ ହୋଇଛି ଓ ଗଙ୍ଗାଧରଙ୍କ କବିତାରେ ଅମୃତ ଉପଲବ୍ଧିର ଯେଉଁ ସୁମଧୁର ତାନ ପାଠକଚିତ୍ତକୁ ମୁଗ୍ଧ କରିଛି ଏ ଉଭୟ ଅନ୍ତରାନୁଭୂତିରେ କୌଣସି ତାରତମ୍ୟ ନାହିଁ। 'ଗୀତାଞ୍ଜଳି'ର ପଦପଂକ୍ତି ଭିତରେ ରବୀନ୍ଦ୍ରଙ୍କ ଆତ୍ମାର ସଙ୍ଗୀତ ପାଠକପ୍ରାଣକୁ ଯେପରି ପବିତ୍ର ଅନୁଭୂତିରେ ପରିପୂର୍ଣ୍ଣ କରିଦିଏ, ଗଙ୍ଗାଧରଙ୍କ 'ଅର୍ଘ୍ୟଥାଳି'ର ଏ କବିତା ସେହିପରି ଅମୃତର ଉତ୍ସ ପ୍ରତି ଉନ୍ମୁଖ ହେବା ପାଇଁ ପ୍ରଦାନ କରିଥବାଏ ପ୍ରଶାନ୍ତ ପ୍ରେରଣା। ଉଭୟ କବିତାର ଛନ୍ଦରେ ଯେଉଁ ସୌନ୍ଦର୍ଯ୍ୟ ବିଦ୍ୟମାନ, ସେହି ସୌନ୍ଦର୍ଯ୍ୟ ମଧ୍ୟରେ ରହିଥିବା ଆତ୍ମିକ ସ୍ପନ୍ଦନଟି ମଧ୍ୟ ହେଉଛି ସମାନ। ରବୀନ୍ଦ୍ର ଓ ଗଙ୍ଗାଧର - ନାମ ଦୁଇଟି। କିନ୍ତୁ ଆତ୍ମା ହେଉଛି ଗୋଟିଏ। ଶରୀର ଦୁଇଟି, କଲମ ଦୁଇଟି, ଜନ୍ମସ୍ଥାନ ଭିନ୍ନ ଭିନ୍ନ ଦୁଇଟି ସ୍ଥାନରେ, ଭାଷା ମଧ୍ୟ ହେଉଛି ଭିନ୍ନ ଭିନ୍ନ; କିନ୍ତୁ ଉଭୟଙ୍କ ଅନ୍ତରତମ ସତ୍ତାରେ ଉଭୟେ ହେଉଛନ୍ତି ଏକ ଓ ଅଭିନ୍ନ। ତେଣୁ ଉଭୟ କବି ଆମର ଏକାନ୍ତ ପ୍ରଣମ୍ୟ ଓ ପ୍ରେରଣା ପ୍ରଦାନରେ ସମାନ ଭାବରେ ସକ୍ଷମ। ଉଦାହରଣ ସ୍ୱରୂପ ଉଭୟଙ୍କ ମାତ୍ର ଗୋଟିଏ ଗୋଟିଏ କବିତାକୁ ଆଲୋଚନା ପରିସରକୁ ଆଣିବାଦ୍ୱାରା ଏକଥା ସହଜରେ ପ୍ରତିପାଦିତ ହୋଇଯାଉଛି ଯେ ଉଭୟଙ୍କ ହୃଦୟ କି ସୁକୁମାର ଉପାଦାନରେ କମନୀୟ ତଥା କାନ୍ତିମୟ। ଉଭୟଙ୍କ ଲଳିତ ସ୍ୱରର ମାଧୁର୍ଯ୍ୟ ପାଠକ ଆତ୍ମାକୁ ଦ୍ରବୀଭୂତ କରିଦେବାରେ କେତେ ସମର୍ଥ। ଉଭୟ କବି ତେଣୁ ଭାରତବର୍ଷର ମହନୀୟ ଗୌରବର ଏକ ଏକ ସାର୍ଥକ ପ୍ରେରଣାପ୍ରଦ ପ୍ରତୀକ।

■

ବିପଦ ଅତିକ୍ରମ ପାଇଁ ଶକ୍ତି ଆହରଣରେ ରବୀନ୍ଦ୍ର ଓ ଗଙ୍ଗାଧର

ଏ ପୃଥିବୀରେ ମଣିଷ ଜୀବନ କିପରି ଅସହାୟ ଓ ବାଧା ପ୍ରତିବନ୍ଧକରେ ପରିପୂର୍ଣ୍ଣ, ତାହା କିଏ ବା ନଜାଣେ ! ବିପଦ ପ୍ରତି ଭୟ ମଣିଷର ହେଉଛି ସହଜାତ। କେତେ ଦୁଃଖ, କଷ୍ଟ ଓ ଯନ୍ତ୍ରଣାରେ ଅତିବାହିତ ହୁଏ ଜୀବନର ସରଣୀ, ତାହା ଅନୁଭବ କରିପାରନ୍ତି ପ୍ରତ୍ୟେକଟି ମଣିଷ। ଯିଏ ଯେତିକି ବିତ୍ତଶାଳୀ ହେଉନା କାହିଁକି, ବଳଶାଳୀ ଓ କ୍ଷମତାଶାଳୀ ମଧ୍ୟ ହେଉନା କାହିଁକି କେହି ବିପଦ ବୃତ୍ତରୁ ମୁକ୍ତ ନୁହନ୍ତି। ସେଥିପାଇଁ ମଣିଷ ଯେତେବେଳେ ହୋଇଯାଏ ଅସହାୟ, ଯନ୍ତ୍ରଣାଜର୍ଜରିତ ଲହୁଲୁହାଣ, ସେତେବେଳେ ସେ ପରମାରାଧ୍ୟ ଈଶ୍ୱରଙ୍କୁ ପ୍ରାର୍ଥନା କରେ ଏଇ ମହାବିପତ୍ତିରୁ ପରିତ୍ରାଣ ପାଇଁ। ତେବେ ଯେଉଁମାନେ ସୁଖ ଦୁଃଖରେ ଥାନ୍ତି ଭାରସାମ୍ୟଯୁକ୍ତ, ଶ୍ରମତାର ସୌନ୍ଦର୍ଯ୍ୟରେ ହୋଇ ରହିଥାନ୍ତି ସ୍ଥିର ଚିତ୍ତ, ସେମାନେ ଏସବୁ ନାନା ଘଟଣା ଦୁର୍ଘଟଣା ଶକ୍ତି ଏକ ମହାଶକ୍ତି ନିକଟରେ ଧ୍ୟାନସ୍ଥ ହୋଇ ବିତାଇ ଥାଆନ୍ତି ଦୁଃଖ ଓ ବେଦନା ରୂପକ ରାତ୍ରିକୁ, ଧୈର୍ଯ୍ୟ ରୂପକ ଅସ୍ତ୍ର ସାହାଯ୍ୟରେ। ଯନ୍ତ୍ରଣାକ୍ଲିଷ୍ଟ ମଣିଷକୁ ଦିଗ୍‌ଦର୍ଶନ ଦେଇପାରେ ନାହିଁ ଯେଉଁ କବିତା, ତାହା କେବେହେଲେ ହୋଇପାରେ ନାହିଁ ପ୍ରେରଣାଧର୍ମୀ। ଅପର ପକ୍ଷରେ ଯେଉଁ ସାହିତ୍ୟ ସାଧକ ଓ କବି ଏହି ଆପଦ ବିପଦକୁ ଅତିକ୍ରମ କରିବାର ଶକ୍ତି ଯୋଗାଇ ଦିଅନ୍ତି, ସେମାନେ ହେଉଛନ୍ତି ଚିରସ୍ମରଣୀୟ। ସେ ଦୃଷ୍ଟିରୁ ଆମେ ଯଦି ରବୀନ୍ଦ୍ରନାଥ ଓ ଗଙ୍ଗାଧରଙ୍କ କବିତା ଅଧ୍ୟୟନ କରିବା ତା' ହେଲେ ଏଥିରେ ମିଳି ପାରିବ ଅନନ୍ତ ଶକ୍ତିର ଆଲୋକରେଖା।

ବିପଦରୁ ଆମକୁ ରକ୍ଷା କରିବା ପାଇଁ ପ୍ରଭୁଙ୍କୁ ଆତୁର କଣ୍ଠରେ ଆମେ କରୁ ପ୍ରାର୍ଥନା।

ମାତ୍ର ରବୀନ୍ଦ୍ରନାଥ ଓ ଗଙ୍ଗାଧର ତାହା ଆଦୌ କରି ନାହାନ୍ତି । ତାହେଲେ ସେମାନଙ୍କ କବିତାରେ ଆଉ କି ଶକ୍ତି ସଂଗୁପ୍ତ ହୋଇ ରହିଛି, ଯାହା ମଣିଷକୁ ଦେଇପାରିବ ଅସୀମ ଶକ୍ତି ? ଏ କ୍ଷେତ୍ରରେ ଆମେ ଯଦି ଉଭୟଙ୍କ କବିତାର ଅନ୍ତଃସ୍ୱର ପ୍ରତି ବିଶ୍ୱସ୍ତ ହେବା ତା'ହେଲେ ଆମେ ଶୁଣି ପାରିବା ଅଭିନବ ଉପାୟର ଆଲୋକ କଣିକା । ତାହା ପ୍ରକୃତରେ କ'ଣ ? ପ୍ରଥମେ ରବୀନ୍ଦ୍ରଙ୍କ କବିତା ଉପରେ ଧ୍ୟାନ କେନ୍ଦ୍ରୀଭୂତ କରାଯାଉ । ସେ ତାଙ୍କର ସୁପ୍ରସିଦ୍ଧ 'ଗୀତାଞ୍ଜଳି' କବିତା ଗୁଚ୍ଛର ଏକ କବିତାରେ କହୁଛନ୍ତି –

'ବିପଦେ ମୋରେ ରକ୍ଷା କରୋ
ଏ ନହେ ମୋ ପ୍ରାର୍ଥନା
ବିପଦେ ଆମି ନା ଯେନ କରି ଭୟ ।
ଦୁଃଖ-ତାପେ ବ୍ୟଥିତ ଚିତ୍ତେ
ନଇବା ଦିଲେ ସାନ୍ତ୍ୱନା,
ଦୁଃଖେ ଯେନ କରିତେ ପାରି ଜୟ ।'

ଏହିଭଳି ପ୍ରାର୍ଥନା ପ୍ରକାଶ କରି ରବୀନ୍ଦ୍ର କହିଛନ୍ତି ଯେ, ଯଦି ଏ ଜୀବନରେ କେହି କିଛି ସହାୟତା ନକରନ୍ତି, ତାହେଲେ ବି ନିଜର ବଳ କେବେହେଲେ ତୁଟି ନଯାଉ । ସଂସାରରେ ଜୀବନ ବଞ୍ଚିବା ମାତ୍ରକେ କାହାରବା କ୍ଷତି ହେଇ ନାହିଁ ! ମାତ୍ର ଏପରି ବଞ୍ଚିବା ସତ୍ତ୍ୱେ କୌଣସି ପ୍ରକାରର କ୍ଷୟ କ୍ଷତିକୁ ଅସ୍ୱୀକାର କରିବା ପାଇଁ ରବୀନ୍ଦ୍ରଙ୍କ ହୃଦ୍‌କେନ୍ଦ୍ରରୁ ଉଚ୍ଚାରିତ ହୋଇଛି ଏକ ଦିବ୍ୟଚେତନା । ଅଧିକାଂଶ ବ୍ୟକ୍ତି ଏ ଭବସାଗରରୁ ପରିତ୍ରାଣ କରିବା ପାଇଁ ଅତି ଆକୁଳ ଚିତ୍ତରେ ଭଗବାନଙ୍କ ଉଦ୍ଦେଶ୍ୟରେ ବ୍ୟାକୁଳ ନିବେଦନ ଜଣାଇଥାନ୍ତି । ସେହିପରି ମଣିଷ ଦୁଃଖ ଭାରାକ୍ରାନ୍ତ ହୃଦୟକୁ ଉଶ୍ୱାସ କରିବା ସକାଶେ ଲୋଡ଼ିଥାଏ ପ୍ରିୟ ପରିଜନଙ୍କ ସାନ୍ତ୍ୱନା । ଏହି ଆଶ୍ୱାସନା ନମିଳିଲେ ମଧ୍ୟ ସବୁ ଦୁଃଖକୁ ସହ୍ୟ କରି ଯିବାର ଅନନ୍ତ ଶକ୍ତି ଭିକ୍ଷା କରିବା ପ୍ରକୃତରେ ଜୀବନର ସୁଗଭୀର ଅନୁପମତ୍ୱକୁ ପ୍ରଦର୍ଶନ କରିଦିଏ । ଦୁଃଖ ସହି ଜାଣିବାର କଳା କ'ଣ କମ ସୁନ୍ଦର ! ରବୀନ୍ଦ୍ର ସେହି ସୌନ୍ଦର୍ଯ୍ୟରେ ବିମଣ୍ଡିତ ହେବାରେ ସଦିଚ୍ଛା ପ୍ରକାଶ କରିଛନ୍ତି ଅନ୍ତର୍ଭେଦୀ ଭାଷାରେ । ଯେତେବେଳେ ଜୀବନରେ ଆସିବ ସୁଖ ଓ ସୌଭାଗ୍ୟ, ସେତେବେଳେ ଭଗବାନଙ୍କ ପ୍ରତି ରବୀନ୍ଦ୍ର କୃତଜ୍ଞ । ସମଗ୍ର ପୃଥିବୀ ଯଦି ଦୁଃଖାକ୍ରାନ୍ତ ଅବସ୍ଥାରେ ସାମାନ୍ୟ ବି ସାହାଯ୍ୟ ନ କରେ ତଥାପି ଈଶ୍ୱରଙ୍କ ଉପରୁ ଆସ୍ଥା ଭାବ ଯେମିତି ତୁଟି ନଯାଉ, ଏହାହିଁ ତାଙ୍କ ଅଭିପ୍ରାୟ । ଭଗବାନଙ୍କ ପ୍ରତି ଆମର ମନ ସଂଶୟାଚ୍ଛନ୍ନ ହୋଇପଡ଼େ ଯେତେବେଳେ ଆମେ ସାହାଯ୍ୟ ସହଯୋଗରୁ ବଞ୍ଚିତ

ହୋଇଯାଉ। ରବୀନ୍ଦ୍ରଙ୍କ ଏପରି ଅଭିନବ ଅଭୀପ୍‌ସା ଦର୍ଶାଇ ଦିଏ ଯେ ଦୁଃଖ କଷ୍ଟ ମଧ୍ୟରେ ଜୀବନ ଅତିବାହିତ କରିବା ସତ୍ତ୍ୱେ ଈଶ୍ୱରାନୁରାଗ ଯେମିତି ତିଳେମାତ୍ର ମ୍ଳାନ ହୋଇ ନ ଯାଏ। 'ଗୀତାଞ୍ଜଳି'ର ଏପରି ପଦପଂକ୍ତି ପାଠକ ଭିତରେ କି ଶକ୍ତି ସଂଚାର କରିବା ପାଇଁ ଉଦ୍ଦିଷ୍ଟ, ତାହା ହୃଦୟଙ୍ଗମ କରିପାରିଲେ ଈଶ୍ୱର ପ୍ରୀତି ଗଭୀରରୁ ଗଭୀରତର ହେବା ସଙ୍ଗେ ସଙ୍ଗେ ପ୍ରତିକୂଳ ପରିସ୍ଥିତିରେ ମଧ୍ୟ ଅବିଚଳିତ ରହିବା ପାଇଁ ଏହା ପ୍ରଦାନ କରିଥାଏ ଶ୍ରେଷ୍ଠ ପ୍ରେରଣା। ମଣିଷ ଯେଉଁ ଦୁଃଖ ଓ ବିପଦରେ ଅସ୍ଥିରଚିତ୍ତ ହୋଇଉଠେ, ତାହା ହିଁ ଯଦି ମହାକବିମାନେ ବ୍ୟକ୍ତ କରିବେ, ତେବେ ସମାଜକୁ ଆଉ ବ୍ୟକ୍ତି ମଣିଷକୁ ଶକ୍ତି ଦେବ କିଏ ? ସେଥିପାଇଁ ଦୁଃଖ, ଶୋକକୁ ଅତିକ୍ରମ କରିଯିବା ପାଇଁ ବିଶ୍ୱକବି ଆନ୍ତରିକ ଆହ୍ୱାନ ଜଣାଇଛନ୍ତି ପ୍ରକାରାନ୍ତରେ। ଜୀବନରେ ଭୋଗ କରୁଥିବା ଲାଞ୍ଛନା ଓ ଅପମାନରେ ଅଶ୍ରୁବିଗଳିତ ହେବା ଉଚ୍ଚତର ସ୍ତରର ସାହିତ୍ୟ ଶିଳ୍ପୀଙ୍କୁ ଶୋଭାପାଏ ନାହିଁ। ସେମାନେ ଆମପରି ସାଧାରଣ ମଣିଷ ଭାବେ ଯଦି କାତରତା ପ୍ରକାଶ କରିବେ, ତେବେ ଆଉ କାହାଠାରୁ ଆଶା କରାଯିବ ମହନୀୟ ଦିଗ୍‌ଦର୍ଶନ ! ରବୀନ୍ଦ୍ର ଅବଶ୍ୟ କେବଳ ସେଇ ଦିଗ୍‌ଦର୍ଶନ ଦେବା ନିମନ୍ତେ କବିତା ଲେଖି ନାହାନ୍ତି। ଅସଲ କଥା ହେଲା ଈଶ୍ୱରଙ୍କ ପ୍ରତି ପ୍ରେମାନୁରାଗ କୌଣସି ପରିସ୍ଥିତିରେ ବି ଯେମିତି ମଳିନ ହୋଇନଯାଏ - ଏହି ଆନ୍ତରିକତା ସ୍ଥିତପ୍ରଜ୍ଞ ଚିତ୍ତରେ ପ୍ରକାଶ କରିବା। ଏପରି ଈଶ୍ୱରାନୁରାଗ ଯାହାଙ୍କ ଭିତରେ ସଦା ଉଦ୍‌ଜୀବିତ, ସେ ସକଳ ବିପଦକୁ ଅତିକ୍ରମ କରିଯାଆନ୍ତି ସ୍ୱାଭାବିକ ଭାବରେ।

ରବୀନ୍ଦ୍ରଙ୍କ ପରି ଓଡ଼ିଶାର ସ୍ୱଭାବକବି ଗଙ୍ଗାଧର ସେହି ଭକ୍ତି ଭାବର ପରାକାଷ୍ଠା ପ୍ରଦର୍ଶନ କରିଛନ୍ତି ତାଙ୍କର ବିଭିନ୍ନ କାବ୍ୟ କବିତାରେ। ଏ ପ୍ରସଙ୍ଗରେ ତାଙ୍କ ରଚିତ 'ଅର୍ଘ୍ୟଥାଳି' ପୁସ୍ତକର ମାତ୍ର ଗୋଟିଏ କବିତା 'ଗଣେଶଙ୍କ ଆତ୍ମକଥା' ଆଲୋଚନା ପରିସରଭୁକ୍ତ କଲେ ଯଥେଷ୍ଟ ହେବ। ଉକ୍ତ କବିତାରେ ଗଣେଶ କହୁଛନ୍ତି -

'ଗଣେଶ ବୋଲନ୍ତି ବିଘ୍ନରାଜ ବୋଲି
ପୂଜା କରି ମୋତେ ନରେ,
ବହୁ ଝଟୁ କରି ପ୍ରବର୍ତ୍ତାଇଥାନ୍ତି
ବିଘ୍ନକୁଳ ନାଶନରେ। (ଗଙ୍ଗାଧର ଗ୍ରନ୍ଥାବଳୀ, ପୃ. ୨୯୪)

ଗଣେଶ ଏ କବିତାଟିରେ ପ୍ରକାଶ କରିଛନ୍ତି ଯେ, ବିଘ୍ନ ବିନାଶନ ପାଇଁ ଲୋକେ ମତେ ଯେଉଁ ପ୍ରାର୍ଥନା କରିଥାନ୍ତି, ତାହା କାର୍ଯ୍ୟରେ ପରିଣତ କରିବା କିପରି ସମ୍ଭବ ? କାରଣ ମୁଁ ଯଦି ବିଘ୍ନରାଜ, ତାହେଲେ ସେମାନେ ମୋର ଆଶ୍ରିତ ପ୍ରଜାକୁଳ। ସେମାନଙ୍କର ବିନାଶ ସାଧନ କରିବା କେଉଁ ଦୃଷ୍ଟିରୁ ଉଚିତ ବିବେଚିତ ହେବ ?

ମଣିଷ ସମାଜ ବାଧା ବିଘ୍ନର ସମ୍ମୁଖୀନ ହୋଇ ଯେଉଁ ଅତ୍ୟାଚାର ସହ୍ୟ କରନ୍ତି, ତାହା ଗଣେଶଙ୍କୁ ଅଜଣା ନାହିଁ। ବିଘ୍ନ ଓ ପ୍ରତିବନ୍ଧକକୁ ଯେଉଁମାନେ ଭୟ କରନ୍ତି ଓ ପ୍ରତିକୂଳ ପରିସ୍ଥିତରେ ଧୈର୍ଯ୍ୟଚ୍ୟୁତ ହୋଇଥାନ୍ତି, ସେମାନଙ୍କ ନିମିତ୍ତ ଏ କବିତାଟିରେ ରହିଛି ଏକ ଚିରନ୍ତନ ସନ୍ଦେଶ। ତାହା ହେଲା ଯେଉଁମାନେ ବିଘ୍ନ ସହିତ ମିତ୍ରତା ସ୍ଥାପନ କରିବାରେ ସମର୍ଥ ସେମାନଙ୍କୁ ସେହି ବିଘ୍ନ ହିଁ ପ୍ରଦାନ କରିଥାଏ ଅପୂର୍ବ ସାହସ ଶକ୍ତି ଓ ସାମର୍ଥ୍ୟ ସିଦ୍ଧି ପଥରେ ପହଞ୍ଚିବା ନିମିତ୍ତ। କବିତାଟିର ଶେଷ ପଦରେ ଗଣେଶଙ୍କ ଉକ୍ତି ସମ୍ପୂର୍ଣ୍ଣ ଉଦ୍ଧାର କରିବା ନିଶ୍ଚୟ ପ୍ରେରଣାଦାୟକ। ଗଙ୍ଗାଧରଙ୍କ ଭାଷାରେ ସେ କହୁଛନ୍ତି –

‘ବିଘ୍ନମାନେ ମୋର ସତତ ଅଛନ୍ତି
ସିଦ୍ଧିଭଣ୍ଡାର – ପ୍ରହରୀ,
ସିଦ୍ଧି ତା’ ହସ୍ତକୁ ନ ଯାଏ ଯେ ଥାଏ
ଦୂରୁ ଚାହିଁ ତାଙ୍କୁ ଡରି।’ (ଗଙ୍ଗାଧର ଗ୍ରନ୍ଥାବଳୀ, ପୃ.୨୯୪)

ବାସ୍ତବରେ ସକଳ ସିଦ୍ଧି ଭଣ୍ଡାରର ଜାଗ୍ରତ ପ୍ରହରୀ ହେଉଛନ୍ତି ଏହି ବିଘ୍ନରାଜଙ୍କର ବିଘ୍ନଶକ୍ତି। ସେମାନେ ମଣିଷର ସିଦ୍ଧି ପଥରେ ଯେଉଁ ପ୍ରତିବନ୍ଧକ ସୃଷ୍ଟି କରିବା ପାଇଁ ଆସିଥାନ୍ତି, ସେଥିରେ ତାଙ୍କର କୌଣସି ଅସତ୍ ଉଦ୍ଦେଶ୍ୟ ନଥାଏ। ସେମାନଙ୍କ ଆଗମନ ମଣିଷର ଶକ୍ତି ଓ ଭକ୍ତି ପରୀକ୍ଷା କରିବା ପାଇଁ ଅଭିପ୍ରେତ। ସେଥିପାଇଁ ଗଙ୍ଗାଧର ମେହେର ଏକ ମହାନ ରହସ୍ୟ ଉନ୍ମୋଚନ କରିଦେଇଛନ୍ତି ଏ କବିତାଟିରେ। ଅର୍ଥାତ୍ କୌଣସି ଦୁଃଖ, କଷ୍ଟ, ଆପଦ, ବିପଦ, ବାଧା, ପ୍ରତିବନ୍ଧକ – ଏସବୁ ଦ୍ୱାରା ଭୟଭୀତ ନହୋଇ ତାହାକୁ ଅତିକ୍ରମ କରିଯିବା ପାଇଁ ମଣିଷ ମନରେ ସେ ଭରିଦେଇଛନ୍ତି ଅମାପ ଶକ୍ତି। ପଣ୍ଡିଚେରୀର ଅତିମାନସ ସତ୍ୟର ସାଧିକା ‘ଶ୍ରୀମା’ ମଧ୍ୟ ଏକଦା ଉଲ୍ଲେଖ କରିଥିଲେ ଯେ – ବାଧା ଓ ପ୍ରତିବନ୍ଧକ ମଣିଷର ଜୀବନପଥରେ ଦେଖାଯିବାର ପ୍ରକୃତ ମର୍ମ ହେଉଛି ତାହାକୁ ଅତିକ୍ରମ କରିଯିବା ପାଇଁ ମଣିଷ ଭିତରେ ବିପୁଳ ସାହସିକତା ପରିପୂର୍ଣ୍ଣ ହୋଇରହିଛି। ତେଣୁ ବିପଦ ଆସେ ଆମକୁ ଅଟକାଇ ଦେବା ସକାଶେ ନୁହେଁ, ତାହାକୁ ଅତିକ୍ରମ କରିଯିବା ନିମନ୍ତେ। ଏହି କାରଣରୁ ଯେଉଁମାନେ ଉଚ୍ଚତର ସ୍ତରର ଶିଳ୍ପୀ ଓ ସାଧକ ସେମାନେ ସର୍ବଦା ନିର୍ଭୟରେ ଜୀବନ ଅତିବାହିତ କରନ୍ତି ଏକ ମହତ୍ତର ଦିବ୍ୟତା ପ୍ରତି ଉନ୍ମୁଖ ହୋଇ।

ବିଶ୍ୱକବି ରବୀନ୍ଦ୍ରନାଥଙ୍କ କବିତାରେ ବିପଦରୁ ରକ୍ଷା କରିବା ପାଇଁ ପ୍ରାର୍ଥନା ନାହିଁ, ବରଂ ଏହି ବିପଦକୁ ଜୟ କରିପାରିବା ନିମନ୍ତେ ରହିଛି ପ୍ରେମପୂର୍ଣ୍ଣ ଅଭୀପ୍ସା। ଏ ସଂସାର ଏକ ସରଳରେଖା ନୁହେଁ। ମଣିଷର ଜୀବନ ଅସଂଖ୍ୟ ଦୁଃଖ ଓ ଯାତନାରେ

ଅତ୍ୟନ୍ତ ଅସହାୟ ତଥାପି କୌଣସି ମୁହୂର୍ତ୍ତରେ ଅଧୀର, ଉଦ୍‌ବିଗ୍ନ, ଅସ୍ଥିର ନହୋଇ ଦୁଃଖକୁ ଅସୀମ ଧୈର୍ଯ୍ୟ ବଳରେ ସହ୍ୟ କରିବା ଲାଗି ରବୀନ୍ଦ୍ର ସୃଷ୍ଟି କରିଛନ୍ତି ଅନ୍ତର ବୀଣାରେ ଏକ ପ୍ରୀତିପୂର୍ଣ୍ଣ ଧ୍ୱନି। ଜୀବନରେ ଦୁଃଖ, କଷ୍ଟ ଆସିଲେ ଭଗବାନଙ୍କ ଉପରେ ଆମର ଆସ୍ଥା ତୁଟିଯାଇଥାଏ। ଏପରି ସଙ୍କଟ କାଳରେ ଯେଉଁ କବିଙ୍କ କବିତା ମଣିଷକୁ ପ୍ରଦାନ କରିପାରେ ଭଗବାନଙ୍କ ପ୍ରତି ସୁଗଭୀର ବିଶ୍ୱାସ ଓ ଦୁଃଖକୁ ଅତିକ୍ରମ କରିଯିବାର ସାହସ - ସେହି କବିତା ହିଁ ଜାତିର ପରମ ସଂପଦ।

ରବୀନ୍ଦ୍ର ଓ ଗଙ୍ଗାଧର ଉଭୟେ ଭିନ୍ନ ଭିନ୍ନ ରାଜ୍ୟର ଓ ଭାଷାର କବି ହୋଇଥିଲେ ମଧ୍ୟ ଉଭୟଙ୍କ କବିତାର ଅନ୍ତଃସ୍ୱରରେ ପ୍ରକଟିତ ହୋଇଛି ସମାନ ବ୍ୟଞ୍ଜନା। ଏ ଉଭୟ ସ୍ରଷ୍ଟା ମଣିଷ ଆତ୍ମାରେ ଯେଉଁ ଶ୍ରଦ୍ଧାଶୀଳତା ଓ ଧୈର୍ଯ୍ୟଶୀଳତା ସୃଷ୍ଟି କରି ପାରିଛନ୍ତି ସେମାନେ ସେଥିଯୋଗୁଁ ଯୁଗାତୀତ ଏକ ଏକ ଯୁଗପୁରୁଷର ମର୍ଯ୍ୟାଦାରେ ଅଭିସିକ୍ତ। ରବୀନ୍ଦ୍ର ଓ ଗଙ୍ଗାଧରଙ୍କ ଏହି ପ୍ରେରଣାପ୍ଲୁତ ପଦ ପଂକ୍ତି ପଠନଦ୍ୱାରା ମଣିଷ ନିଜର ଦୁର୍ବଳତାକୁ ଅତିକ୍ରମ କରିଯାଇ ପହଞ୍ଚି ପାରେ ଆପଣାର ସିଦ୍ଧି ସରଣୀରେ। ମାତ୍ର ଗୋଟିଏ ଗୋଟିଏ କବିତାର ଦୃଷ୍ଟାନ୍ତ ଓ କବି ଚିତ୍ତର ଉପଲବ୍ଧି ପ୍ରକାଶ କରିବାଦ୍ୱାରା ଆମେ ଯେଉଁ ଅନ୍ତର୍ସତ୍ୟକୁ ସ୍ପର୍ଶ କରିପାରୁ, ତାହା କିଭଳି ସୌନ୍ଦର୍ଯ୍ୟବିମଣ୍ଡିତ, ପ୍ରେରଣା ପ୍ରଦାୟକ ଓ ପ୍ରାତଃସ୍ମରଣୀୟ ହୋଇଯାଇପାରେ, ତାହା ଯଥାର୍ଥ ଭାବରେ ଅନୁଭବ କରିବା ସକାଶେ ଏହା ଏକ ଏକ ଉତ୍ତରାକାଶର ଧ୍ରୁବତାରା ପରି ନିରନ୍ତର ଜ୍ୟୋତି ବିଚ୍ଛୁରଣ କରିପାରୁଥିବା ଅସରନ୍ତି ଉତ୍ସ।

■

ରବୀନ୍ଦ୍ରନାଥଙ୍କ ଗଦ୍ୟସୃଷ୍ଟି 'ରାମାୟଣ', 'ଶକୁନ୍ତଳା' ଓ ଗଙ୍ଗାଧରଙ୍କ କାବ୍ୟ 'ତପସ୍ୱିନୀ' ଓ 'ପ୍ରଣୟବଲ୍ଲରୀ': ତୁଳନାଧର୍ମୀ ଭାବାଦର୍ଶ

ମହାକବି ବାଲ୍ମୀକିଙ୍କ 'ରାମାୟଣ' ମହାକାବ୍ୟ ଓ ମହାକବି କାଳିଦାସଙ୍କ 'ଅଭିଜ୍ଞାନ ଶାକୁନ୍ତଳମ୍' ନାଟକ ଏହି ଉଭୟ କବିଙ୍କ ହୃଦୟରେ ଗଭୀର ରେଖାପାତ କରିଛି। ରବୀନ୍ଦ୍ର ଦୁଇଟି କ୍ଷୁଦ୍ର ଗଦ୍ୟ ରଚନା ମଧ୍ୟରେ ଯେଉଁ ନିଷ୍କର୍ଷର ଅବତାରଣା କରିଛନ୍ତି, ଗଙ୍ଗାଧର ତାଙ୍କର ଶ୍ରେଷ୍ଠ ଦୁଇଟି କାବ୍ୟରେ ତାହାକୁ ଦେଇଛନ୍ତି ବିସ୍ତୃତ ରୂପ। ଗଦ୍ୟରେ ବା ପଦ୍ୟରେ ଲେଖାହେଉନା କାହିଁକି, ଦୁଇଜଣ କବିଙ୍କ ଭାବାଦର୍ଶ ମଧ୍ୟରେ ବିଦ୍ୟମାନ ଯେଉଁ ସାମଞ୍ଜସ୍ୟ, ତାହା ପାଠକଙ୍କୁ ମୁଗ୍ଧ କରେ। ଭାରତୀୟ ସଂସ୍କୃତିର ମହାନ ପ୍ରତିଫଳନ ରାମାୟଣ ଓ ଶକୁନ୍ତଳା ପ୍ରସଙ୍ଗ। ରବୀନ୍ଦ୍ରନାଥଙ୍କ ପରି ଶ୍ରେଷ୍ଠ ସ୍ରଷ୍ଟା କିପରି ବା ଏ ସଂପର୍କରେ ଲେଖନୀ ଚାଳନାରୁ ବିରତ ରହିପାରିଥାନ୍ତେ ! ଗଙ୍ଗାଧର ଭାରତୀୟ ଓ ଉତ୍କଳୀୟ ସଂସ୍କୃତିର ଏକ ପ୍ରତୀକାତ୍ମକ ନାମ। ତାଙ୍କ ଅନ୍ତରାତ୍ମାକୁ ଏହି ଦୁଇଟି ବିଷୟ ସବୁଠୁ ଅଧିକ ଆଲୋଡ଼ିତ କରିଦେଇଛି। ରବୀନ୍ଦ୍ର ଓ ଗଙ୍ଗାଧରଙ୍କ ରଚନା ପ୍ରତି ଦୃଷ୍ଟିପାତ କଲେ ଏହି ନିଗୂଢ଼ ସତ୍ୟାବିଷ୍କାର ସମ୍ଭବ ହେବ।

ରବୀନ୍ଦ୍ରନାଥ 'ରାମାୟଣ' ଶୀର୍ଷକ ରଚନାଟିରେ ଯେଉଁ କେତୋଟି ତାତ୍ପର୍ଯ୍ୟପୂର୍ଣ୍ଣ ବିଷୟରେ ସଂକେତ ପ୍ରଦାନ କରିଛନ୍ତି, ତାହାକୁ କଦାପି ଗୌଣ ବୋଲି ବିଚାର କରାଯାଇ ପାରିବ ନାହିଁ। ଶ୍ରୀଯୁକ୍ତ ଦୀନେଶ ଚନ୍ଦ୍ର ସେନ୍‌ଙ୍କର 'ରାମାୟଣ କଥା' ପୁସ୍ତକର ଭୂମିକା ଭାବରେ ଏହା ରଚିତ ହୋଇଥିଲା। ଗୋଟିଏ ଗୋଟିଏ ବାକ୍ୟ ମଧ୍ୟରେ ରବୀନ୍ଦ୍ର ଯେଉଁ ବିଶ୍ୱମାନସର ଚିରନ୍ତନ ହୃଦୟାବେଗକୁ ଚିତ୍ରଣ କରିଛନ୍ତି, ତାହା ଉଲ୍ଲେଖ କରିବାଦ୍ୱାରା ଉପଲବ୍ଧି କରାଯାଇ ପାରିବ ତାହାର ଭାବଗାମ୍ଭୀର୍ଯ୍ୟ।

ରବୀନ୍ଦ୍ରଙ୍କ ଗୋଟିଏ ବାକ୍ୟ ହେଉଛି ଏପରି: "ଆଉ ଏକ ଶ୍ରେଣୀର କବି ଅଛନ୍ତି, ଯାହାଙ୍କ ରଚନା ଭିତରେ ଗୋଟିଏ ସମଗ୍ର ଦେଶ, ଗୋଟିଏ ସମଗ୍ର ଯୁଗ, ନିଜର ହୃଦୟକୁ, ନିଜର ଅଭିଜ୍ଞତାକୁ ବ୍ୟକ୍ତ କରି ତାହାକୁ ମନୁଷ୍ୟର ଚିରନ୍ତନ ସାମଗ୍ରୀରେ ପରିଣତ କରେ।" (ନିବନ୍ଧମାଳା, ପୃ-୩୫୫)। ରାମାୟଣରେ ରାମଚନ୍ଦ୍ର, ଲକ୍ଷ୍ମଣ ପ୍ରମୁଖଙ୍କ ଚରିତ୍ର ଭାରତବର୍ଷର ଜନସାଧାରଣଙ୍କୁ ସହସ୍ର ସହସ୍ର ବର୍ଷ ଧରି କିପରି ଭାବବନ୍ଧନରେ ବାନ୍ଧି ରଖିଛି, ସେ ସଂପର୍କରେ ରବୀନ୍ଦ୍ର ସଚେତନ ଥିବା ସ୍ୱାଭାବିକ। ସେ କହୁଛନ୍ତି, "ରାମାୟଣର ପ୍ରଧାନ ବିଶେଷତ୍ୱ ଏହି ଯେ, ତାହା ଘରର କଥାକୁହିଁ ଅତ୍ୟନ୍ତ ବୃହତ୍ କରି ଦେଖାଇଅଛି। ପିତା ଓ ପୁତ୍ର ମଧ୍ୟରେ, ଭ୍ରାତା ଓ ଭ୍ରାତା ମଧ୍ୟରେ, ସ୍ୱାମୀ ଓ ସ୍ତ୍ରୀ ମଧ୍ୟରେ, ଧର୍ମର ଯେଉଁ ବନ୍ଧନ, ପ୍ରୀତିଭକ୍ତିର ଯେଉଁ ସମ୍ବନ୍ଧ, ରାମାୟଣ ତାହାକୁ ଏତେ ମହତ୍ତ୍ୱ ଦେଇଅଛି ଯେ, ତାହା ଅତି ସହଜରେ ହିଁ ମହାକାବ୍ୟର ଉପଯୁକ୍ତ ହୋଇଅଛି। ପିତା ପ୍ରତି ପୁତ୍ରର ବଶ୍ୟତା, ଭ୍ରାତା ନିମିତ୍ତ ଭ୍ରାତାର ଆତ୍ମତ୍ୟାଗ, ପତିପତ୍ନୀ ମଧ୍ୟରେ ପରସ୍ପର ପ୍ରତି ନିଷ୍ଠା ଓ ପ୍ରଜାପ୍ରତି ରାଜାର କର୍ତ୍ତବ୍ୟ କେତେଦୂର ପର୍ଯ୍ୟନ୍ତ ଯାଇପାରେ - ରାମାୟଣ ତାହାହିଁ ଦେଖାଇଅଛି।" (ନିବନ୍ଧମାଳା, ପୃ-୩୫୮)

ରବୀନ୍ଦ୍ରଙ୍କ ଅନୁଭବ ରାମାୟଣ ସଂପର୍କରେ ଯାହା, ଗଙ୍ଗାଧରଙ୍କ ଅନୁଭବ ତା'ଠାରୁ ସାମାନ୍ୟ ବି ଭିନ୍ନ ନୁହେଁ। ସେଥିପାଇଁ ତ ତ୍ୟାଗ ଓ ତିତିକ୍ଷାର ମହାନ ପ୍ରତିରୂପ ସତୀ ସୀତାଙ୍କୁ କେନ୍ଦ୍ର କରି ଗଙ୍ଗାଧର ଲେଖିଲେ 'ତପସ୍ୱିନୀ' ମହାକାବ୍ୟ। 'ତପସ୍ୱିନୀ'ର ଭୂମିକାରେ ଗଙ୍ଗାଧର ଯାହା ଉଲ୍ଲେଖ କରି ଯାଇଛନ୍ତି, ତାହା ନିଶ୍ଚୟ ଚିରନ୍ତନ ସାମଗ୍ରୀ। ସୀତାଙ୍କ ଚରିତ୍ରର ମହନୀୟତା ପ୍ରତିପାଦନ କରିବା ସହିତ ରାମଚନ୍ଦ୍ରଙ୍କ ବ୍ୟକ୍ତିତ୍ୱର ମର୍ଯ୍ୟାଦାକୁ ସେ ଯଥାର୍ଥ ଭାବରେ ପ୍ରକଟ କରିଦେଇ ପାରିଛନ୍ତି। ଗଙ୍ଗାଧରଙ୍କ 'ତପସ୍ୱିନୀ' ପ୍ରକୃତରେ ରାମାୟଣର ଆଦର୍ଶ ଅନୁସରଣ କରି ଲୋକପ୍ରିୟତାର ଶୀର୍ଷରେ ଉପନୀତ ହୋଇଛି। ଏକଥା ସତ୍ୟ ଯେ, 'ତପସ୍ୱିନୀ'ର ପ୍ରଭାବ ଓଡ଼ିଶା ମଧ୍ୟରେ ସୀମିତ। କିନ୍ତୁ ପତିପତ୍ନୀର ଆବେଗାତ୍ମକ ସମ୍ବନ୍ଧ ଓ ପରସ୍ପରକୁ ଯଥାର୍ଥ ଭାବରେ ହୃଦୟଙ୍ଗମ କରିପାରିବାର ସାମର୍ଥ୍ୟ ତଥା ପ୍ରଜାମାନଙ୍କ ନିମିତ୍ତ କଷ୍ଟବରଣର ଦୃଷ୍ଟାନ୍ତ ଏ କାବ୍ୟକୁ କରିଛି ମହିମାନ୍ୱିତ। ଓଡ଼ିଶାର ପୁରପଲ୍ଲୀରେ 'ତପସ୍ୱିନୀ'ର ପଦସମ୍ଭାର ଦରଦୀ ପାଠକ ଆତ୍ମାକୁ ଯେପରି ଉଦ୍‌ବୋଧିତ କରିଆସୁଛି, ତାହା ଅନାୟାସରେ ଲକ୍ଷ୍ୟ କରାଯାଇ ପାରିବ। ଯେଉଁ ସୀତାଙ୍କୁ ଅଯୋଧ୍ୟାରେ କଳଙ୍କିନୀ ବୋଲି ଅପଖ୍ୟାତି ପ୍ରାପ୍ତ ହୋଇଥିଲା ସେହି ସୀତାଙ୍କୁ ସତୀ ରାଜ୍ୟର ରାଣୀ ଭାବରେ ପ୍ରକୃତି ଚିତ୍ରଣ ମାଧ୍ୟମରେ ପ୍ରତିପାଦନ କରିଦେବା ହେଉଛି ଶ୍ରେଷ୍ଠତମ କଳାପ୍ରାଣତାର ଅକଳ୍ପନୀୟ ପରିଚୟ। 'ତପସ୍ୱିନୀ'ର ପଦଗୁଡ଼ିକ ଏତେ ଲୋକପ୍ରିୟତା ଅର୍ଜନ କରିପାରିଛି ଯେ, ସେସବୁର ପୁନରାବୃତ୍ତି

କରିବାର ଆବଶ୍ୟକତା ନାହିଁ। ସୀତା ରାମଚନ୍ଦ୍ରଙ୍କ ବ୍ୟକ୍ତିତ୍ୱ ସଂପର୍କରେ ଯେତେବେଳେ କହୁଛନ୍ତି, "ହେଲେ ହେଁ ସେ ହୃଦୟରେ / ସନ୍ତାପ ପତିତ / ଅନ୍ୟ ନ ବାହାରେ ମୁଖୁଁ / ଅମୃତ ବ୍ୟତୀତ।" ସେହିପରି ପ୍ରଜାନୁରଞ୍ଜକ ରାମଚନ୍ଦ୍ରଙ୍କ ବ୍ୟକ୍ତିତ୍ୱ ବିଷୟରେ ଆଲୋକପାତ କରି କବି ନିଜେ କହିଛନ୍ତି, "ହୃଦ ପଛେ ଜ୍ୱଳେ / ବିଦ୍ୟୁତ ଅନଳେ / ଜଳଦାନେ ଘନ ବାଦ୍ୟ / ସୁଖ ତେଜି ରାଜା / ତୋଷିବ ପରଜା / ତେମେ ତ ପରମାରାଧ।" ରାମଚନ୍ଦ୍ର, ସୀତା, ଲକ୍ଷ୍ମଣ, ଭରତ, ଶ୍ରତୁଘ୍ନ, ବାଲ୍ମୀକି, ଅନୁକମ୍ପା, ବାଲ୍ମୀକି ଆଶ୍ରମର ମୁନିକୁମାରୀମାନେ ପ୍ରତ୍ୟେକ ପାଠକଙ୍କ ହୃଦୟକୁ ଯେପରି ଦ୍ରବୀଭୂତ କରିଦେଇପାରନ୍ତି, ତାହାର ବାସ୍ତବିକ ତୁଳନା ନାହିଁ। ରବୀନ୍ଦ୍ରନାଥ ସ୍ୱରଚିତ ପ୍ରବନ୍ଧର ଶେଷବାକ୍ୟଟି ଲେଖିଛନ୍ତି ଏପରି : "ଏଥିରେ ଯେଉଁ ସୌହାର୍ଦ୍ଦ୍ୟ, ସତ୍ୟପରତା, ପାତିବ୍ରତ୍ୟ ଓ ପ୍ରଭୁଭକ୍ତି ବର୍ଣ୍ଣିତ ହୋଇଅଛି, ତାହା ପ୍ରତି ଯଦି ସରଳ ଶ୍ରଦ୍ଧା ଓ ଅନ୍ତରର ଭକ୍ତି ରକ୍ଷା କରିପାରୁଁ, ତେବେ ଆମ୍ଭମାନଙ୍କର କାରଖାନା ଘରର ବାତାୟନ ମଧ୍ୟରେ ମହାସମୁଦ୍ରର ନିର୍ମଳ ବାୟୁ ପ୍ରବେଶର ପଥଲାଭ କରିବ।" (ନିବନ୍ଧମାଳା, ପୃ-୩୬୧)।

ରବୀନ୍ଦ୍ରନାଥ ଗଙ୍ଗାଧରଙ୍କ 'ତପସ୍ୱିନୀ' କାବ୍ୟପାଠର ଅବକାଶ ପାଇନାହାନ୍ତି। ଯଦି କିଏ ସେ ସମୟରେ ଏକ ମାଧ୍ୟମ ହୋଇ ଉଭୟ କବିଙ୍କ ମଧ୍ୟରେ ସଦଭାବ ପ୍ରତିଷ୍ଠା କରିଦେଇ ପାରିଥାନ୍ତେ, ତାହେଲେ 'ତପସ୍ୱିନୀ' ପାଠ କରି ରବୀନ୍ଦ୍ର କି ଅଭିମତ ପ୍ରଦାନ କରିଥାନ୍ତେ, ତାହା କଳ୍ପନା କରାଯାଇପାରେ।

ମହାକବି କାଳିଦାସଙ୍କ 'ଅଭିଜ୍ଞାନ ଶାକୁନ୍ତଳମ' ନାଟକଦ୍ୱାରା ଗଙ୍ଗାଧର ଯେପରି ଅନୁପ୍ରାଣିତ ହୋଇଥିଲେ, ସେଥିରୁ ଜନ୍ମନେଲା 'ପ୍ରଣୟବଲ୍ଲରୀ' କାବ୍ୟ। ରବୀନ୍ଦ୍ରନାଥ କାଳିଦାସଙ୍କୁ ଅଧ୍ୟୟନ କରିବା ଥିଲା ଏକାନ୍ତ ସ୍ୱାଭାବିକ। 'ଶକୁନ୍ତଳା' ଶୀର୍ଷକ ପ୍ରବନ୍ଧଟିରେ ରବୀନ୍ଦ୍ରନାଥ ବ୍ୟକ୍ତ କରିଛନ୍ତି ଯେ, "ସ୍ୱର୍ଗ ଓ ମର୍ତ୍ତ୍ୟର ଏହି ଯେଉଁ ମିଳନ, କାଳିଦାସ ତାହା ଅତ୍ୟନ୍ତ ସହଜ ଭାବରେ ହିଁ ସମ୍ପନ୍ନ କରିଛନ୍ତି। ଫୁଲକୁ ସେ ଏପରି ସ୍ୱାଭାବିକ ଭାବରେ ଫଳରେ ପରିଣତ କରାଇଛନ୍ତି ଓ ମର୍ତ୍ତ୍ୟର ସୀମାକୁ ସେ ଏପରି ଭାବରେ ସ୍ୱର୍ଗ ସହିତ ମିଶାଇ ଦେଇଛନ୍ତି ଯେ ମଝିରେ କୌଣସି ବ୍ୟବଧାନ କାହାରି ଦୃଷ୍ଟିଗୋଚର ହୁଏ ନାହିଁ।" (ନିବନ୍ଧମାଳା, ପୃ-୩୬୩)। ଏହି ପ୍ରବନ୍ଧଟିରେ ସେକ୍ସପିୟରଙ୍କ 'ଟେମ୍ପେଷ୍ଟ' ନାଟକ ସହିତ 'ଅଭିଜ୍ଞାନ ଶାକୁନ୍ତଳମ'ର ତୁଳନା କରିଛନ୍ତି ରବୀନ୍ଦ୍ରନାଥ ଓ ଏହା ମଧ୍ୟ ସ୍ୱୀକାର କରିଛନ୍ତି ଯେ, ଉଭୟ ସୃଷ୍ଟିରେ ସାଦୃଶ ଅପେକ୍ଷା ବୈସାଦୃଶ ଅଧିକ। ବୈସାଦୃଶର ଆଲୋଚନା କରିବାଦ୍ୱାରା ଶକୁନ୍ତଳା ଚରିତ୍ରର ମହନୀୟତା ହିଁ ସେ ପ୍ରତିପାଦନ କରିବା ଥିଲା ମୂଳଲକ୍ଷ୍ୟ। ଗଙ୍ଗାଧର ଉଭୟ 'ତପସ୍ୱିନୀ' ଓ 'ପ୍ରଣୟବଲ୍ଲରୀ' କାବ୍ୟରେ ପ୍ରକୃତିକୁ ସ୍ୱତନ୍ତ୍ର ଚରିତ୍ର ରୂପରେ ଯେପରି ପ୍ରକଟିତ

କରିଦେଇ ପାରିଛନ୍ତି, ସେଇପରି ସୌନ୍ଦର୍ଯ୍ୟ ରବୀନ୍ଦ୍ରନାଥ ଅନ୍ୱେଷଣ କରିଛନ୍ତି କାଳିଦାସଙ୍କଠାରେ। ଯାହା 'ଅଭିଜ୍ଞାନ ଶାକୁନ୍ତଳମ' ନାଟକ ପ୍ରତି ସଂପୂର୍ଣ୍ଣ ପ୍ରଯୁଜ୍ୟ, ତାହା 'ପ୍ରଣୟବଲ୍ଲରୀ'କୁ ଲକ୍ଷ୍ୟ କରି କୁହାଯାଇଥିଲେ ମଧ୍ୟ କିପରି ତାହା ଉପଯୁକ୍ତ ହୋଇପାରିଥାଆନ୍ତା, ଲକ୍ଷ୍ୟ କରିବାର କଥା। ରବୀନ୍ଦ୍ରଙ୍କ ଭାଷାରେ, "ଅଭିଜ୍ଞାନ ଶାକୁନ୍ତଳମ" ନାଟକରେ ଅନସୂୟା, ପ୍ରିୟମ୍ୱଦା, କଣ୍ୱ ଓ ଦୁଷ୍ମନ୍ତଙ୍କ ପରି ତପୋବନ ପ୍ରକୃତି ମଧ୍ୟ ଗୋଟିଏ ବିଶେଷ ଚରିତ୍ର।" (ନିବନ୍ଧମାଳା, ପୃ-୩୭୯)। ଶକୁନ୍ତଳାଙ୍କ ବେଦନା ବ୍ୟଥିତ ହୃଦୟର ବିଳାପ ରବୀନ୍ଦ୍ର-ହୃଦୟକୁ ବିଦୀର୍ଣ୍ଣ କରିଦେଇଛି। ନିଜର ଜ୍ଞାନ ବା ପାଣ୍ଡିତ୍ୟ ପ୍ରଦର୍ଶନ ସକାଶେ ରବୀନ୍ଦ୍ର ଏପରି ପ୍ରବନ୍ଧ ରଚନା କରିନାହାନ୍ତି। ସେ ଶକୁନ୍ତଳା ନାଟକରେ ଯେଉଁ ଶାନ୍ତି, ମାଙ୍ଗଲ୍ୟ, ସରଳତା, ଧୈର୍ଯ୍ୟ ଓ କ୍ଷମା ପ୍ରକଟିତ, ତାହା ପ୍ରତି ପାଠକର ଦୃଷ୍ଟି ଆକର୍ଷଣ କରି ଜର୍ମାନ କବି ଗେଟେଙ୍କ କଣ୍ଠସ୍ୱର ସହିତ ନିଜର ସ୍ୱରକୁ ସମ୍ମିଳିତ କରିଦେଇ ଶେଷରେ କହୁଛନ୍ତି ଯେ, "ଗେଟେଙ୍କ ସମାଲୋଚନାର ଅନୁସରଣ କରି ପୁନର୍ବାର ମୁଁ କହୁଛି ଯେ ଶକୁନ୍ତଳାରେ ଆରମ୍ଭର ତରୁଣ ସୌନ୍ଦର୍ଯ୍ୟ ମଙ୍ଗଳମୟ ପରିଣତିରେ ସଫଳତା ଲାଭ କରି ମର୍ତ୍ତ୍ୟକୁ ସ୍ୱର୍ଗ ସହିତ ସମ୍ମିଳିତ କରିଅଛି।" (ନିବନ୍ଧମାଳା, ପୃ-୩୭୮)

କବି ଗଙ୍ଗାଧର 'ପ୍ରଣୟବଲ୍ଲରୀ' କାବ୍ୟରେ ଯେଉଁ ସ୍ୱାତନ୍ତ୍ୟ ପ୍ରଦର୍ଶନ କରିଛନ୍ତି, ତାହା ଏକାନ୍ତ ଉଲ୍ଲେଖଯୋଗ୍ୟ। ଶକୁନ୍ତଳାର ସରଳ ନିଷ୍ପାପ ହୃଦୟଟିକୁ ଦୁଷ୍ମନ୍ତଙ୍କ ନିଷ୍ଠୁର ପ୍ରତ୍ୟାଖ୍ୟାନଦ୍ୱାରା ସେ ଭାଙ୍ଗିଦେଇ ପାରିନାହାନ୍ତି। ଅସଲ ରହସ୍ୟ ରହିଛି ଏଠାରେ ଯେ ଶକୁନ୍ତଳା ଦୁଷ୍ମନ୍ତଙ୍କ ପ୍ରତ୍ୟାଖ୍ୟାନକୁ ବୁଝି ନ ପାରି ତାହା ରାଜାଙ୍କ ଥଟ୍ଟା ପରିହାସ ହୋଇଥାଇପାରେ ବୋଲି କଳ୍ପନା କରିଛନ୍ତି। ଗଙ୍ଗାଧରଙ୍କ ମତରେ ପତିପତ୍ନୀଙ୍କ ହୃଦୟରେ ଯଦି ଥରେ ଫାଟ ସୃଷ୍ଟି ହୋଇଯାଏ ତା'ହେଲେ ତାକୁ ଯୋଡ଼ିବା ନିତାନ୍ତ ଅସମ୍ଭବ। ସେଥିପାଇଁ ଶକୁନ୍ତଳାଙ୍କୁ 'ସରଳ ହୃଦୟା' ଓ 'ପ୍ରଣୟମୁଗ୍ଧା' କରି ଗଢ଼ିବାରେ ଆପଣାର ମାନବିକ ହୃଦୟବତ୍ତାର ପରିଚୟ ଦେଇଛନ୍ତି।

ରବୀନ୍ଦ୍ରନାଥଙ୍କ ଦୁଇଟି ଗଦ୍ୟରଚନା ହେଉଛି ସମାଲୋଚନାତ୍ମକ। ଗଙ୍ଗାଧରଙ୍କ ରଚନା ହେଲା କାବ୍ୟିକ ପ୍ରକାଶଭଙ୍ଗୀରେ ଶ୍ରେଷ୍ଠତ୍ୱ ଅର୍ଜନ କରିଥିବା ଅବିସ୍ମରଣୀୟ କୃତି। ରବୀନ୍ଦ୍ର ସମାଲୋଚନାତ୍ମକ ପ୍ରବନ୍ଧ ରଚନାଦ୍ୱାରା ଯେଉଁ ଅନ୍ତର୍ସତ୍ୟଟି ବିବୃତ କରିଛନ୍ତି ପ୍ରଭାବଦୀପ୍ତ ଭାବରେ, ଗଙ୍ଗାଧର ମଧ୍ୟ 'ତପସ୍ୱିନୀ', 'ପ୍ରଣୟବଲ୍ଲରୀ' କାବ୍ୟଦୁଇଟି ମଧ୍ୟରେ ସେହି ଭାରତୀୟ ଭାବାଦର୍ଶକୁ ପ୍ରତିଷ୍ଠିତ କରିଯାଇଛନ୍ତି ସ୍ୱାତ୍ମାନୁଭୂତିର ରକ୍ତଦାନ କରି। ରବୀନ୍ଦ୍ରନାଥଙ୍କ ସୌନ୍ଦର୍ଯ୍ୟ-ଚେତନା ଓ ଗଙ୍ଗାଧରଙ୍କ ସୌନ୍ଦର୍ଯ୍ୟ-ଦର୍ଶନ ମଧ୍ୟରେ କୌଣସି ପ୍ରଭେଦ ଦେଖିବାକୁ ମିଳେନାହିଁ। ଉଭୟେ

ଯେଉଁ ଆତ୍ମିକ ସତ୍ୟର ଆବିଷ୍କାରକ, ତାହା ହିଁ ହେଉଛି ପାଠକମାନଙ୍କ ପ୍ରତି ଶ୍ରେଷ୍ଠ ସନ୍ଦେଶ। ପୁନଶ୍ଚ ସମାଲୋଚନାତ୍ମକ ସୃଷ୍ଟି ସହିତ କାବ୍ୟାଦର୍ଶର ତୁଳନା କରିବା ଯେ ତୁଳନାତ୍ମକ ସାହିତ୍ୟର ଏକ ବିଶିଷ୍ଟ ଉପଲବ୍ଧି, ଏହା ଏପରି ଉପସ୍ଥାପନାଦ୍ୱାରା ଯଥାର୍ଥ ଭାବରେ ଅନୁଭୂତ ହୋଇପାରିବ ବୋଲି ଆମର ବିଶ୍ୱାସ।

■

ବିଶ୍ୱକବି ରବୀନ୍ଦ୍ରନାଥଙ୍କ ଗଳ୍ପ 'ଦୃଷ୍ଟିଦାନ' ଓ ସ୍ୱଭାବକବି ଗଙ୍ଗାଧର ମେହେରଙ୍କ ତପସ୍ୱିନୀ: ଏକ ତୁଳନାତ୍ମକ ଆକଳନ

ବିଶ୍ୱକବି ରବୀନ୍ଦ୍ରନାଥ ଠାକୁର ତାଙ୍କର 'ଗୀତାଞ୍ଜଳି' କବିତାଗ୍ରନ୍ଥ ପାଇଁ ନୋବେଲ ପୁରସ୍କାର ଲାଭ କରିଥିଲେ। କିନ୍ତୁ ତାଙ୍କର ଲେଖନୀ କେବଳ କବିତା ରଚନାରେ ସୀମାବଦ୍ଧ ନଥିଲା। ସେ ସାହିତ୍ୟର ବିଭିନ୍ନ ବିଭାଗରେ ନିରବଚ୍ଛିନ୍ନ ଭାବରେ ଲେଖନୀ ଚାଳନା କରି ଯେଉଁ ବିପୁଳ ସାହିତ୍ୟ କୃତି ସୃଷ୍ଟି କରିଯାଇଛନ୍ତି, ତାହା ନିଶ୍ଚିତ ଭାବରେ ଏକ ବିସ୍ମୟକର ବିଷୟ। ରବୀନ୍ଦ୍ରଙ୍କ 'ଗୀତାଞ୍ଜଳି' ସହିତ ଗଙ୍ଗାଧରଙ୍କ 'ଅର୍ଘ୍ୟଥାଳି' କବିତା ପୁସ୍ତକକୁ ତୁଳନାତ୍ମକ ଦୃଷ୍ଟିରେ ଏକାଧିକ ଆଲୋଚକ ଆଲୋଚନା କରିବାର ପ୍ରୟାସ କରିଛନ୍ତି। ରବୀନ୍ଦ୍ରଙ୍କ କବିତା ସହିତ କେବଳ ନୁହେଁ, ତାଙ୍କର କଥାସାହିତ୍ୟ ସହିତ ମଧ୍ୟ ଗଙ୍ଗାଧରଙ୍କ କୃତିକୁ ଯେ ତୁଳନା କରାଯାଇପାରେ, ଏକଥା ପ୍ରତିପାଦନ କରିବା ଏହି ପ୍ରବନ୍ଧର ଉଦ୍ଦେଶ୍ୟ।

ରବୀନ୍ଦ୍ରନାଥଙ୍କ ଶ୍ରେଷ୍ଠ ଗଳ୍ପମାନଙ୍କ ମଧ୍ୟରେ ରହିଛି 'ଦୃଷ୍ଟିଦାନ' ଶୀର୍ଷକ ଏକ ମର୍ମସ୍ପର୍ଶୀ ଗଳ୍ପ, ଯାହାର ଭାବଧାରା ସହିତ ତପସ୍ୱିନୀ କାବ୍ୟରେ ଗଙ୍ଗାଧର ଯେଉଁ ସୀତା ଚରିତ୍ରଟିକୁ ଜୀବନ୍ତ କରି ତୋଳିଛନ୍ତି, ତାହାର ଭାବବିନ୍ଦୁ ଦୃଷ୍ଟିଦାନ ଗଳ୍ପର ନାୟିକା ଭିତରେ ଆବିଷ୍କାର କରିପାରିବା ଏକ ମହାର୍ଘ ଅନୁଭୂତି। 'ତପସ୍ୱିନୀ'ର ବିଷୟବସ୍ତୁ ସଂପର୍କରେ ଓଡ଼ିଆ ପାଠକମାନଙ୍କୁ ଧାରଣା ପ୍ରଦାନ କରାଯିବାର କୌଣସି ଆବଶ୍ୟକତା ନାହିଁ। ଯେଉଁମାନେ ସଚେତନ ପାଠକ ପାଠିକା, ସେମାନେ ଜାଣନ୍ତି ଯେ ତପସ୍ୱିନୀ ହେଉଛନ୍ତି ସତୀ ସୀତାଙ୍କ ଉତ୍ତର ଜୀବନର କରୁଣ ଗାଥା। ଅଯୋଧ୍ୟାବାସୀଙ୍କଦ୍ୱାରା ପରିତ୍ୟକ୍ତା ସୀତା ସତୀରାଜ୍ୟର ରାଣୀଭାବରେ ପ୍ରକୃତିଦ୍ୱାରା କିପରି ସମ୍ବର୍ଦ୍ଧିତା, ତାହା

ତପସ୍ୱିନୀର ଚତୁର୍ଥ ସର୍ଗ 'ମଙ୍ଗଳେ ଅଇଲା ଉଷା'ରେ କବି ଅତ୍ୟନ୍ତ ହୃଦୟସ୍ପର୍ଶୀ ଭାବରେ ଉପସ୍ଥାପନା କରିଛନ୍ତି। ବାଲ୍ମୀକି ଆଶ୍ରମର ମୁନି କୁମାରୀମାନଙ୍କଦ୍ୱାରା ସେ ବାଲ୍ମୀକି ଆଶ୍ରମରେ ଉପସ୍ଥିତ ହୋଇଛନ୍ତି। ତାଙ୍କ ସମ୍ମୁଖରେ ସ୍ୱୟଂ ବାଲ୍ମୀକି ମୁନି ଦୁର୍ଭାଗ୍ୟ ଉପରେ କଠୋର ପାଦୁକା ପ୍ରହାର କରି ଚାଲୁଥିବାର ଦୃଶ୍ୟ ସୀତାଙ୍କ ଦୁଃଖରେ ଭଗ୍ନହୃଦୟ ପାଠକର ଅନ୍ତଃସ୍ଥଳରେ ଶାନ୍ତି ଓ ସାନ୍ତ୍ୱନା ସଞ୍ଚାର କରେ। ସୀତା ବାଲ୍ମୀକି ଆଶ୍ରମରେ ଅନୁକମ୍ପାଙ୍କ ମାତୃସୁଲଭ ସ୍ନେହ ଲାଭ କରି ବିତାଇଛନ୍ତି ତାଙ୍କର ନିଃସଙ୍ଗ ଓ କାରୁଣ୍ୟମୟ ଜୀବନ। ସେଇଠି ହିଁ ସେ ଜାଣିପାରିଥିଲେ ଯେ, ରାମଚନ୍ଦ୍ର ଅଶ୍ୱମେଧ ଯଜ୍ଞର ଆୟୋଜନ କରୁଛନ୍ତି। ସେଥିପାଇଁ ଦ୍ୱିତୀୟା ସ୍ତ୍ରୀ ଗ୍ରହଣ ସେ ଯେ ନିଶ୍ଚିତ ଭାବରେ କରିଥିବେ, ଏ ଭାବନା ତାଙ୍କର ନାରୀମନକୁ ଅସ୍ଥିର କରିପକାଇଛି। ସେ ସେଇଥିଯୋଗୁଁ ସ୍ୱାମୀ ରାମଚନ୍ଦ୍ରଙ୍କ ଉଦ୍ଦେଶ୍ୟରେ ଲେଖିଛନ୍ତି ଏକ ମର୍ମସ୍ପର୍ଶୀ ପତ୍ର। ସେହି ପତ୍ରଟି ନାରୀ ମନସ୍ତତ୍ତ୍ୱ ଅଧ୍ୟୟନରେ ଗଙ୍ଗାଧରଙ୍କ ଦକ୍ଷତାକୁ ଯେମିତି ପ୍ରତିପାଦନ କରିଦିଏ, ସେହିପରି ସତୀସୀତାଙ୍କ ହୃଦୟର ଅଭିମାନ, ସ୍ୱାମୀଙ୍କ ପ୍ରତି ତାଙ୍କର ଗଭୀର ଆକର୍ଷଣ ଓ ତାଙ୍କର ଚିତ୍ତ ବିକ୍ଷୋଭର ପ୍ରାଣବନ୍ତ ଚିତ୍ର ଉପସ୍ଥାପନ କରିଦିଏ। ସେ ଯେ ରାମଚନ୍ଦ୍ର ଦ୍ୱିତୀୟଥର ବିବାହ କରିଛନ୍ତି ବୋଲି ତାଙ୍କ ପ୍ରତି ରୁଷ୍ଟ, ତାହା ନୁହେଁ। ବରଂ ସୀତା ରାମଚନ୍ଦ୍ରଙ୍କୁ ଏତିକି ମାତ୍ର ଅନୁରୋଧ କରୁଛନ୍ତି ଯେଉଁ ନାରୀ ତାଙ୍କର ପାଣିଗ୍ରହଣ କରିଛନ୍ତି, ତାଙ୍କର ମହାନତା ଜଣାଇଦେବା ପାଇଁ। କବିଙ୍କ ଭାଷାରେ -

> ପୂର୍ବେ ସେହୁ କରିଥିଲେ କେଉଁ ଘୋର ତପ,
> କେଉଁଠାରେ କେତେ କାଳ କେଉଁ ମନ୍ତ୍ର ଜପ।
> ଏହାମାତ୍ର ପ୍ରଭୋ, ମତେ ଦେବଟି ଜଣାଇ
> ଅନ୍ୟ କିଛି ଧନେ ମୋର ପ୍ରୟୋଜନ ନାହିଁ। (ତପସ୍ୱିନୀ, ପୃ. ୧୩୭)

ସତୀ ସୀତାଙ୍କର ଏ ପତ୍ରଟି ପଢ଼ିବା ମାତ୍ରକେ ବହୁ ପାଠକ ଅଶ୍ରୁ ସମ୍ବରଣ କରିପାରନ୍ତି ନାହିଁ। ପତ୍ରଟି ଲେଖିସାରିବା ପରେ ସୀତା ଜାଣିପାରିଛନ୍ତି ଯେ, ରାମଚନ୍ଦ୍ର ଦ୍ୱିତୀୟଥର ବିବାହ ବନ୍ଧନରେ ଆବଦ୍ଧ ହୋଇ ନାହାନ୍ତି। ଅଧିକନ୍ତୁ ଯଜ୍ଞସ୍ଥଳରେ ସେ ସ୍ଥାନ କରିଛନ୍ତି ଜାନକୀଙ୍କ ଏକ ସୁବର୍ଣ୍ଣ ପ୍ରତିମୂର୍ତ୍ତି। ଏକଥା ନିଜର ଦୁଇ ପ୍ରିୟ ପୁତ୍ର କୁଶ ଲବଙ୍କଠାରୁ ଶୁଣିବା ପରେ ରାମଚନ୍ଦ୍ରଙ୍କ ପ୍ରତି ତାଙ୍କର ଧାରଣା ପରିବର୍ତ୍ତିତ ହୋଇଯାଇଛି। ନିଜକୁ ଦୂର୍ବଳ-ହୃଦୟା ବୋଲି ବର୍ଣ୍ଣନା କରି ରାମଚନ୍ଦ୍ରଙ୍କର ଦୟା ବା ପ୍ରେମ ଅଗାଧ ବୋଲି ସ୍ୱୀକାର କରି ସେ କ୍ଷମା ପ୍ରାର୍ଥନା କରିଛନ୍ତି।

ରବୀନ୍ଦ୍ରନାଥଙ୍କ 'ଦୃଷ୍ଟିଦାନ' ଗଳ୍ପଟି ଧ୍ୟାନସ୍ଥ ଚିତ୍ତରେ ପାଠକରିବାବେଳେ ଗଙ୍ଗାଧରଙ୍କ 'ତପସ୍ୱିନୀ'ର ସୀତା ଚରିତ୍ରଟି ସ୍ୱତଃସ୍ଫୂର୍ତ୍ତ ଭାବରେ ଯେକୌଣସି ପାଠକର

ଚିତ୍ତାକାଶକୁ ଆଚ୍ଛନ୍ନ କରିଦେଇପାରେ। ଦୃଷ୍ଟିଦାନ ଗଳ୍ପରେ ନାୟକ ହେଉଛନ୍ତି ଜଣେ ଡାକ୍ତର। ନିଜ ସ୍ତ୍ରୀଙ୍କ ଚକ୍ଷୁରୋଗର ଚିକିତ୍ସା ଉପଯୁକ୍ତ ଭାବରେ କରି ନ ପାରିବାରୁ ପତ୍ନୀ ହୋଇଯାଇଛନ୍ତି ଅନ୍ଧୁଣୀ। ତେବେ ଉଭୟ ସ୍ୱାମୀ ସ୍ତ୍ରୀଙ୍କ ମଧ୍ୟରେ ରହିଥିବା ଅଭେଦ୍ୟ ପ୍ରୀତିଭାବ ସାମାନ୍ୟ ବି ମଳିନ ପଡ଼ିନାହିଁ। ମାତ୍ର ଗଳ୍ପଟିର ମଧ୍ୟ ଭାବରେ ଆସି ଉଭା ହେଉଛନ୍ତି ଏଭଳି ଏକ ତରୁଣୀ, ଯାହାଙ୍କର ନାମ ହେଉଛି ହେମାଙ୍ଗିନୀ। ଏ ହେମାଙ୍ଗିନୀଙ୍କ ସହିତ ତାଙ୍କର ବିବାହ ଦ୍ୱିତୀୟଥର ହେବାର ଆୟୋଜନ କରାଯାଉଛି – ଏ ଭାବନାରେ ନାୟିକା ବ୍ୟସ୍ତ ବିବ୍ରତ ଓ ଅସ୍ଥିର ହୋଇ ଉଠିଛନ୍ତି। ନାୟିକାଙ୍କୁ ଆଉ ଅନ୍ନ ବି ରୁଚିକର ହୋଇନାହିଁ। ପରିବାର ଭିତରେ ପ୍ରତିଭାତ ଅପା ଚରିତ୍ରଟି ତାଙ୍କ ଦେଢ଼ଶୁରଙ୍କ ଝିଅର ରୂପ ଓ ଗୁଣ ବର୍ଣ୍ଣନା କରିଛନ୍ତି ଏବଂ ତା' ସହିତ ଡାକ୍ତର ବାବୁଙ୍କ ବିବାହ ପାଇଁ ଉତ୍ସୁକତା ପ୍ରଦାନ କରିଛନ୍ତି। ହେମାଙ୍ଗିନୀ ଅବିଳମ୍ବେ ଆଗମନ କରିଛି ଡାକ୍ତରବାବୁଙ୍କ ଗୃହକୁ। ହେମାଙ୍ଗିନୀ ପ୍ରତି ଗଳ୍ପନାୟିକା ବାଢ଼ି ଦେଇଛନ୍ତି ନିର୍ମଳ ସ୍ନେହ ଓ ପ୍ରୀତିଭାବ। ହେମାଙ୍ଗିନୀ ସହିତ ତାଙ୍କର ବାର୍ତ୍ତାଳାପର ବିସ୍ତୃତ ବର୍ଣ୍ଣନା ରବୀନ୍ଦ୍ର କରିଛନ୍ତି। ସମୟ ଆସିଛି ହେମାଙ୍ଗିନୀ ସର୍ବଦା ଛାଇପରି ଲାଗିରହିଛି ଡାକ୍ତରବାବୁଙ୍କ ଜୀବନରେ। ପରବର୍ତ୍ତୀ ସମୟରେ ଯେତେବେଳେ ଘରଛାଡ଼ି ସେ ଚାଲିଯାଉଛି, ସେତେବେଳେ ଗଳ୍ପ ନାୟିକାର ଆଖିରେ ଧାର ଧାର ଲୁହ ଝରିପଡ଼ିଛି ଓ ହେମାଙ୍ଗିନୀକୁ ସେ ସ୍ନେହସିକ୍ତ ଚୁମ୍ବନ ପ୍ରଦାନ କରିଛନ୍ତି। ହେମାଙ୍ଗିନୀ ବିଦାୟ ନେବା ପରେ ନାୟିକାଙ୍କ ଅନ୍ତରର କୋହକୁ ରବୀନ୍ଦ୍ର ଅତ୍ୟନ୍ତ ସ୍ପଷ୍ଟ ଓ ସମ୍ବେଦନଶୀଳ ଶୈଳୀରେ ଅଂକନ କରିଛନ୍ତି, ଯାହା ପାଠକ ପ୍ରାଣକୁ ଦୋହଲାଇ ଦିଏ। ହେମାଙ୍ଗିନୀ ଚାଲିଯିବା ପରେ ଡାକ୍ତରବାବୁ କହିଛନ୍ତି ଏଥର ତାଙ୍କୁ କାମଦାମ କରିବା ପାଇଁ ବିଶେଷ ଅବସର ମିଳିବ। ଡାକ୍ତରବାବୁଙ୍କ ଏକଥା ମଧ୍ୟରେ ତାଙ୍କର ଚାତୁର୍ଯ୍ୟ ରହିଛି ବୋଲି ଅନୁଭବ କରିଛନ୍ତି ତାଙ୍କ ପତ୍ନୀ। ହେମାଙ୍ଗିନୀ ସହିତ ତାଙ୍କର ସମ୍ପର୍କ ଯେ ନିବିଡ଼ ଓ ଗଭୀର ହୋଇଯାଇଛି, ଏକଥା ପ୍ରତିଟି ମୁହୂର୍ତ୍ତରେ ବିଚଳିତ କରିଛି ଡାକ୍ତରବାବୁଙ୍କ ପତ୍ନୀଙ୍କୁ। ଏହି କରୁଣ ଅନ୍ତର୍ବେଦନାକୁ ରବୀନ୍ଦ୍ରନାଥ ବର୍ଣ୍ଣନା କରୁଛନ୍ତି ଏହିପରି –

'ଏତେ ଦିନ ଯାଏ ମୋର ଏବଂ ମୋର ସ୍ୱାମୀଙ୍କ ମଧ୍ୟରେ ଅନ୍ଧକାର କେବଳ ଅନ୍ତରାଳ ଥିଲା, ଆଜିଠାରୁ ଆଉ ଗୋଟିଏ ବ୍ୟବଧାନ ସୃଷ୍ଟି ହେଲା। ମୋର ସ୍ୱାମୀ ଭୁଲରେ ସୁଦ୍ଧା କେତେବେଳେ ହେମାଙ୍ଗିନୀର ନାମ ମୋ ପାଟିରେ ଉଚ୍ଚାରଣ କରନ୍ତି ନାହିଁ – ଯେପରି ତାଙ୍କର ସମ୍ପର୍କୀୟ ସଂସାରରୁ ହେମାଙ୍ଗିନୀ ଏକାଥରେ ଲୁପ୍ତ ହୋଇଯାଇଛି। ଯେପରି ସେଠାରେ ସେ କେବେହେଲେ ଲେଶମାତ୍ର ରେଖାପାତ କରିନାହିଁ। ଅଥଚ ପତ୍ରଦ୍ୱାରା ସେ ଯେ ସର୍ବଦା ତାହାର ଖବର ପାଉଛନ୍ତି, ତାହା ମୁଁ

ଅନାୟାସରେ ଅନୁଭବ କରିପାରୁଥିଲି। ଯେପରି ପୋଖରୀ ମଧ୍ୟରେ ବନ୍ୟାଜଳ ଯେଉଁଦିନ ଟିକିଏ ମାତ୍ର ପ୍ରବେଶ କରେ ସେହିଦିନ ହିଁ ପଦ୍ମନାଡ ଚହଲି ଉଠେ। ସେହିପରି ତାଙ୍କ ଭିତରେ ଟିକିଏ ମାତ୍ର ଯେଉଁଦିନ ସ୍ଫୀତର ସଞ୍ଚାର ହୁଏ ସେହିଦିନ ମୋର ହୃଦୟ ମଧ୍ୟରୁ ମୁଁ ନିଜେ ଅନୁଭବ କରିପାରେ। କେବେ ସେ ଖବର ପାଆନ୍ତି ଏବଂ କେବେ ପାଆନ୍ତି ନାହିଁ, ତାହା ମୋ ନିକଟରେ କିଛି ଅଗୋଚର ନଥିଲା। କିନ୍ତୁ, ମୁଁ ମଧ୍ୟ ତାଙ୍କୁ ତା' କଥା ପଚାରିପାରେ ନାହିଁ। ମୋର ଅନ୍ଧକାର ହୃଦୟରେ ସେ ଯେଉଁ ଉନ୍ମତ୍ତ ଉଦ୍ଦାମ ଉଜ୍ଜ୍ୱଳ ସୁନ୍ଦର ତାରାଟି କ୍ଷଣକାଳ ପାଇଁ ଉଦୟ ହୋଇଥିଲା, ତାହାର ଟିକିଏ ଖବର ପାଇବା ଏବଂ ତାହାର କଥା ଆଲୋଚନା କରିବା ପାଇଁ ମୋର ପ୍ରାଣ ତୃଷିତ ହୋଇ ରହିଥାଏ; କିନ୍ତୁ ମୋର ସ୍ୱାମୀଙ୍କ ନିକଟରେ ମୁହୂର୍ତ୍ତକ ପାଇଁ ତାର ନାମ ଧରିବାର ଅଧିକାର ନଥିଲା। ଆମ ଦୁଇଜଣଙ୍କ ମଝିରେ ବାକ୍ୟରେ ଏବଂ ବେଦନାରେ ପରିପୂର୍ଣ୍ଣ ଏହି ଗୋଟିଏ ନୀରବତା ଅଟଳ ଭାବରେ ବିରାଜମାନ କରିଥିଲା।" (ଏକୋଇଶିଟି ଗଳ୍ପ, ପୃଷ୍ଠା. ୧୮୮-୧୮୯)

ଡାକ୍ତରଙ୍କ ପତ୍ନୀ ଯେତେବେଳେ ଜାଣିପାରିଛନ୍ତି ଯେ, ତାଙ୍କ ପତିଙ୍କ ଦ୍ୱିତୀୟ ବିବାହ ନିଶ୍ଚିତ, ସେତେବେଳେ ପତିଙ୍କୁ ପଚାରିଛନ୍ତି ଏହାର ସତ୍ୟତା ସମ୍ପର୍କରେ। ଡାକ୍ତର ସ୍ୱୀକାର କରିଛନ୍ତି ଯେ, ସେ ବିବାହ କରିବାକୁ ହିଁ ଯାଉଛନ୍ତି। ନାରୀ ହୃଦୟର ସକଳ ଭକ୍ତି ଓ ବେଦନାକୁ ଉନ୍ମୁକ୍ତ କରିଦେଇ ପତ୍ନୀ ସେତେବେଳେ ସ୍ୱାମୀଙ୍କ ପାଦତଳେ ପଡ଼ିଯାଇ କହୁଛନ୍ତି, ମୁଁ ତୁମର କି ଅପରାଧ କରିଛି ? କେଉଁଥିରେ ମୋର ତ୍ରୁଟି ରହିଛି ? ଅନ୍ୟ ସ୍ତ୍ରୀରେ ତୁମର ପ୍ରୟୋଜନ କ'ଣ ? ମୁଣ୍ଡ ଖାଅଟି ସତକରି କୁହ।" (ପୃଷ୍ଠା - ୧୮୯) ଡାକ୍ତର ତାଙ୍କୁ ଜଣାଇଦେଇଛନ୍ତି ଯେ, ତାଙ୍କର ଏପରି ଏକ ରମଣୀ ଆବଶ୍ୟକ ଯାହାକୁ ସେ ଗାଳିଦେଇ ପାରିବେ, ରାଗ କରିବେ, ଆଦର କରିବେ ଆଉ ଗହଣା ବି ଗଢ଼ାଇଦେବେ। ତାଙ୍କର ପତ୍ନୀ ତ ଦେବୀ ସ୍ଥାନୀୟା। ସେ ଦେବୀ ଚାହାନ୍ତି ନାହିଁ, ଚାହାନ୍ତି ମାନବୀ। ଡାକ୍ତରଙ୍କ ଏଭଳି ନିଷ୍ଠୁରବାଣୀ ଶୁଣି ପତ୍ନୀ ପ୍ରତିପାଦନ କରୁଛନ୍ତି ଯେ, ସେ ହେଉଛନ୍ତି ସାମାନ୍ୟ ରମଣୀ ମାତ୍ର। ଦେବୀ ନୁହଁନ୍ତି। ବିବାହ ସମୟରେ ଯେମିତି ତାଙ୍କର ହୃଦୟ ଥିଲା ବାଳିକା ସୁଲଭ, ଆଜି ବି ସେ ଠିକ୍ ସେହିପରି ଅପରିବର୍ତ୍ତିତ ହୋଇ ରହିଛନ୍ତି। ଡାକ୍ତରବାବୁଙ୍କୁ ସେ କହିଛନ୍ତି, 'ଯଦି ମୁଁ ସତୀ ହୋଇଥାଏ, ତେବେ ଭଗବାନ ସାକ୍ଷୀ ରହିଲେ, ତୁମେ କୌଣସି ମତେ ତୁମର ଧର୍ମ-ଶପଥ ଲଂଘନ କରିପାରିବ ନାହିଁ। ସେ ମହାପାପ ପୂର୍ବରୁ ହୁଏତ ମୁଁ ବିଧବା ହେବି, ନଚେତ୍ ହେମାଙ୍ଗିନୀ ବଞ୍ଚିରହିବ ନାହିଁ। (ପୃଷ୍ଠା-୧୯୦) ଏତିକି କହି ଡାକ୍ତରଙ୍କ ପତ୍ନୀ ହୋଇଯାଇଛନ୍ତି ମୂର୍ଚ୍ଛିତ। ଡାକ୍ତରବାବୁ ବାହାରିଯାଇଛନ୍ତି ବାହାରକୁ। ନୌକାରେ ବସି ଚାଲିଯାଇଛନ୍ତି

ହେମାଙ୍ଗିନୀ ପାଖକୁ। ଆଉ ତା'ପରେ? ତା'ପରେ ଚେତନା ଯେତେବେଳେ ଫେରି ଆସିଛି ଡାକ୍ତରବାବୁଙ୍କ ପତ୍ନୀଙ୍କର ନିଜକୁ ସେ ଆବିଷ୍କାର କରିଛନ୍ତି ହେମାଙ୍ଗିନୀର କୋଳରେ, ହେମାଙ୍ଗିନୀ କହିଛି - 'ଅପା! ତମର ଆଶୀର୍ବାଦ ନେବାକୁ ଆସିଛି, ଆଉ ବି କହିଛି ଯେ ତୁମେ ବିବାହ କଲେ ଅପରାଧ ହୁଏ ନାହିଁ ଆଉ ମୁଁ କଲେ ଅପରାଧ?" (ପୃଷ୍ଠା.୧୯୧)

ହେମାଙ୍ଗିନୀ ଡାକ୍ତର ବାବୁଙ୍କ ପତ୍ନୀଙ୍କ ଧୂଳି ନେଇଛି, ଆଉ ପତ୍ନୀ ନିଜର ସକଳ ଦୁଃଖକୁ ହୃଦୟରେ ଋପିରଖି ହେମାଙ୍ଗିନୀ ଉଦ୍ଦେଶ୍ୟରେ କହିଛନ୍ତି - 'ତୁମେ ଚିର ସୌଭାଗ୍ୟବତୀ, ଚିର ସୁଖିନୀ ହୁଅ।'

ଏଇ ଡାକ୍ତର ପତ୍ନୀଙ୍କ ନାମ ହେଉଛି 'କୁସୁ'। ସେଇଠୁ ଗୋଟାଏ ମୁହୂର୍ତ୍ତ ଭିତରେ ତାଙ୍କ ହୃଦୟରେ ଘଟିଛି ଭୂମିକମ୍ପ। ସେ ଜାଣିପାରିଛନ୍ତି ଯେ ହେମାଙ୍ଗିନୀ ତାଙ୍କ ପତିଙ୍କୁ ନୁହେଁ, ତାଙ୍କ ଭାଇଙ୍କୁ ହିଁ ବିବାହ କରିଛନ୍ତି। ଏକଥା ଜାଣିବା ପରେ କୁସୁଙ୍କ ହୃଦୟ ବିଦାରିତ ହୋଇ ଆଖିରୁ ବୋହିଲା ଯେଉଁ ଝରଣା, ତାହା ସହଜରେ ଆଉ ବନ୍ଦ ହେଲା ନାହିଁ। ଡାକ୍ତରବାବୁ ତାଙ୍କ ପାଖକୁ ଯେତେବେଳେ ରାତିରେ ଆସିଛନ୍ତି, ପୁଣି ସମ୍ବୋଧନ କରିଛନ୍ତି ପତ୍ନୀଙ୍କୁ 'ତୁମେ ମୋର ଦେବୀ', କୁସୁ ହସି ହସି କହିଛନ୍ତି 'ନା, ମୋର ଦେବୀ ହେବା ଦରକାର ନାହିଁ; ମୁଁ ତୁମ ଘରର ଘରଣୀ, ମୁଁ ସାମାନ୍ୟ ନାରୀ ମାତ୍ର। ଏହାର ଉତ୍ତରରେ ସ୍ୱାମୀ ବି କହିଛନ୍ତି, ତୁମେ ଆଉ ମୋତେ ଦେବତା ସମ୍ବୋଧନ କରିବ ନାହିଁ। କିପରି ଭାବରେ ଡାକ୍ତର ବାବୁ ଦ୍ୱିତୀୟଥର ବିବାହ କରିବାକୁ ଯାଇ ସେଥିରୁ ଉଦ୍ଧାର ପାଇଛନ୍ତି, ତାହା ଏକ ରହସ୍ୟ ହୋଇ ରହିଯାଇଛି।

ସ୍ୱଭାବକବିଙ୍କ ସୀତା ଚରିତ୍ର କୁସୁଙ୍କ ଚରିତ୍ରଠାରୁ ମନେ ହେବ ଉଚ୍ଚ ସ୍ତରର ଏକ ଆତ୍ମା ବୋଲି, କାରଣ ସୀତା କେବଳ ରାମଚନ୍ଦ୍ରଙ୍କୁ ପ୍ରାର୍ଥନା କରିଛନ୍ତି ତାଙ୍କର ନବବିବାହିତା ପତ୍ନୀଙ୍କ ତ୍ୟାଗ ଓ ତପସ୍ୟା ସମ୍ପର୍କରେ ଜାଣିବା ପାଇଁ। ମାତ୍ର ସୂକ୍ଷ୍ମ ଦୃଷ୍ଟିରେ ଦେଖିଲେ ଉପଲବ୍ଧି କରିହେବ ଯେ, ସତେଯେମିତି ସୀତା ଚରିତ୍ରର ଏକ ବିସ୍ତୃତ ବ୍ୟାଖ୍ୟା ହେଉଛି ରବୀନ୍ଦ୍ରଙ୍କ କୁସୁଚରିତ୍ର। ନାରୀ ମନସ୍ତତ୍ତ୍ୱ ଅଧ୍ୟୟନରେ ଉଭୟ ରବୀନ୍ଦ୍ର ଓ ଗଙ୍ଗାଧର ଥିଲେ ଅତ୍ୟନ୍ତ ଦକ୍ଷ। 'ଦୃଷ୍ଟିଦାନ' ଗଳ୍ପଟି ପ୍ରଥମ ପୁରୁଷ ଶୈଳୀରେ ରଚିତ। ତା' ଅର୍ଥ ରବୀନ୍ଦ୍ର ଯେମିତି ନିଜକୁ କୁସୁ ଚରିତ୍ର ମନେ କରି ସମଗ୍ର ଗଳ୍ପଟିକୁ ରଚନା କରିଛନ୍ତି। ଅପର ପକ୍ଷରେ ଗଙ୍ଗାଧର ସୀତାଙ୍କଦ୍ୱାରା ଯେଉଁ ପତ୍ର ରଚନା କରିଛନ୍ତି, ସେହି ସ୍ଥଳରେ ମଧ୍ୟ କବି ନିଜେ ସୀତାଙ୍କ ସ୍ଥାନରେ ଆପଣାକୁ ଅଧିଷ୍ଠିତ କରି ପ୍ରାଣର ଭାବାବେଗକୁ ଉନ୍ମୁକ୍ତ କରିଦେଇଛନ୍ତି। ଗୋଟିଏ ରଚନା ଗଦ୍ୟର ହୋଇପାରେ, ଆଉଗୋଟିଏ ହୋଇପାରେ କାବ୍ୟ ରୂପର ପ୍ରଦର୍ଶନ, ମାତ୍ର ଏହି ଉଭୟ ସୃଷ୍ଟିରେ ନାରୀ

ଚରିତ୍ରର ମାନ ଅଭିମାନ ଯେପରି ଭାବରେ ବର୍ଣ୍ଣିତ। ସେହିପରି ସେମାନଙ୍କ ମହନୀୟତା ମଧ୍ୟ ସାର୍ଥକ ଶବ୍ଦ ସଂଯୋଗରେ ପ୍ରାଣବନ୍ତ। ରବୀନ୍ଦ୍ର ବଙ୍ଗଳା ଭାଷାର ସ୍ରଷ୍ଟା। ଗଙ୍ଗାଧର ଓଡ଼ିଆର। ରବୀନ୍ଦ୍ରଙ୍କ ଜନ୍ମ ୧୮୬୧ ମସିହା, ଗଙ୍ଗାଧରଙ୍କ ଆବିର୍ଭାବ ୧୮୬୨। ଉଭୟ ଥିଲେ ସମକାଳର ଦୁଇଟି ପ୍ରଦେଶର ଦୁଇଜଣ ମହାନ ସାହିତ୍ୟ ଶିଳ୍ପୀ। ଗଦ୍ୟରେ ବା ପଦ୍ୟରେ ଯାହା ଲେଖାହେଲା, ଆଙ୍ଗିକ ଭିତରେ ଥିବା ଏହି ତାରତମ୍ୟ ଆଦୌ ଗୁରୁତ୍ୱପୂର୍ଣ୍ଣ ନୁହେଁ ଏ କ୍ଷେତ୍ରରେ। ମହତ୍ତ୍ୱପୂର୍ଣ୍ଣ ବିଷୟ ହେଉଛି ତାହା, ଯାହା ଆତ୍ମିକ ସ୍ତରର ସମାନତାକୁ ଅଭିବ୍ୟଞ୍ଜିତ କରିଛି ସାର୍ଥକ ରୂପରେ। ଗୋଟିଏ ଗଳ୍ପ। ଆଉଗୋଟିଏ ହେଉଛି ମହାକାବ୍ୟ। ଉଭୟ ସୃଷ୍ଟିରେ ଯେଉଁ ନାରୀ ଚରିତ୍ର ହେଉଛନ୍ତି ନାୟିକା, ସେମାନଙ୍କ ହୃଦୟର ଆବେଗ ସହିତ ଉଭୟ ସ୍ରଷ୍ଟା ଗଭୀର ଭାବରେ ସଂଶ୍ଳିଷ୍ଟ। 'ତପସ୍ୱିନୀ' କାବ୍ୟର ବିଷୟବସ୍ତୁ ପୌରାଣିକ। ରବୀନ୍ଦ୍ରଙ୍କ ଗଳ୍ପର କଥାବସ୍ତୁ ସାମାଜିକ। ରବୀନ୍ଦ୍ରଙ୍କ କୁସୁ ଯେମିତି ସତୀ ସୀତାଙ୍କର ଏକ ଆଧୁନିକ ଜୀବନ୍ତ ମୂର୍ତ୍ତି। ଉଭୟଙ୍କ ସ୍ୱାମୀଙ୍କ ପ୍ରତି ଭକ୍ତିରେ ନାହିଁ କୌଣସି ଆବିଳତା। ପୁଣି ଉଭୟ ସୃଷ୍ଟିର ନାୟକ ଗୋଟିଏ ପଟରେ ରାମଚନ୍ଦ୍ର ଓ ଆଉ ଗୋଟିଏ ପଟରେ ଡାକ୍ତରବାବୁ। ଦୁହେଁ ହିଁ ହେଉଛନ୍ତି ଉଦାର ଓ ମହନୀୟ ଚରିତ୍ରର ସମୁଜ୍ଜ୍ୱଳ ଦୃଷ୍ଟାନ୍ତ। କୁସୁ ଯଦି ପୌରାଣିକ ସୀତାଙ୍କର ଆଧୁନିକ ରୂପ ହୁଅନ୍ତି, ତା' ହେଲେ ରାମଚନ୍ଦ୍ରଙ୍କ ଆଧୁନିକ ପରିପ୍ରକାଶ ହେଉଛନ୍ତି ଡାକ୍ତରବାବୁ। କିଏ କେଉଁ ଭାଷାରେ ଗଦ୍ୟରେ ବା ପଦ୍ୟରେ କେଉଁ ଅଞ୍ଚଳରେ ଥାଇ ସାହିତ୍ୟ ସୃଷ୍ଟି କଲେ ତାହା ବଡ଼କଥା ନୁହେଁ। ସମସ୍ତ ପ୍ରକାର ତାରତମ୍ୟ ସତ୍ତ୍ୱେ ଦୁଇଜଣ ମହାନକବି ମଣିଷ ଚରିତ୍ରର ସୂକ୍ଷ୍ମାତିସୂକ୍ଷ୍ମ ଅଧ୍ୟୟନ କିପରି କରିଛନ୍ତି ଓ ତାହାର ମାର୍ମିକ ଉପସ୍ଥାପନାରେ କିପରି ସିଦ୍ଧିପ୍ରାପ୍ତ କରିଛନ୍ତି, ତାହାହିଁ ହେଉଛି ଭାବନା ଓ ଆରାଧନାର ବିଷୟ। ରବୀନ୍ଦ୍ରଙ୍କ ଦୃଷ୍ଟିଦାନ ଗଳ୍ପଟି ଅତିକ୍ଷୁଦ୍ର ନୁହେଁ। ତେଇଶ ପୃଷ୍ଠାର ଏହା ଏକ ଦୀର୍ଘ ଗଳ୍ପ। ଯାହା ପାଠ କରିବା ବେଳେ ଏକ କାବ୍ୟ ପାଠର ଅନୁଭୂତି ପ୍ରାପ୍ତ ହୋଇଥାଏ। ଗଙ୍ଗାଧରଙ୍କ 'ତପସ୍ୱିନୀ'ରେ କବିତାର ଯେଉଁ ଲାଳିତ୍ୟ ବର୍ତ୍ତମାନ ରବିନ୍ଦ୍ରଙ୍କ ଦୃଷ୍ଟିଦାନ ଗଦ୍ୟରଚନା ହୋଇଥିଲେ ମଧ୍ୟ ସେଥିରେ କାବ୍ୟିକ ଭାଷା ଓ ବ୍ୟଞ୍ଜନାର ସୌନ୍ଦର୍ଯ୍ୟ ସନ୍ଦର୍ଶନ କରିବା ଏକ ନାନ୍ଦନିକ ଅନୁଭୂତି। ଉଭୟ ଶିଳ୍ପୀଙ୍କ କବିତାକୁ ଆଧାର କରି ଏହା ପୂର୍ବରୁ ସାମ୍ୟ ପ୍ରଦର୍ଶନ କରାଯାଇ ପାରିଛି, ମାତ୍ର ଗଦ୍ୟ ରଚନା ଭିତରେ ମଧ୍ୟ ରବୀନ୍ଦ୍ର ଏପରି ଭାବରେ ପ୍ରତିବିମ୍ବିତ ହୋଇଛନ୍ତି, ଯାହା ଗଙ୍ଗାଧରଙ୍କ କାବ୍ୟିକ ପ୍ରତିଭା ସହ ଅଦ୍ଭୁତ ସାମଞ୍ଜସ୍ୟ ପ୍ରଦର୍ଶନ କରିପାରେ। ତେଣୁ ଅନେକ ଦୃଷ୍ଟିରୁ ଦୃଷ୍ଟିଦାନ ଓ ତପସ୍ୱିନୀ ଓଡ଼ିଆ ତଥା ବଙ୍ଗଳା ଭାଷାର ପାଠକ ପାଠିକାମାନଙ୍କ ପାଇଁ ଆକର୍ଷଣର ବିଷୟ ହେବା ସ୍ୱାଭାବିକ। ରବୀନ୍ଦ୍ରଙ୍କ ଗଳ୍ପ କାଳିନ୍ଦି ଚରଣ ପାଣିଗ୍ରାହୀଙ୍କ ଦ୍ୱାରା

ଓଡ଼ିଆରେ ରୂପାନ୍ତରିତ ହୋଇଥିଲେ ମଧ୍ୟ ଗଙ୍ଗାଧରଙ୍କ ତପସ୍ୱିନୀ ଏପର୍ଯ୍ୟନ୍ତ ବଙ୍ଗଳା ଭାଷାରେ ଅନୂଦିତ ହୋଇପାରିନାହିଁ। ତପସ୍ୱିନୀ କାବ୍ୟଟି ସମ୍ପୂର୍ଣ୍ଣ ଭାବରେ ବଙ୍ଗଳା ଭାଷାରେ ପ୍ରକାଶିତ ହେଲେ ତାହା ନିଶ୍ଚିତ ଭାବରେ ବଙ୍ଗଳାର ପାଠକପାଠିକାମାନଙ୍କୁ ସେହି ସ୍ପର୍ଶ ପ୍ରଦାନ କରିବ, ଯେଉଁ ସ୍ପର୍ଶାନୁଭୂତିରେ ରବୀନ୍ଦ୍ରଙ୍କ ଦିବ୍ୟ ପ୍ରତିଭାର କିରଣ ବିଚ୍ଛୁରିତ ହୋଇ ରହିଛି। ଓଡ଼ିଆ ପାଠକମାନେ ମଧ୍ୟ ଦୃଷ୍ଟିଦାନ ଗଳ୍ପଟିକୁ ଅଧ୍ୟୟନ କରିବା ମାତ୍ରକେ ଗଙ୍ଗାଧରଙ୍କ ସୀତା ଚରିତ୍ରଟିକୁ ନିଶ୍ଚୟ ସ୍ମରଣ କରିପାରିବେ, ଯଦି ସେମାନେ ହୋଇଥାନ୍ତି ଅନ୍ତର୍ଦୃଷ୍ଟି ସମ୍ପନ୍ନ। ରବୀନ୍ଦ୍ର ଓ ଗଙ୍ଗାଧର ଭିନ୍ନ ଭିନ୍ନ ଭାଷାର। ରବୀନ୍ଦ୍ରଙ୍କ ଖ୍ୟାତି ବିଶ୍ୱବ୍ୟାପୀ। ଗଙ୍ଗାଧର ଓଡ଼ିଶାର ସୀମା ମଧ୍ୟରେ ଆବଦ୍ଧ। ରବୀନ୍ଦ୍ରଙ୍କ ଏଭଳି ଗଳ୍ପ ପାଠଦ୍ୱାରା ଗଙ୍ଗାଧରଙ୍କ ତପସ୍ୱିନୀ ଓଡ଼ିଶାର ସୀମିତ ପରିସରରୁ ମୁକ୍ତ ହୋଇ କିପରି ବିଶ୍ୱପରିବାରର ମର୍ମଜ୍ଞ ପାଠକ ଆତ୍ମାକୁ ବିଗଳିତ କରିବ, ତାହାହିଁ ହେଉଛି ଓଡ଼ିଶାର ସମାଲୋଚକ, ଅନୁବାଦକ ଓ ସାହିତ୍ୟାନୁଷ୍ଠାନର ମୁଖ୍ୟ କର୍ତ୍ତବ୍ୟ। ଆନନ୍ଦର କଥା ଯେ, ତପସ୍ୱିନୀ କାବ୍ୟଟି ଇଂରାଜୀ ହିନ୍ଦୀ ଓ ସଂସ୍କୃତ ଭାଷାରେ ଅନୂଦିତ ହୋଇପାରିଛି। ମାତ୍ର ବଙ୍ଗଳା ଭାଷା ଓଡ଼ିଆ ଭାଷାର ଅତ୍ୟନ୍ତ ନିକଟବର୍ତ୍ତୀ ହୋଇଥିବାରୁ ଓ ବିଶ୍ୱକବିଙ୍କ ସହିତ ଗଙ୍ଗାଧରଙ୍କ ଆତ୍ମିକ ବନ୍ଧନ ନିବିଡ଼ତର ହୋଇଥିବା ହେତୁ ତପସ୍ୱିନୀ ବଙ୍ଗଳାରେ ରୂପାନ୍ତରିତ ହେବାର ଆବଶ୍ୟକତା ଅଧିକ ଉପଲବ୍ଧି କରିହୁଏ। ତେବେ ସେ ଯାହା ହେଉନା କାହିଁକି, ଦୁଇଜଣ ମହନୀୟ ନାରୀ ଚରିତ୍ର, ଦୁଇଜଣ ପ୍ରଶସ୍ତ ହୃଦୟବତ୍ତାର ଅଧିକାରୀ ପୁରୁଷ ଚରିତ୍ର ଓ ଦାମ୍ପତ୍ୟ ପ୍ରଣୟର ମହନୀୟତା ପ୍ରତିପାଦନ କରି ଉଭୟ ସାହିତ୍ୟଶିଳ୍ପୀ ପାଠକମାନଙ୍କ ଉଦ୍ଦେଶ୍ୟରେ ଯେଉଁ ମହାନ ବାର୍ତ୍ତା ରଖିଦେଇ ଯାଇଛନ୍ତି, ତାହା ଚିରନ୍ତନ ଜ୍ୟୋତିରେ ଏକାନ୍ତ ଭାସ୍ୱର।

■

ନିବେଦନ: ଗଙ୍ଗାଧରଙ୍କ ଅନ୍ତିମ ଜୀବନ ଓ ରବୀନ୍ଦ୍ରଙ୍କ ଶେଷ ସମର୍ପଣ

ଗଙ୍ଗାଧର ମେହେରଙ୍କ କାବ୍ୟ କବିତାବଳୀ ଯେତିକି ଚର୍ଚ୍ଚିତ, ତାଙ୍କ ଅନ୍ତିମ ଜୀବନର ଘଟଣାବଳୀ ସେତିକି ଚର୍ଚ୍ଚିତ ହୋଇନାହିଁ। ଜୀବନର ଅନ୍ତିମ କେତୋଟି ଦିନରେ ଯେଉଁ ଅବର୍ଣ୍ଣନୀୟ ଯାତନା ଭୋଗ କରିଥିଲେ ଗଙ୍ଗାଧର, ତାହା ବାରମ୍ବାର ସ୍ମରଣ କଲେ ବି ମନେହୁଏ ଅନେକ ଅବ୍ୟକ୍ତ ସତ୍ୟ ରହସ୍ୟାବୃତ୍ତ ହୋଇ ସତେଯେମିତି ରହିଗଲା। ସେ ତ ସାଧାରଣ ତୋଷାମଦ - ବିଚକ୍ଷଣ ରାଜକବି ନଥିଲେ। କର୍ଣ୍ଣରେ ତାଙ୍କର ସ୍ୱର୍ଣ୍ଣକୁଣ୍ଡଳ ନଥିଲା କିମ୍ବା ପାଲିଙ୍କି ଉପରେ ବସି ସେ ଯାତାୟତ କରୁନଥିଲେ। ଦେଖିବାକୁ ଅତ୍ୟନ୍ତ ସରଳ, ଭଦ୍ର, ଶାନ୍ତ ଓ କେତେ ନରମ। ଅଥଚ ଭିତରେ ତାଙ୍କର ବ୍ୟକ୍ତିତ୍ୱ ଲୌହ ଶାବଳଠାରୁ ଆହୁରି କଠିନ। ଏହି ଦୃଷ୍ଟିରୁ କଠିନ ଯେ ନିଜର ସଂକୀର୍ଣ୍ଣ ସ୍ୱାର୍ଥ ସାଧନ ସକାଶେ ସେ କ୍ଷମତାପନ୍ନ ଦୁରାଚାରୀଙ୍କ ନିକଟରେ କେବେହେଲେ ଆତ୍ମସମର୍ପଣ କରିନଥିଲେ। ରାଜା ମହାରାଜାଙ୍କ ସେ ପ୍ରଶଂସାଗାନ କରିଛନ୍ତି ବୋଲି ନଗଣ୍ୟ କିଛି ଲେଖକ ତାଙ୍କୁ ସାମନ୍ତବାଦୀର ଆଖ୍ୟା ଦେବା ପାଇଁ କୁଣ୍ଠିତ ହୋଇନାହାନ୍ତି। ରାଜାଙ୍କର ଜୟଗାନ ନିଜ ଲାଭ ସକାଶେ ସେ କରିନାହାନ୍ତି। ଲୋକମଙ୍ଗଳ ନିମିତ୍ତ ଭୂପତିଙ୍କ ସୁଗୁଣ ବର୍ଣ୍ଣନା କରିବାରେ ସେ ଆଦୌ ସଂକୁଚିତ ନଥିଲେ। କାବ୍ୟକଳାରେ ରାମଚନ୍ଦ୍ର, ଅଜ, ଦୁଷ୍ମନ୍ତ ପରି ରାଜାଙ୍କ ମହିମାଗାନରେ ତାଙ୍କ କଣ୍ଠ ଯେମିତି ଉଚ୍ଚକିତ ସେହିପରି ବାସ୍ତବ ଜୀବନରେ ମଧ୍ୟ କଲ୍ୟାଣକାମୀ ଶାସକ ନିମନ୍ତେ କବିତା ରଚନାରେ ସେ ପରାଙ୍ମୁଖ ନଥିଲେ। ତେବେ କେଉଁ ଅତ୍ୟାଚାରୀ ଶାସକ ପ୍ରତି ସେ ଯେ ମିଷ୍ଟଭାଷା ପ୍ରୟୋଗ କରି ପ୍ରିୟଭାଜନ ହେବାର ଉଦ୍ୟମ କରିଛନ୍ତି, ଏପରି ଦୃଷ୍ଟାନ୍ତ ତାଙ୍କ ଜୀବନରେ ନଥିଲା।

ଯେତେବେଳେ କର୍ମମୟ ଜୀବନରୁ ଅବସର ଗ୍ରହଣ କରି ସେ ପ୍ରତ୍ୟାବର୍ତ୍ତନ କରିଥିଲେ ଜନ୍ମମାଟି ବରପାଲିକୁ, ସେତେବେଳେ ସଂଖ୍ୟାତୀତ ସ୍ୱପ୍ନର ତରଙ୍ଗ ସୃଷ୍ଟି ହୋଇଥିଲା ତାଙ୍କ ଅନ୍ତର୍ଜଗତରେ। ଏ ଜୀବନରେ କେଉଁ ମହାପୁରୁଷଙ୍କ ମହିମ୍ନ ସ୍ୱପ୍ନ ଧୂଳିସାତ ହୋଇନାହିଁ। ଗଙ୍ଗାଧର ଅବା ସେହି ନିଷ୍ଠୁର ନିୟତିକୁ ଅତିକ୍ରମ କରିପାରନ୍ତେ କିପରି ? ଫେରିଲେ ବରପାଲିକୁ। ଯେଉଁ ତରୁଣ ଜମିଦାର ତାଙ୍କ ଆଗମନରେ ଶୁଭଶଂଖ ଧ୍ୱନି ନିନାଦିତ କରିଥିଲେ, ସେ ଅବିଳମ୍ବେ ହୋଇଗଲେ ଗଙ୍ଗାଧରଙ୍କ ପରମ ଶତ୍ରୁ। କାରଣ ଆଉ କିଛି ନୁହେଁ। ମଦ୍ୟାସକ୍ତ, ପରଦାରାସକ୍ତ ତୋଷାମଦ ଅଭିଳାଷୀ ଅତ୍ୟାଚାରୀ ଜମିଦାରଙ୍କୁ ସନ୍ତୁଷ୍ଟ କରିବାର ଉପାଦାନରେ ଗଙ୍ଗାଧର ଗଢ଼ାହୋଇନଥିଲେ। ପ୍ରତିବାଦ କରିବା ଥିଲା ତାଙ୍କ ଅନ୍ତରାତ୍ମାର ନିର୍ଦ୍ଦେଶ, ତାହା ହିଁ କଲେ ସେ ବିନୀତ ଅଥଚ ନିର୍ଭୀକ ଚିତ୍ତରେ। ଜମିଦାରଙ୍କଦ୍ୱାରା ପାଇଥିବା ନିଯୁକ୍ତିକୁ ପ୍ରତ୍ୟାଖ୍ୟାନ କଲେ। ଗଠନ କଲେ ସମାଜ ସଂସ୍କାର ପାଇଁ 'ସାଧୁସମିତି' ନାମକ ଏକ ସୁପରିକଳ୍ପିତ ପ୍ରତିଷ୍ଠାନ। ଅନ୍ୟାୟର ଉତ୍ତପ୍ତ ଆଗ୍ନେୟଗିରି ଜମିଦାରଙ୍କ ଇଲାକାରେ ପ୍ରବାହିତ ହୋଇଗଲା ଶାନ୍ତି ଓ ସଂହତି ବିତରଣକ୍ଷମ ଏକ ପବିତ୍ର ଗଙ୍ଗାଧାରା। ଗଙ୍ଗାଧାରଙ୍କ ନ୍ୟାୟ ସଂଗତ ବିଚାରରେ ବରପାଲି ଶାନ୍ତ ଏକ ଜନବସତିରେ ପରିଣତ ହେବାକୁ ଯାଉଥିବାବେଳେ ଜାତିଭେଦ ସୃଷ୍ଟିକ୍ଷମ ଅଶାନ୍ତିର ଲେଲିହାନ ଶିଖା ପ୍ରଜ୍ୱଳିତ କରିଦେଲେ ଜମିଦାର। ସେତିକିରେ ତାଙ୍କ ଜୀବନ୍ତ ପ୍ରେତାତ୍ମା ତୃପ୍ତ ହୋଇନଥିଲା। ଯାହା ଉପରେ ତାଙ୍କର କ୍ରୋଧ ଓ ଆକ୍ରୋଶ କେନ୍ଦ୍ରୀଭୂତ ହେଲା ସେ ଗଙ୍ଗାଧରଙ୍କ ବ୍ୟତୀତ ଆଉ କିଏ ବା ହୋଇଥାନ୍ତେ ? ଅଶାଳୀନ ଭାଷା ପ୍ରୟୋଗରେ ଯେଉଁ ମହିଳାର ଜିହ୍ୱାଗ୍ର ହୋଇଥିଲା ତୀକ୍ଷ୍ଣ ତାକୁ ନିୟୋଜିତ କରାଗଲା ଗଙ୍ଗାଧରଙ୍କ ଉପରେ ବର୍ଷଣ କରିବାକୁ ଅଶ୍ଳୀଳ କମାଣ। ନିରବଚ୍ଛିନ୍ନ ଭାବରେ ସେହି ମହତ୍ କାର୍ଯ୍ୟରେ ନିଜକୁ ସଂଯୁକ୍ତ କରିଦେଇ ସେ ପୁରସ୍କୃତ ହେଉଥିଲେ ଜମିଦାରଙ୍କଠାରୁ। ସେତିକିରେ ମଧ୍ୟ ଜମିଦାରଙ୍କ ଔଦ୍ଧତ୍ୟର ଅବସାନ ହୋଇନଥିଲା। ସେ ଗଙ୍ଗାଧରଙ୍କ ଗୃହ କବାଟରେ ମଳମୂତ୍ର ଲେପନ କରିବା ସକାଶେ ସେହି କୁତ୍ସିତ ରୁଚି ସମ୍ପନ୍ନ ଅସାମାଜିକ ତତ୍ତ୍ୱକୁ ବ୍ୟବହାର କଲେ। ଆଉ ଶେଷରେ ପୁଣି ଧମକପୂର୍ଣ୍ଣ ଚିତ୍କାରରେ ଗଙ୍ଗାଧରଙ୍କୁ ଗୁଳିବିଦ୍ଧ କରିଦେବାର ବାରୁଦ ବର୍ଷା କଲେ ନିର୍ଲ୍ଲଜ ଚିତ୍ତରେ। ଗଙ୍ଗାଧର ଏସବୁ ଘଟଣାକୁ ଏକ ସାକ୍ଷୀ ପୁରୁଷ ବୋଲି ଅନାସକ୍ତ ଭାବରେ ଦେଖୁଥିଲେ କେବଳ ମନରେ କୌଣସି ଘୃଣାଭାବ ବହନ ନ କରି।

ଆଜି ଏହି ଘଟଣା ସବୁ ବର୍ଣ୍ଣନା କରିବାବେଳକୁ ମନେ ହେଉଛି ଏହା ଯେମିତି ଗଙ୍ଗାଧରଙ୍କ ଅଲିଖିତ ଏକ ଶ୍ରେଷ୍ଠ କବିତା। ସବୁକଥା ଶବ୍ଦ ମାଧ୍ୟମରେ ଅକ୍ଷର ଲିଖନରେ ପ୍ରକାଶ କରାଯାଇପାରେନା। ଯେଉଁମାନେ ଉଚ୍ଚତମ ସୋପାନର କାବ୍ୟସ୍ରଷ୍ଟା ସେମାନଙ୍କ

ଜୀବନର ଗୋଟିଏ ଗୋଟିଏ ଘଟଣା କାବ୍ୟିକ ସ୍ପନ୍ଦନଠାରୁ କୌଣସି ଗୁଣରେ ନ୍ୟୁନ ହୋଇପାରେନା। ଏବେ ଗଙ୍ଗାଧରଙ୍କ ଏ ସମଗ୍ର ଅନ୍ତିମ ଜୀବନର ଘଟଣାବଳୀକୁ ଏକ ଅନ୍ତଃସ୍ପର୍ଶୀ ସୁଦୀର୍ଘ କବିତା ବୋଲି ମନେ କରାଯାଉ। ଏହି ଦୁର୍ଭାଗ୍ୟଜନକ ପରିସ୍ଥିତି ମଧ୍ୟରେ ଗଙ୍ଗାଧର ଯେଉଁ ପ୍ରତିକ୍ରିୟା ବିହୀନ ଦିନ ଯାପନ କରୁଥିଲେ, ତାହାର ଅନ୍ତଃସ୍ୱରକୁ ଆବିଷ୍କାର କରାଯାଉ। ଏକଦା ବ୍ରଜମୋହନ ପଣ୍ଡାଙ୍କୁ ଲେଖିଥିବା ଏକ ପତ୍ରରେ ସେ ଦର୍ଶାଇ ଦେଇଥିଲେ ଯେ 'ଏଠାରେ ମୋର ସମ୍ମାନ ହାନିର କୌଣସି ଆଶଂକା ନାହିଁ। କାରଣ ଯେଉଁ ମାନଟିକକ ମିଳେ ତତ୍‌କ୍ଷଣାତ୍ ମୁଁ ତାକୁ ତ୍ୟାଗ କରିଦେଇଥାଏ।' ଏହା ଅକ୍ଷରାନୁସାରେ ନୁହେଁ ଭାବାନୁସାରେ ଗଙ୍ଗାଧରଙ୍କ ଅଭିବ୍ୟକ୍ତିର ଉଦ୍ଧୃତି। ଗଙ୍ଗାଧରଙ୍କ ଜୀବନର ଏହି ଦୁଃସ୍ଥିତି ମଧ୍ୟରୁ ଯଦି ଆବିଷ୍କୃତ ହୁଏ କବିତାର ଏକ ଅନ୍ତର୍ଧ୍ୱନି, ତାହା ଶୁଣାଯିବ ଏହିପରି -

ଲୋକେ ଆମାୟ ନିନ୍ଦା କରେ,
ନିନ୍ଦା ସେ ନୟ ମିଛେ
ସକଲ ନିନ୍ଦା ମାଥାୟ ଧରେ
ରବ ସବାର ନିଚେ।

ଏହା ବିଶ୍ୱକବି ରବୀନ୍ଦ୍ରଙ୍କ ଗୀତାଞ୍ଜଳିର ଭାବଗର୍ଭକ ବ୍ୟଞ୍ଜନାଟିଏ। ଯେଉଁ ଅପନିନ୍ଦା ରବୀନ୍ଦ୍ରଙ୍କୁ ପ୍ରାପ୍ତ ହୋଇଛି ତାକୁ ମଥାପାତି ମାନି ନେଇଛନ୍ତି ସେ ସାମାନ୍ୟତମ ଅସ୍ଥିରତା ପ୍ରକାଶ ନ କରି। ଗୀତାଞ୍ଜଳିର ସ୍ଥାନିତ ଏ କବିତାର ଶେଷ ପଂକ୍ତିରେ ସେ ଲେଖିଛନ୍ତି -

ଶେଷ ହୟେ ଯେ ଗେଲ ବେଲା,
ଭାଙ୍ଗଲ ବେଗ - କେନାର ମେଲା -
ଡାକତେ ଯାରା ଏସେଛିଲ
ଫିରଲ ତାରା ରୋଷେ।
ପ୍ରେମେର ହାତେ ଧରା ଦେବ
ତାରେ ରୟେଛି ବସେ।

ଅନ୍ତିମ ବେଳାର କବିତା ବୋଲି ରବୀନ୍ଦ୍ରନାଥ ଏହାକୁ ସୂଚିତ କରିଥିଲେ ମଧ୍ୟ ପ୍ରକୃତରେ ଏହା ତାଙ୍କର ଶେଷ କବିତା ନୁହେଁ। ଅଥଚ ଏହାକୁ ଶେଷ କବିତା ବୋଲି ଗ୍ରହଣ କଲେ କ୍ଷତି କ'ଣ? କାରଣ କାଳାନୁସାରେ ଏହା ଅନ୍ତିମ ବେଳାର ଉଚ୍ଚାରଣ ନୋହିପାରେ। ଭାବାନୁସାରେ ଏହା ହିଁ ହେଉଛି ରବୀନ୍ଦ୍ରଙ୍କ ଅନ୍ତରାତ୍ମାର ଚୂଡ଼ାନ୍ତ ନିଷ୍ପତ୍ତି। ନିଷ୍ପତ୍ତିଟି କ'ଣ? ତାହା ହେଲା ସେ ସକଳ ପ୍ରକାର ନିନ୍ଦା, କ୍ରୋଧ ଆଉ ଅପବାଦକୁ

ସହ୍ୟ କରିବେ ଏଇଥିପାଇଁ ଯେ ସେ ଅପେକ୍ଷା କରି ରହିଛନ୍ତି ପରମେଶ୍ୱରଙ୍କ ପ୍ରେମ ବନ୍ଧନରେ ପଡ଼ିବା ପାଇଁ। ଯିଏ ଈଶ୍ୱରଙ୍କ ପ୍ରେମଡୋରିରେ ବନ୍ଧା, ସେ ସଇତାନୀ ଅପଶକ୍ତିର କବଳିତ ହେବ କାହିଁକି ? ରବୀନ୍ଦ୍ର ପ୍ରେମବନ୍ଧନରେ ପଡ଼ିବା ପାଇଁ ପଥ ଚାହିଁ ବସିଛନ୍ତି। ବେଳ ଗଡ଼ିଯାଉଛି। ପଶ୍ଚିମ ଆକାଶର ଧୂସର ମେଘଖଣ୍ଡ ଖର୍ବ ସୂର୍ଯ୍ୟାସ୍ତର ସ୍ତିମିତ ସ୍ୱର୍ଣ୍ଣିମ କିରଣ ବିଚ୍ଛୁରଣ କରୁଛନ୍ତି ବିନମ୍ର ମୁଦ୍ରାରେ। ଚାହୁଁ ଚାହୁଁ ନଇଁ ଆସିବ ସନ୍ଧ୍ୟା ସୁନ୍ଦରୀ। ଏହି ବେଳାରେ ହିଁ ତ ପ୍ରେମ ବନ୍ଧନରେ ଆବଦ୍ଧ ହୋଇଯିବାର ଆବେଗ ସୃଷ୍ଟି ହୁଏ ପ୍ରେମାଭିଳାଷୀ କବିଙ୍କ ହୃଦୟ କନ୍ଦରରେ।

ଗଙ୍ଗାଧର ଠିକ୍ ଏହିପରି ଅପେକ୍ଷା କରି ରହିଥିଲେ ବିଶ୍ୱ ସମ୍ରାଟଙ୍କ ଚରଣ ତଳେ ନିଜକୁ ସମର୍ପିତ କରିଦେବା ସକାଶେ। ରବୀନ୍ଦ୍ରଙ୍କ କବିତା 'ଶେଷ କବିତା' ନୁହେଁ ବୋଲି ଏହା ପୂର୍ବରୁ କୁହାଯାଇଛି। ଭାବତନ୍ମୟତାର ଆଧାରରେ ବିଚାର କଲେ, ଏହା ହିଁ ଅନ୍ତିମ ଆବେଦନ। ମଣିଷ ଯଦି ତା' ଜୀବନର ପ୍ରତିଟି ମୁହୂର୍ତ୍ତକୁ ଏହାହିଁ ତା'ର ଶେଷ ମୁହୂର୍ତ୍ତ ବୋଲି ମନେ କରେ ତା' ହେଲେ କ'ଣ ତା' ପକ୍ଷରେ କରଣୀୟ ? ସବୁକିଛିକୁ ଛାଡ଼ିଦେଇ ସବୁ ବିକାକିଣାର ମେଳାରୁ ମୁକ୍ତ ହୋଇ। ଈଶ୍ୱରଙ୍କ ନିକଟବର୍ତ୍ତୀ ହେବାର ବ୍ୟାକୁଳତା ପ୍ରକାଶ କରିବା ହେଉଛି ଶେଷ କଥା। ରବୀନ୍ଦ୍ର ଯେପରି ବୈଷ୍ଣବୀୟ ଭାବଧାରାରେ ଆପ୍ଲୁତ। ଗଙ୍ଗାଧର ତାହା ନୁହନ୍ତି। ତା' ହେଲେ ଏହି ଉଭୟ କବିଙ୍କ ମଧ୍ୟରେ କ'ଣ ରହିଲା ସାମଞ୍ଜସ୍ୟ ଯାହାକୁ ନେଇ ଏ ତୁଳନା ? ଏ କଳ୍ପନା ? ? ରବୀନ୍ଦ୍ର ବାହାରେ କବିଗୁରୁ। ଭିତରେ ପରମ ବୈଷ୍ଣବ। ପୁଣି ବ୍ରାହ୍ମ ଅଧ୍ୟାତ୍ମଧାରାର ସେ ଏକ ମର୍ମଜ୍ଞ ବିନ୍ଦୁ। ଅଦ୍ୱୈତବାଦୀ ଗଙ୍ଗାଧର କବିତାର ଉପରି ଭାବରେ ଜ୍ଞାନ ଗର୍ଭିତ ଏକ ସୁଦୃଢ଼ ସ୍ତର। ଭିତରେ ଅନ୍ତଃସଲୀଳା ଫଲଗୁଧାର। ରବୀନ୍ଦ୍ର ଓ ଗଙ୍ଗାଧରଙ୍କ ଆକୂତି ଆକର୍ଷଣ ଓ ସମର୍ପଣରେ ନାହିଁ କୌଣସି ତାରତମ୍ୟ। ଗଙ୍ଗାଧରଙ୍କ ଜୀବନ ନାଟକର ଶେଷ ଦୃଶ୍ୟ ରବୀନ୍ଦ୍ର ସଂଗୀତ ପରି ଚିତ୍ତସ୍ପର୍ଶୀ। ରବୀନ୍ଦ୍ରଙ୍କ ସାଙ୍ଗୀତିକ ମାଧୁର୍ଯ୍ୟ ଗଙ୍ଗାଧରଙ୍କ ସହନଶୀଳତା ପରି ହୃଦୟ ଆଲୋଡନକାରୀ। ଭିନ୍ନ ଭିନ୍ନ ଭାବରେ, ଭିନ୍ନ ଭିନ୍ନ ସମୟରେ ଉଭୟଙ୍କ ଅନ୍ତର୍ବ୍ୟଥା ଓ ଅନ୍ତରାନନ୍ଦ ଯେପରି ପ୍ରତିଧ୍ୱନିତ ସେଥିରେ ପରିପୂର୍ଣ୍ଣ ହୋଇ ରହିଛି ପ୍ରତିଟି ମଣିଷ ସକାଶେ ଏକ ଭାବଦ୍ୟୋତକ ଦିଗ୍‌ଦର୍ଶନ। ଏହି ଅନ୍ତର୍ଲୋକନ ଦ୍ୱାରା ସ୍ୱତଃ ଏକଥା ପ୍ରମାଣିତ ହୋଇଯାଏ ଯେ ଉଚ୍ଚତମ ସୋପାନର ସାହିତ୍ୟ ସ୍ରଷ୍ଟା ଆତ୍ମାନୁଭୂତିରେ ଥାଆନ୍ତି ଆଶ୍ଚର୍ଯ୍ୟଜନକ ଭାବରେ ସମାନ ଓ ସୌନ୍ଦର୍ଯ୍ୟ ବିକିରଣ - କ୍ଷମ।

■

ଦୁଇ ଆଦର୍ଶ ପୁତ୍ର ସନ୍ତାନ: ରଥୀନ୍ଦ୍ରନାଥ ଓ ଭଗବାନ

ନିଜକୁ ପରଦା ଅନ୍ତରାଳରେ ରଖି ପିତୃ-ମହିମାକୁ ପ୍ରତିଷ୍ଠିତ କରିବା ପାଇଁ ଜୀବନକୁ ସମ୍ପୂର୍ଣ୍ଣ ଉତ୍ସର୍ଗ କରିଦେବା ଯେ ଏକ ମହାନ କଳାତ୍ମକ କୃତି ହୋଇପାରେ, ତାହାର ଦୀପ୍ତ ଦୃଷ୍ଟାନ୍ତ ହେଉଛନ୍ତି ବିଶ୍ୱକବି ରବୀନ୍ଦ୍ରନାଥଙ୍କ ସୁପୁତ୍ର ରଥୀନ୍ଦ୍ରନାଥ ଓ ସ୍ୱଭାବକବି ଗଙ୍ଗାଧର ମେହେରଙ୍କ ସୁଯୋଗ୍ୟ ସନ୍ତାନ ଭଗବାନ ମେହେର।

ରଥୀନ୍ଦ୍ରନାଥ ପିତାଙ୍କ ଶ୍ରେଷ୍ଠ ଆଦର୍ଶଦ୍ୱାରା ଯେପରି ଅନୁପ୍ରାଣିତ ହୋଇଥିଲେ, ଠିକ୍ ସେହିପରି ଭଗବାନ ମେହେର ମଧ୍ୟ ପିତାଙ୍କ ନିକଟରୁ ଗ୍ରହଣ କରିଥିଲେ ଗୁରୁଦୀକ୍ଷା। କୌଣସି ଦେବଦେବୀ ଅଥବା ସନ୍ନ୍ୟାସୀଙ୍କୁ ସେ ସେପରି ଭାବ-ବିଭୋରତାର ସହିତ ପୂଜା କରିନାହାନ୍ତି, ଯେପରି କରିଛନ୍ତି ନିଜ ଜନ୍ମଦାତାଙ୍କୁ। ମାଆ ଶାନ୍ତା ତାଙ୍କୁ ଥରେ ଜନ୍ମ ଦେଇଥିଲେ। ମାତ୍ର ଦ୍ୱିତୀୟ ଓ ତୃତୀୟ ଥର ସେ ପୁନର୍ଜୀବନ ଲାଭ କରିଥିଲେ ଗଙ୍ଗାଧରଙ୍କ ଦ୍ୱାରା। ଯୌବନକାଳରେ ପୀଡ଼ାଗ୍ରସ୍ତ ହୋଇ ସେ ଶଯ୍ୟାଶାୟୀ ହୋଇ ରହିଥିଲେ ଦୀର୍ଘଦିନ ପର୍ଯ୍ୟନ୍ତ। ସେତେବେଳେକୁ ମାତା ଶାନ୍ତାଙ୍କର ଦେହାବସାନ ଘଟିସାରିଥିଲା। ଆଶ୍ଚର୍ଯ୍ୟ ଜନକ ବିଷୟ ହେଉଛି ଗଙ୍ଗାଧର ଉଭୟ ପିତୃହୃଦୟର ସ୍ନେହ ଓ ମାତୃ ହୃଦୟର ଅସରନ୍ତି ମମତା ଦେଇ ପୁତ୍ରର ସେବା କରିଥିଲେ ନିଶ୍ଚଳ ତପସ୍ୱୀଟିଏ ପରି। ଗଙ୍ଗାଧରଙ୍କ ଉତ୍ସର୍ଗୀକୃତ ଯତ୍ନଶୀଳତା ଓ ବିଶ୍ୱ ବିଧାତାଙ୍କ ନିକଟରେ ତାଙ୍କର ବ୍ୟାକୁଳ ପ୍ରାର୍ଥନା ହେତୁ ଭଗବାନ ମେହେର ଜଣେ ବୈଦ୍ୟରାଜଙ୍କ ଚିକିତ୍ସାରେ ଅଲୌକିକ ଭାବରେ ଲାଭ କଲେ ପୂର୍ବସ୍ୱାସ୍ଥ୍ୟ, ପୂର୍ବ ଯୌବନ ଓ ପୁନର୍ଜୀବନ। ଯେଉଁ ପିତା ତାଙ୍କୁ ମୃତ୍ୟୁ ଦେବତାଙ୍କ ମର୍ମନ୍ତୁଦ ଆକ୍ରମଣରୁ ଉତ୍ତୋଳିତ କରି ନେଇଆସି

ପାରିଲେ ଭଗବାନ ମେହେର ତାହାର ଯଥୋଚିତ ପ୍ରତିକ୍ରିୟା ପ୍ରକାଶ କରିଥିଲେ କୃତଜ୍ଞତାସିକ୍ତ ପିତୃ କାର୍ଯ୍ୟରେ ନିଜକୁ ସଂଶ୍ଳିଷ୍ଟ କରିନେଇ। ଓଡ଼ିଶା ମାଟିର ଏହି ଶ୍ରେଷ୍ଠ କବିପୁତ୍ରଙ୍କ ଜୀବନଧାରା ପ୍ରତି ଦୃଷ୍ଟି ନିକ୍ଷେପ କଲେ ସ୍ୱତଃ ପ୍ରତିପାଦିତ ହୋଇଯାଏ ଯେ ତାଙ୍କ ବ୍ୟକ୍ତିତ୍ୱର ସୌନ୍ଦର୍ଯ୍ୟ କେତେ ଅନୁପମ ଓ ଅନୁରାଗ ସିକ୍ତ।

ବିଶ୍ୱକବି ରବୀନ୍ଦ୍ରନାଥଙ୍କର ଉପଯୁକ୍ତ ଉତ୍ତରାଧିକାରୀ ରବୀନ୍ଦ୍ରନାଥ ବାଲ୍ୟକାଳରୁ ପିତୃ ପ୍ରଦତ୍ତ କଳା, ସୌନ୍ଦର୍ଯ୍ୟ ଓ ଚେତନାର ପରିସର ମଧ୍ୟରେ ଅବଗାହନ କରିପାରିଥିଲେ। ସତେ ଯେମିତି ରବୀନ୍ଦ୍ର ଓ ଗଙ୍ଗାଧର ସୃଷ୍ଟିକର୍ତ୍ତାଙ୍କ ପ୍ରତିଭୂ ଭାବରେ ଦୃଢ଼ ଇଚ୍ଛାଶକ୍ତି ନେଇ ଦଣ୍ଡାୟମାନ ହୋଇଥିଲେ ଓ ସାଧୁ-ସଂକଳ୍ପଦ୍ୱାରା ନିଜ ଦୁଇ ପୁତ୍ରସନ୍ତାନଙ୍କ ମଧ୍ୟରେ ବିକଶିତ ପ୍ରତିଭାର ସଂପ୍ରସାରଣ କରିଦେଇ ପାରିଥିଲେ ସାର୍ଥକ ଶ୍ଳୋକଗାନ ସମ୍ପୂର୍ଣ୍ଣ କରିଦେବା ପରି।

ପିତୃମାତୃ ଆଦର୍ଶରୁ ବିଚ୍ୟୁତ ସନ୍ତାନ ଏପରି ଗଭୀର ଭାବରେ ନିଜନିଜ ଅଲୌକିକ କର୍ମନିଷ୍ଠତା ବଳରେ ସାଧନାମଗ୍ନ ପରିବେଶ ସୃଷ୍ଟି କରିପାରିନଥାନ୍ତେ। ରବୀନ୍ଦ୍ରନାଥ ଓ ଗଙ୍ଗାଧର ଯେ ମୂଳରୁ ହିଁ ଥିଲେ କବି-ହୃଦୟସମ୍ପନ୍ନ ଏଥିରେ ଦ୍ୱିମତ ନାହିଁ। ସେମାନଙ୍କ ଏହି ହୃଦୟବତ୍ତାକୁ ଦୁଇ ପୁତ୍ର ଯେଉଁ ପୈତୃକ ପବିତ୍ରତା ସହିତ ସଂଯୁକ୍ତ କରିଦେଲେ, ତାହା ସମଗ୍ର ଭାରତୀୟ ସାହିତ୍ୟ ଜଗତରେ ଏକାନ୍ତ ବିରଳ ଓ ଅଶ୍ରୁ-ସଞ୍ଚାରକ।

ରଥୀନ୍ଦ୍ରନାଥ ଥିଲେ ବିଜ୍ଞାନର ଛାତ୍ର। ଅଥଚ ତାଙ୍କ ପ୍ରାଣତନ୍ତ୍ରୀ ଗଠିତ ହୋଇଥିଲା ସାହିତ୍ୟିକ ଉପାଦାନ ସମନ୍ୱୟରେ। ନିଜ ପିତାଙ୍କ ସାହିତ୍ୟକୃତିକୁ ନିବିଷ୍ଟ ଚିତ୍ତରେ ଅଧ୍ୟୟନ କରିବା ଥିଲା ତାଙ୍କ ଜୀବନର ଏକ ଶ୍ରେଷ୍ଠ ଉପଲବ୍ଧି। ସେହିପରି ବିଭିନ୍ନ ବିଷୟରେ ପିତାପୁତ୍ରଙ୍କ ମଧ୍ୟରେ ଯେଉଁ ସଦାଳାପ ଓ ପତ୍ରାଳାପ ହୋଇଛି ସେସବୁ ପ୍ରତ୍ୟେକ ପାଠକଙ୍କ ପାଇଁ ପ୍ରେରଣାଦାୟକ ହୋଇ ରହିଛି ଓ ରହିଥିବ। ରବୀନ୍ଦ୍ରଙ୍କ ପ୍ରତିଷ୍ଠିତ ଶାନ୍ତିନିକେତନର ପ୍ରଶାନ୍ତିକୁ ଅବ୍ୟାହତ ରଖିବାରେ ରଥୀନ୍ଦ୍ରନାଥ ଗ୍ରହଣ କରିଥିଲେ ମହତ୍ତ୍ୱପୂର୍ଣ୍ଣ ଭୂମିକା। ଶାନ୍ତିନିକେତନର ପ୍ରତିଟି ବୃକ୍ଷଲତା, ପ୍ରତିଟି ପ୍ରକୋଷ୍ଠ, ପ୍ରତିଟି ପକ୍ଷୀ ପ୍ରଜାପତି ଆଉ ପ୍ରତିଟି ଧୂଳିକଣା ମଧ୍ୟରେ ରାବିନ୍ଦ୍ରିକ ସଂଗୀତକୁ ଝଂକୃତ କରିବା ଥିଲା ରବୀନ୍ଦ୍ରଙ୍କ ଶ୍ରେଷ୍ଠ କର୍ତ୍ତବ୍ୟ। ଏହିପରି ଭାବରେ ଗଙ୍ଗାଧର ଓ ଭଗବାନ ମେହେରଙ୍କ ଜୀବନକୁ ଅନୁଧ୍ୟାନ କରାଗଲେ ସେହି ଏକ ହିଁ ସତ୍ୟର ଆବିଷ୍କାର ସମ୍ଭବ ହୋଇଥାଏ। ଗଙ୍ଗାଧର ଓ ଭଗବାନ ମେହେରଙ୍କ ମଧ୍ୟରେ ଅଧିକ ସଶବ୍ଦ ବାର୍ତ୍ତାଳାପ ହେଉନଥିଲା। ଉଭୟେ ଥିଲେ ଭାବାଳାପରେ ଆସ୍ଥାଶୀଳ। ପରସ୍ପରର ଦୃଷ୍ଟିବିନିମୟ ମଧ୍ୟରେ ଯେଉଁ ହୃଦୟର ଭାଷାକୁ ଉଭୟେ ପାଠ କରିପାରୁଥିଲେ

ତାହା ବିସ୍ମୟଜନକ ଅନ୍ତଃସିକ୍ତାର ସୃଷ୍ଟି କରିପାରେ ପାଠକଙ୍କ ମଧ୍ୟରେ। ଯେଉଁମାନେ ଏହି ପିତାପୁତ୍ରଦ୍ୱୟଙ୍କ ଜୀବନଧାରା ଉପରେ ଦୃଷ୍ଟି କେନ୍ଦ୍ରୀଭୂତ କରିବା ଏକ ପୂର୍ଣ୍ଣାନୁଭବ ବୋଲି ମନେ କରନ୍ତି, ସେମାନେ ହିଁ ଏହାର ଶିବ-ସତ୍ତାରେ ଶିହରିତ ହେବାର ସୌଭାଗ୍ୟ ପ୍ରାପ୍ତ ହୋଇପାରନ୍ତି। ଗଙ୍ଗାଧର ଭଗବାନ ମେହେରଙ୍କ ନିକଟକୁ ଲେଖିଛନ୍ତି ମାତ୍ର କେତୋଟି ପତ୍ର। ସେଥିରେ ନାହିଁ କବିତ୍ୱର ସ୍ପର୍ଶ, ନାହିଁ ବର୍ଣ୍ଣନାର ଦୀର୍ଘତା, ନାହିଁ ଉପଦେଶ ପ୍ରଦାନର ପ୍ରଗଲ୍ଭତା। ଅଥଚ ପ୍ରତିଟି ଶବ୍ଦ ମଧ୍ୟରେ ପ୍ରଚ୍ଛନ୍ନ ହୋଇ ରହିଛି ପିତା-ପୁତ୍ର ଅନ୍ତରାତ୍ମାର ଯେଉଁ ଅନାବିଳ ସମ୍ବନ୍ଧ, ତାହାକୁ ସ୍ୱତନ୍ତ୍ର ଶ୍ରଦ୍ଧାଶୀଳତା ନେଇ ସମୀକ୍ଷା କରାଯାଇପାରିବ। ରବୀନ୍ଦ୍ର-ରଥୀନ୍ଦ୍ର ଓ ଗଙ୍ଗାଧର-ଭଗବାନ ସମ୍ପର୍କ ମଧ୍ୟରେ ସ୍ଥୂଳ ପାର୍ଥକ୍ୟ ପରିଲକ୍ଷିତ ହେଲେ ମଧ୍ୟ ଉଭୟ ପିତାପୁତ୍ର ସମ୍ପର୍କର ସୂକ୍ଷ୍ମ ମର୍ମଧ୍ୱନି ହେଉଛି ସମାନ। ଗଙ୍ଗାଧର ପଦ୍ମପୁରରେ ସରକାରୀ ଚାକିରିରୁ ଅବସର ଗ୍ରହଣ କରି ଫେରିଆସିଥିଲେ ଜନ୍ମମାଟି ବରପାଲିକୁ। ଏହି ପ୍ରତ୍ୟାବର୍ତ୍ତନ ଥିଲା ବହୁ ପ୍ରତିଶ୍ରୁତି ପୂର୍ଣ୍ଣ। ଥିଲା ଅସଂଖ୍ୟ ସ୍ୱପ୍ନରେ ସରସ ଓ ସୌନ୍ଦର୍ଯ୍ୟଯୁକ୍ତ। ସେ ବରପାଲି ଗ୍ରାମଟିକୁ ଏକ ଆଦର୍ଶ ପଲ୍ଲୀ ଭାବରେ ଗଠନ କରିବାର ଯେଉଁ ପରିଯୋଜନା କରିଥିଲେ, ତାହାର ସ୍ପଷ୍ଟ ଆଭାସ ପ୍ରଦାନ କରେ ତାଙ୍କ ଅନ୍ତିମ ଜୀବନର ଘଟଣାବଳୀ। ଯେଉଁଠି ଦୁର୍ଦ୍ଦାନ୍ତ ଶାସକ, ସେଠି ଅଶାନ୍ତିର ବହ୍ନି ପ୍ରଜ୍ୱଳିତ ହେବା ସୁନିଶ୍ଚିତ। ବରପାଲିରେ ତାହା ହିଁ ଘଟିଥିଲା ଭୟଙ୍କର ରୂପ ନେଇ। ଗଙ୍ଗାଧରଙ୍କ ଉପରେ ନିଷ୍ଠୁର ନିର୍ଯ୍ୟାତନାର ଅନ୍ତ ନଥିଲା। ଏହିପରି ସମ୍ପୂର୍ଣ୍ଣ ପ୍ରତିକୂଳ ପରିସ୍ଥିତିରେ ମଧ୍ୟ ଗଙ୍ଗାଧର ସାମାନ୍ୟ ସୁଯୋଗକୁ ହାତଛଡ଼ା କରିବା ପାଇଁ ପ୍ରସ୍ତୁତ ନଥିଲେ। ଅନୁକୂଳ ବାତାବରଣରେ କାର୍ଯ୍ୟ କରିବା ଯେ ସହଜସାଧ୍ୟ, ଏହା କିଏ ବା ନଜାଣନ୍ତି ! ପ୍ରତିକୂଳ ଅବସ୍ଥାରୁ ଅନୁକୂଳ ସୁଯୋଗ ସୃଷ୍ଟି କରିବା ହେଉଛି ଶ୍ରେଷ୍ଠ ପ୍ରତିଭାର ପରିଚୟ। କାବ୍ୟ କବିତା ରଚନାଦ୍ୱାରା ଗଙ୍ଗାଧର ତ ବହୁପୂର୍ବରୁ ଏହି ନିଗୂଢ଼ ସତ୍ୟ ପ୍ରତିପାଦିତ କରିଦେଇଥିଲେ। ଜୀବନର ଅନ୍ତିମବେଳାରେ ବିରୁଦ୍ଧ ପରିସ୍ଥିତି ମଧ୍ୟରେ ଥାଇ ବି ସେ ସୃଷ୍ଟି କଲେ ମାନବିକତା ସୃଜନକ୍ଷମ ଚିରନ୍ତନ ଭାବଧାରା। ସାଧାରଣ ଲୋକଙ୍କ ମଧ୍ୟରେ ଯେଉଁ ସାଧୁତା ବିଦ୍ୟମାନ, ତାକୁ ଜାଗ୍ରତ କରିଦେବା ପାଇଁ ସେ ଗଠନ କରିଥିଲେ 'ସାଧୁ ସମିତି' ନାମକ ପ୍ରେରଣାପୂର୍ଣ୍ଣ ଅନୁଷ୍ଠାନ। ଯାହା ସେ ସମୟରେ କୌଣସି ବିଶିଷ୍ଟ ବ୍ୟକ୍ତି କଳ୍ପନା ସୁଦ୍ଧା କରିପାରିନଥିଲେ। ସେହି ବିଷୟକ ବିଶ୍ୱାସ ଉଜ୍ଜୀବିତ କଲେ ଗଙ୍ଗାଧର। ଅବହେଳିତ ଓ ଉପେକ୍ଷିତ ଭାବରେ ଉପଯୁକ୍ତ ଚିକିତ୍ସାର ସୁଯୋଗ ନ ପାଇ ତାଙ୍କ ପ୍ରାଣ-ପକ୍ଷୀ ଉଡ଼ିଯାଇଥିଲା ଦୂର ଦୂରାନ୍ତରକୁ। ଏହାପରେ କବିପୁତ୍ର ଭଗବାନ ମେହେରଙ୍କ ଉପରେ ସ୍ୱତଃ ଅର୍ପିତ ହେଲା ବରପାଲି ଗ୍ରାମ

ସଂଗଠନର ସମସ୍ତ ମହତକାର୍ଯ୍ୟ। ଏମିତି କୌଣସି ଅନୁଷ୍ଠାନ ନଥିଲା, ଯେଉଁଠି ଭଗବାନ ମେହେରଙ୍କ ନିରବ ନେତୃତ୍ୱ ନୈତିକତାର ଭାବ ସମଗ୍ର ଜାଗ୍ରତ କରୁନଥିଲା। ଆଧୁନିକ ବରପାଲିର ନିର୍ମାତା କିଏ ବୋଲି ଯଦି ପ୍ରଶ୍ନ କରାଯାଏ, ତା'ହେଲେ ତାହାର ଉତ୍ତର ହେବ ଯେଉଁ ଦୁଇଟି ଶବ୍ଦ ତା'ର ପୁନର୍ଲିଖନ କରିବା ଅନାବଶ୍ୟକ। ଏହା ଏଠାରେ ଉପସ୍ଥାପନ କରିବାର ନିହିତାର୍ଥ ହେଉଛି ରବୀନ୍ଦ୍ରଙ୍କ ପରେ ରଥୀନ୍ଦ୍ର ଯେପରି ଶାନ୍ତିନିକେତନର ମହାନ ଉଦ୍ଦେଶ୍ୟକୁ ଅବ୍ୟାହତ କରିରଖିଲେ, ଠିକ୍ ସେହିପରି ଗଙ୍ଗାଧରଙ୍କ ପରେ ଭଗବାନ ମେହେର ଜନ୍ମମାଟିର ପ୍ରତିଟି ଜୀବନ-ସତ୍ତାକୁ ଦେଇଥିଲେ ପୁନର୍ଜୀବନର ଅମାପ ତେଜ। ରବୀନ୍ଦ୍ର-ରଥୀନ୍ଦ୍ର ଓ ଗଙ୍ଗାଧର-ଭଗବାନ ଏହି ପିତାପୁତ୍ରଙ୍କ ସମ୍ବନ୍ଧରେ ସ୍ଥୁଳ ପାର୍ଥକ୍ୟ ଯଦିଓ ବିଦ୍ୟମାନ, ତଥାପି ସୂକ୍ଷ୍ମତର ସତ୍ୟଟି ହେଉଛି ଅପୂର୍ବ ଭାବରେ ସମାନ।

ରଥୀନ୍ଦ୍ରନାଥ ନିଜ ପିତାଙ୍କ ଉପଯୁକ୍ତ ଉତ୍ତରାଧିକାରୀ ଭାବରେ ଯଦିଓ ସାହିତ୍ୟ ସାଧନାରେ ସେପରି ଉଲ୍ଲେଖନୀୟ ସୁଖ୍ୟାତି ଅର୍ଜନ କରିନାହାନ୍ତି, ତଥାପି ସେ ହେଉଛନ୍ତି ରବୀନ୍ଦ୍ରିୟ ସୌନ୍ଦର୍ଯ୍ୟ-ଚେତନାର ତେଜସ୍କ୍ରିୟ ସ୍ଫୁରଣ। ରବୀନ୍ଦ୍ରନାଥ ତାଙ୍କ ଜୀବନର ଅନ୍ତିମ ପର୍ଯ୍ୟାୟରେ କେତେ ଚିତ୍ତାକର୍ଷକ ଚିତ୍ରାଙ୍କନ କରିଛନ୍ତି, ତାହା ଦେଖିଲେ ଅଭିଭୂତ ହୋଇଯାଏ ଦର୍ଶକର ମନ। ରବୀନ୍ଦ୍ରଙ୍କ ମଧ୍ୟରେ ଚିତ୍ରଶିଳ୍ପୀର ଯେଉଁ ଶାଶ୍ୱତ ସତ୍ତା ଅଙ୍କୁରିତ ହୋଇଥିଲା, ତାହା ପଲ୍ଲବିତ ଓ ପୁଷ୍ପିତ ହୋଇଉଠିଲା ରଥୀନ୍ଦ୍ରଙ୍କ ରଙ୍ଗ ଓ ତୂଳୀର ସୃଜନାତ୍ମକ ସଂଗୀତରେ। ରଥୀନ୍ଦ୍ରଙ୍କ ଅଙ୍କିତ ବହୁ ଅର୍ଥପୂର୍ଣ୍ଣ ଚିତ୍ର 'ଶାନ୍ତିନିକେତନ'ର ଶୋଭାବର୍ଦ୍ଧନ କଲା ଆଶ୍ଚର୍ଯ୍ୟଜନକ ଭାବରେ। ଗଙ୍ଗାଧରଙ୍କ ମଧ୍ୟରେ ସାଙ୍ଗଠନିକ ନେତୃତ୍ୱ ନେବାର ଯେଉଁ ଅସାମାନ୍ୟ କଳା ପ୍ରଚ୍ଛନ୍ନ ହୋଇରହିଥିଲା ତାହା ପୂର୍ଣ୍ଣ ପ୍ରକଟିତ ହୋଇଉଠିଲା ଭଗବାନ ମେହେରଙ୍କ ବ୍ୟକ୍ତିତ୍ୱରେ। ସମାଜ-ସଂଗଠନ କାର୍ଯ୍ୟ ହୋଇପାରେ କିପରି ବିନମ୍ରତା-ଯୁକ୍ତ, ତାହାର ଦୁର୍ଲ୍ଲଭ ଉଦାହରଣ ହେଉଛନ୍ତି ଭଗବାନ। ରଥୀନ୍ଦ୍ର ଯେପରି ରବୀନ୍ଦ୍ର ପୂଜାରେ ନିଜକୁ କରିଥିଲେ ସମର୍ପିତ ଠିକ୍ ସେହିପରି ଭଗବାନ ମେହେର ମଧ୍ୟ ପିତୃ-ଆରାଧନାରେ ଉତ୍ସର୍ଗ କରିଦେଲେ ପିତୃଦତ୍ତ ଜୀବନଟିକୁ ତାଙ୍କର। ଗଙ୍ଗାଧରଙ୍କ ମହାପ୍ରୟାଣ ପରବର୍ତ୍ତୀ କାଳରେ ତାଙ୍କ ସ୍ମୃତିରକ୍ଷା ପାଇଁ ଯେତେ ସଚେତନ ଉଦ୍ୟମ ସଂଘଟିତ ହୋଇଥିଲା, ତାହାର ପଶ୍ଚାତ ଭାଗରେ ଥିଲା ଭଗବାନ ମେହେରଙ୍କ ସୁପରିକଳ୍ପିତ ଯୋଜନାର ଜ୍ୟୋତିରେଖା। ପିତୃ-ପ୍ରତିଷ୍ଠା ପାଇଁ କାହାକୁ ବ୍ୟବହାର କରିବା ତାଙ୍କ ନିକଟରେ ଥିଲା ଏକାନ୍ତ ଅସମ୍ଭବ। ବରଂ ଜନସାଧାରଣଙ୍କ ଭାବନାକୁ ସାକାର ରୂପ ପ୍ରଦାନ କରିବା ନିମିତ୍ତ ସେ ହୋଇଥିଲେ ସମ୍ପୂର୍ଣ୍ଣ ସମର୍ପିତ। ଗଙ୍ଗାଧରଙ୍କ ସମାଧି ନିର୍ମାଣ,

ପ୍ରତିମୂର୍ତ୍ତି ସ୍ଥାପନ, ସ୍ମୃତିଭବନ ନିର୍ମାଣ, ଜନ୍ମ ଗୃହ ଜାତୀୟକରଣ ପ୍ରଭୃତିରେ ତାଙ୍କରି ହିଁ ଚୂଡ଼ାନ୍ତ ନିଷ୍ପତ୍ତି ଥିଲା ସମସ୍ତଙ୍କ ପାଇଁ ଏକାନ୍ତ ଗ୍ରହଣୀୟ ଓ ବରଣୀୟ। କାରଣ ସେଥିରେ ଭରି ରହିଥିଲା ବିନୟ ଭାବର ବିଶୁଦ୍ଧତା।

ରଥୀନ୍ଦ୍ରନାଥ ଯଦିଓ କେବଳ ଲେଖକ ନଥିଲେ, ତଥାପି ସେ ରଚନା କଲେ 'ପିତୃସ୍ମୃତି' ପୁସ୍ତକ ବଙ୍ଗଳା ଭାଷାରେ। ରବୀନ୍ଦ୍ରଙ୍କ ସହିତ ଅତିବାହିତ ହୋଇଥିବା ସ୍ୱର୍ଣ୍ଣିମ ମୁହୂର୍ତ୍ତ ସବୁ ଅବିକଳ ଚିତ୍ରିତ ହୋଇରହିଛି ଏହି ପୁସ୍ତକଟିରେ। ରବୀନ୍ଦ୍ର ଯେପରି ଇଂରାଜୀ ଭାଷାରେ ଥିଲେ ପ୍ରବୀଣ, ରଥୀନ୍ଦ୍ର ମଧ୍ୟ ସେହିପରି ଇଂରାଜୀରେ ଭାବ ପ୍ରକାଶ ନିମନ୍ତେ ଥିଲେ ସୁଦକ୍ଷ। ବଙ୍ଗଳା ଭାଷାରେ ଯଦିଓ ପିତାଙ୍କ ଜୀବନ-ବୃତ୍ତାନ୍ତ ସେ ଲେଖିଛନ୍ତି, ପୁନଶ୍ଚ ଇଂରାଜୀ ଭାଷାରେ ମଧ୍ୟ ରଚନା କରିଛନ୍ତି 'On The Edges of Time'। ମନୋଜ ଦାସଙ୍କ 'ଦୂରଦୂରାନ୍ତର' ପୁସ୍ତକରେ ଏହାର ଉଲ୍ଲେଖ ଦୃଷ୍ଟି ପଥାରୂଢ଼ ହୁଏ। ମନୋଜ ଦାସଙ୍କ ଭଳି ଉଚ୍ଚତର ସୋପାନର ସାହିତ୍ୟସ୍ରଷ୍ଟା ଏ ପୁସ୍ତକର ଦ୍ୱିତୀୟ ସଂସ୍କରଣ ପ୍ରକାଶିତ ହୋଇ ପାରିନଥିବାରୁ ଆନ୍ତରିକ ଦୁଃଖ ବ୍ୟକ୍ତ କରିଛନ୍ତି ସେଠାରେ। କବି ପୁତ୍ର ଭଗବାନ ମେହେର କବିତା ରଚନାରେ ନିଜସ୍ୱ ସ୍ୱାତନ୍ତ୍ର୍ୟ ପ୍ରକଟ କରିଥିଲେ ବହୁ ପୂର୍ବରୁ। ପିତାଙ୍କ ସମ୍ପର୍କରେ କୌଣସି ଗୌରବ-ବର୍ଦ୍ଧନ-ମୂଳକ ବାକ୍ୟ ଉଚ୍ଚାରଣ କରିବା ଥିଲା ତାଙ୍କର ସ୍ୱଭାବ ବିରୁଦ୍ଧ। ବରଂ ସେପରି କ୍ଷେତ୍ରରେ ସେ ରହୁଥିଲେ ଅତ୍ୟନ୍ତ ସଂକୁଚିତ ହୋଇ। ଓଡ଼ିଆ ସାହିତ୍ୟର ବିଶିଷ୍ଟ ସାଧକ ଡ. ମାୟାଧର ମାନସିଂହ ଜ୍ଞାନପୀଠ ପୁରସ୍କାର ପ୍ରାପ୍ତ ମହାନ ସାହିତ୍ୟଶିଳ୍ପୀ ଗୋପୀନାଥ ମହାନ୍ତିଙ୍କ ଭଳି ଚେତନାଦୀପ୍ତ ଦୂରଦର୍ଶୀ ସ୍ରଷ୍ଟାଙ୍କ ଗଭୀର ଅନୁପ୍ରେରଣା ଲାଭ କରି ସେ ନିଜ ପିତାଙ୍କ ବିଷୟରେ ଅନ୍ତିମ ଜୀବନରେ ଯାହା ଲେଖିଲେ, ସେହି ପୁସ୍ତକର ନାମ ହେଲା 'ପିତୃପ୍ରସଙ୍ଗ'। ରଥୀନ୍ଦ୍ରଙ୍କ 'ପିତୃସ୍ମୃତି' ଓ ଭଗବାନ ମେହେରଙ୍କ 'ପିତୃପ୍ରସଙ୍ଗ' ଏ ଦୁଇଟି ପୁସ୍ତକ ସମଗ୍ର ଭାରତୀୟ ସାହିତ୍ୟର ଦୁଇଟି ଅମୂଲ୍ୟ ରତ୍ନ। ଭଗବାନ ମେହେର ନିଜର ସ୍ୱଳ୍ପ ଶିକ୍ଷା ହେତୁ ଇଂରାଜୀରେ କିଛି ରଚନା କରିବା ସମ୍ଭବପର ନଥିଲା। ଅତ୍ୟନ୍ତ ଆଶା ଓ ଆନନ୍ଦର କଥା ଯେ ସଂପ୍ରତି 'ପିତୃପ୍ରସଙ୍ଗ' ଜୀବନୀ ଗ୍ରନ୍ଥଟିର ଇଂରାଜୀ ଅନୁବାଦ ପ୍ରକାଶିତ ହୋଇସାରିଛି। ଏହାର ନାମକରଣରେ କୌଣସି ପରିବର୍ତ୍ତନ କରାଯାଇ ନାହିଁ ଇଂରାଜୀ ସଂସ୍କରଣରେ। ଅନୁବାଦିକା ହେଉଛନ୍ତି ମାଳବିକା ପଟେଲ। ଓଡ଼ିଶାରେ ନବଗଠିତ ଅନୁବାଦ ସାହିତ୍ୟ ପରିଷଦ ଦ୍ୱାରା ଏହି କାର୍ଯ୍ୟଟିକୁ ସର୍ବପ୍ରଥମେ ସମ୍ପନ୍ନ କରାଯାଇଛି, ଯାହା ଆୟୋଜକମାନଙ୍କର ସୁତୀକ୍ଷ୍ଣ ସୁଦୃଷ୍ଟି ଓ ମହତ୍ ନିଷ୍ପତ୍ତିର ପରିଚାୟକ।

ରବୀନ୍ଦ୍ରନାଥ ଓ ଗଙ୍ଗାଧରଙ୍କ ସଂପର୍କରେ ଆଲୋଚନା କରିବାକୁ ଯିବା ସମୟରେ ଯଦି ଉଭୟଙ୍କ ଏହି ଦ୍ୟୁତିମାନ ସୁପୁତ୍ରଙ୍କ ମହତ୍ତ୍ୱ ସ୍ୱୀକାର କରାନଯାଏ, ତା'ହେଲେ

ତାହା ରହିବା ଅପୂର୍ଣ୍ଣତାର ବେଦନାକ୍ତ ସନ୍ତକ ହୋଇ । ଗଙ୍ଗାଧର ରବୀନ୍ଦ୍ରନାଥଙ୍କୁ ଜାଣିଥିବା ଓ ପଢ଼ିଥିବା ବିଷୟ ପ୍ରାମାଣିକ ଭାବରେ କୌଣସି ସ୍ଥାନରେ ଉଲ୍ଲିଖିତ ହୋଇନାହିଁ । ଭଗବାନ ମେହେର ରବୀନ୍ଦ୍ରନାଥଙ୍କୁ ଜାଣିବାର ଓ ଅଧ୍ୟୟନ କରିବାର ବହୁଳ ସୁଯୋଗ ଲାଭ କରିଛନ୍ତି । ଏଠାରେ ଉଲ୍ଲେଖଯୋଗ୍ୟ ଯେ ନିଜ ପିତାଙ୍କ ପ୍ରତିଛବି ସହିତ ସେ ବିଶ୍ୱକବି ରବୀନ୍ଦ୍ରନାଥଙ୍କ ପ୍ରତିକୃତି ମଧ୍ୟ ସଜ୍ଜିତ କରି ରଖିଥିଲେ ନିଜ ପ୍ରକୋଷ୍ଠଟିରେ । ଏଥିରୁ ହିଁ ପ୍ରତିପାଦିତ ହୋଇଯାଏ ଯେ ସେ ଯେପରି ଥିଲେ ପିତୃ-ପ୍ରାଣ ସେପରି ଥିଲେ ରବୀନ୍ଦ୍ର ପ୍ରତିଭାର ପୂଜାରୀ । ତେବେ ରବୀନ୍ଦ୍ରନାଥଙ୍କୁ ସିନା ସେ ଜାଣିଥିଲେ । ରଥୀନ୍ଦ୍ରନାଥଙ୍କୁ ନୁହେଁ । ରଥୀନ୍ଦ୍ରଙ୍କୁ ନଜାଣି ମଧ୍ୟ ସେ ଥିଲେ ରଥୀନ୍ଦ୍ରନାଥଙ୍କ ପରି ନମ୍ର ବିନୟୀ ଓ ବିବେକସମ୍ପନ୍ନ ଜଣେ ଉଚ୍ଚକୋଟୀର ବ୍ୟକ୍ତିତ୍ୱ, ଯାହାଙ୍କୁ ମହାପୁରୁଷ ବୋଲି ବର୍ଣ୍ଣନା କଲେ ସତ୍ୟର ଅପଳାପ ହେବ ନାହିଁ । ରଥୀନ୍ଦ୍ରନାଥ ଭଗବାନ ମେହେରଙ୍କୁ ଜାଣିବାର ପ୍ରଶ୍ନ ବା ଉତ୍‌ଥାପିତ ହେଉଛି କେଉଁଠି ? ସିଏ ମଧ୍ୟ ଭଗବାନ ମେହେରଙ୍କ ପରି ଯେଉଁ ପିତୃପ୍ରାଣତାର ପରିଚୟ ଦେଇଛନ୍ତି, ତାହା ହିଁ ତାଙ୍କୁ ଏକାନ୍ତ ସ୍ମରଣୀୟ କରି ରଖିଛି । ଏହି ଦୁଇ ମହାନ କବିପୁତ୍ର ହେଉଛନ୍ତି ସମଗ୍ର ଭାରତବର୍ଷର ଗୌରବ । ଯେଉଁମାନେ କବି ଲେଖକ କଳାକାରଙ୍କ ସନ୍ତାନ ସନ୍ତତି ସେମାନେ ଏ ଉଭୟଙ୍କ ମୂର୍ତ୍ତି ନିଜ ହୃଦୟରେ ଧାରଣ କରିପାରିଲେ ପ୍ରତିଭାପୂଜା କେବେ ହେଲେ ମଳିନ ଓ ଅର୍ଥହୀନ ହୋଇଯିବ ନାହିଁ ।

■

ରବୀନ୍ଦ୍ରନାଥ ଓ ଗଙ୍ଗାଧରଙ୍କ ଦୃଷ୍ଟିରେ ଶିକ୍ଷା

ବିଶ୍ୱକବି ରବୀନ୍ଦ୍ରନାଥ ଶିକ୍ଷା ସମ୍ପର୍କରେ ତାଙ୍କ ଦୃଷ୍ଟିଭଙ୍ଗୀର ସୁସ୍ପଷ୍ଟ ପରିଚୟ ଯେପରି ଦେଇଛନ୍ତି, ତାହା ପ୍ରତିଟି ଶିକ୍ଷକ ଓ ଶିକ୍ଷାର୍ଥୀଙ୍କ ପାଇଁ ପ୍ରେରଣାର ବହୁବିଧ କିରଣ ବିଚ୍ଛୁରଣ କରିପାରେ। ରବୀନ୍ଦ୍ରଙ୍କ ସୁବିସ୍ତୃତ ଆଲୋଚନା ଏ ଦୃଷ୍ଟିରୁ ଗଭୀର ତାତ୍ପର୍ଯ୍ୟ ବହନ କରିଥାଏ। ବିଶ୍ୱକବିଙ୍କ 'ଶାନ୍ତିନିକେତନ' ଶିକ୍ଷାଦାନର ଏକ ପରୀକ୍ଷାଗାର। ଛାତ୍ରଛାତ୍ରୀଙ୍କ ମଧ୍ୟରେ ରହିଥିବା ସୃଜନଶୀଳତାକୁ ଜାଗ୍ରତ କରିବା ସକାଶେ ସେ ଯେଉଁସବୁ ଅଭିନବ ପଦକ୍ଷେପ ଗ୍ରହଣ କରିଛନ୍ତି, ତାହା କେବଳ ଭାରତବର୍ଷରେ ନୁହେଁ ସମଗ୍ର ପୃଥିବୀ ପାଇଁ ହୋଇପାରିଛି ଏକ ଆଦର୍ଶ ଉଦାହରଣ।

ଶିକ୍ଷା ଜଗତରେ ରହିଥିବା ଅବ୍ୟବସ୍ଥା ଓ ସମସ୍ୟା ସଂପର୍କରେ ସେ ଅତ୍ୟନ୍ତ ସଚେତନ ଥିଲେ। ସେଥିପାଇଁ ଶିକ୍ଷା ସଂସ୍କାର ଦିଗରେ ତାଙ୍କର ପ୍ରୟାସ ଥିଲା ସଦା ଅବ୍ୟାହତ। ପ୍ରାଇମେରୀ ଶିକ୍ଷାଠାରୁ ଆରମ୍ଭ କରି ଉଚ୍ଚଶିକ୍ଷା ପର୍ଯ୍ୟନ୍ତ ପ୍ରତ୍ୟେକ ବିଷୟରେ ସେ ଆଲୋକପାତ କରିଛନ୍ତି। ଶିକ୍ଷା ଜଗତରେ ସ୍ୱାଧୀନତାର ଆବଶ୍ୟକତା କେତେ ଜରୁରୀ, ତାହା ମଧ୍ୟ ପ୍ରତିପାଦନ କରିଦେଇଛନ୍ତି ବଳିଷ୍ଠ ଭାବରେ।

କୋମଳମତି ପିଲାମାନେ ଯେପରି ବେତମାଡ଼କୁ ହଜମ କରନ୍ତି ଓ ଶିକ୍ଷକଙ୍କର କିଛି ଗାଳିଗୁଡ଼ିକ ଦ୍ୱାରା ଆଘାତପ୍ରାପ୍ତ ହୁଅନ୍ତି, ସେଥିରେ ଯେ ସେମାନଙ୍କ ବ୍ୟକ୍ତିତ୍ୱର ବିକାଶ ହେଇପାରିବ ନାହିଁ - ଏ ସଂପର୍କରେ ସଦା ସଚେତନ ଥିଲେ ରବୀନ୍ଦ୍ର। ସେ ଏହି ପ୍ରସଙ୍ଗରେ ଉଲ୍ଲେଖ କରିଛନ୍ତି ଯେ, 'ସ୍ୱାଧୀନ ହୋଇ ଚଲାବୁଲା କରିବା ନିମନ୍ତେ ବେଶ୍ ବଡ଼ ଜାଗାଟିଏ ରହିଥିବା ଦରକାର ହୁଏ, ନ ହେଲେ ଆମର ସ୍ୱାସ୍ଥ୍ୟ ଏବଂ

ଆନନ୍ଦ ବାଧାପ୍ରାପ୍ତ ହୁଏ। ଶିକ୍ଷା ସମ୍ପଦରେ ମଧ୍ୟ ଠିକ୍ ସେହିପରି। କେବଳ ଯେତିକିକୁ ଶିକ୍ଷା ବୋଲି ଅଥବା ଅତ୍ୟାବଶ୍ୟକ ବୋଲି କୁହାଯିବ, ସେତିକି ଭିତରେ ପିଲାମାନଙ୍କୁ ସମ୍ପୂର୍ଣ୍ଣ ଆବଦ୍ଧ କରି ରଖିଦେଲେ ସେମାନଙ୍କର ମନ ସେତିକିରେ କଦାପି ଯଥେଷ୍ଟ ପରିମାଣରେ ବୃଦ୍ଧି ଲାଭ କରିପାରେ ନାହିଁ। ଅତ୍ୟାବଶ୍ୟକ ଶିକ୍ଷା ସହିତ ସ୍ୱାଧୀନ କିଛି ପାଠକୁ ମିଶାଇ ନ ରଖିଲେ ପିଲାଟି ଆଦୌ ଭଲ ଭାବରେ ଜଣେ ମଣିଷ ହୋଇପାରେ ନାହିଁ - ବୟସ ବଢୁଥିଲେ ମଧ୍ୟ ବୁଦ୍ଧି ବୃତ୍ତିର କ୍ଷେତ୍ରରେ ସେ ବହୁ ପରିମାଣରେ ଗୋଟିଏ ବାଳକ ହୋଇ ରହିଯାଏ। (ଶିକ୍ଷା ମନୁଷ୍ୟର ଧର୍ମ - ରବୀନ୍ଦ୍ରନାଥ ଠାକୁର, ପୃ. ୨)

ଶିକ୍ଷାଲାଭ ଓ ଭାବ ପ୍ରକାଶ ଯେ ମାତୃଭାଷାରେ କରିବାଦ୍ୱାରା ଜଣେ ମଣିଷର ମାନସିକ ବିକାଶ କିପରି ଘଟେ, ତାହା ନିର୍ଭିକ ଭାବରେ ପ୍ରତିପାଦନ କରି ଦେଇଛନ୍ତି ସେ। ଅନେକ ଭାବନ୍ତି ଯେ ମାତୃଭାଷାରେ ହୃଦୟର ବା ମସ୍ତିଷ୍କଜାତ ଚିନ୍ତନର ସବୁକଥାକୁ ପ୍ରକାଶ କରାଯାଇ ପାରିବ ନାହିଁ। ରବୀନ୍ଦ୍ରନାଥ ଏ ସଂପର୍କରେ ଯେଉଁ ସୁଦୃଢ଼ ଆସ୍ଥା ବ୍ୟକ୍ତ କରିଛନ୍ତି ମାତୃଭାଷା ଉପରେ, ତାହା ଆଜି ମଧ୍ୟ ଯୁଗଉପଯୋଗୀ। ମାତୃଭାଷାରେ ଚିଠି ଖଣ୍ଡେ ନ ଲେଖିବା, ବନ୍ଧୁମାନଙ୍କୁ ଭେଟିଲେ ମାତୃଭାଷାରେ କଥା କହିବାକୁ ସଙ୍କୋଚ ଅନୁଭବ କରିବା ଓ ମାତୃଭାଷାରେ ଲିଖିତ ପୁସ୍ତକଗୁଡ଼ିକ ପ୍ରତି ଅବଜ୍ଞା ଭାବ ପ୍ରକାଶ କରିବା ଏକ ପ୍ରକାରର ପାପ ବୋଲି ତାଙ୍କ ନିକଟରେ ଗୃହୀତ।

ରବୀନ୍ଦ୍ରନାଥ ଛାତ୍ରଛାତ୍ରୀଙ୍କର ଜୀବନକୁ କିପରି ଗଢ଼ିବା ପାଇଁ ଆକାଙ୍‌କ୍ଷା ପୋଷଣ କରିଥିଲେ, ତାହା ତାଙ୍କ ରଚନାରେ ପ୍ରଭାବଶାଳୀ ରୂପରେ ପ୍ରତିଫଳିତ ହୋଇଯାଇଛି। ବାସ୍ତବିକ ଶାନ୍ତିନିକେତନ ନିର୍ମାଣ ପଶ୍ଚାତରେ କବିଙ୍କର ଥିଲା ଯେଉଁ ବିରାଟ ଯୋଜନା ଓ ଉପଲବ୍ଧି, ତାହା ଆମକୁ ବିସ୍ମିତ କରିଦିଏ। ସେ ଏପରି ଏକ ଆଦର୍ଶ ବିଦ୍ୟାଳୟ ସ୍ଥାପନ କରିବାର ସ୍ୱପ୍ନ ଦେଖିଥିଲେ, ଯାହା ଲୋକ ଗହଳିଠାରୁ ଥିବ ଦୂରବର୍ତ୍ତୀ। ଏକ ନିର୍ଜନ ସ୍ଥାନ, ମୁକ୍ତ ଆକାଶ, ବିସ୍ତୃତ ପ୍ରାନ୍ତରରେ ସବୁଜ ବୃକ୍ଷଲତାଙ୍କ ଶୀତଳ ସାନ୍ନିଧ୍ୟରେ ସେହି ବିଦ୍ୟାଳୟ ହୋଉଉଠିବ ଏକ ମହାନ ଯଜ୍ଞକ୍ଷେତ୍ର। ଅଧ୍ୟାପକମାନେ ନିରବରେ ନିଭୃତରେ ନିମଜ୍ଜିତ ହୋଇପାରିବେ ଗଭୀର ଅଧ୍ୟୟନ ଓ ମନନ ସକାଶେ। ଏହାକୁ ଦୃଷ୍ଟିରେ ରଖି ଯଦି ଶାନ୍ତିନିକେତନର ନିରୀକ୍ଷଣ କରାଯିବ ତା'ହେଲେ ବିଶ୍ୱକବିଙ୍କ ବିଶାଳ ଚିନ୍ତନ କିପରି ବାସ୍ତବ ରୂପ ପରିଗ୍ରହ କରିଛି, ତାହା ଅନୁଭବ କରିହେବ।

ରବୀନ୍ଦ୍ରନାଥଙ୍କ ଶୈକ୍ଷିକ ଆଲୋଚନା ଯେପରି ବିସ୍ତାରିତ ଭାବରେ ବ୍ୟକ୍ତ ହୋଇପାରିଛି, ତାହା ଅତୁଳନୀୟ। ଏ ଦୃଷ୍ଟିରୁ ଯଦି ଓଡ଼ିଶାର ସ୍ୱଭାବକବି ଗଙ୍ଗାଧର ମେହେରଙ୍କ ରଚନା ସମ୍ଭାର ଉପରେ ଦୃଷ୍ଟି ନିବଦ୍ଧ କରାଯିବ, ତାହାହେଲେ ଗଦ୍ୟ

ଅପେକ୍ଷା ପଦ୍ୟ ରଚନାରେ କବିଙ୍କ କଳ୍ପିତ ଆଦର୍ଶ ଶିକ୍ଷାର ବାସ୍ତବ ରୂପାୟନକୁ ଯଥାର୍ଥ ଭାବରେ ବିଚାର କରାଯାଇ ପାରିବ। ଆନନ୍ଦ ଓ ଆଶ୍ୱାସନାର କଥା ହେଉଛି ଯେ ଗଙ୍ଗାଧରଙ୍କ ଶିକ୍ଷା ସମ୍ବନ୍ଧୀୟ ଚେତନାକୁ କେନ୍ଦ୍ର କରି ସାହିତ୍ୟରେ ନୁହେଁ, ଏଡୁକେଶନ ବିଷୟରେ ଗବେଷଣାତ୍ମକ ନିବନ୍ଧ ପ୍ରସ୍ତୁତ ହୋଇପାରିଛି ଓ ଗବେଷକ ଏଥିପାଇଁ ଡକ୍ଟରେଟ ଉପାଧି ଲାଭ କରିପାରିଛନ୍ତି। କେତେ ସୂକ୍ଷ୍ମ ଅଧ୍ୟୟନଦ୍ୱାରା ଏହା ସମ୍ଭବ ହୋଇପାରେ, ତାହା ଚିନ୍ତା କରିବା ଏକ ମହାନ ପ୍ରସଙ୍ଗ। କାବ୍ୟକବିତାରେ ଗଙ୍ଗାଧରଙ୍କ ଯେଉଁ ଚିନ୍ତାଧାରା ପ୍ରତିବିମ୍ବିତ ହୋଇଉଠିଛି, ତାହାର ଏକ ସଙ୍କେତାତ୍ମକ ଓ ଅର୍ଥପୂର୍ଣ୍ଣ ରୂପାୟନ ହେଉଛି ତାଙ୍କର ଗଦ୍ୟରଚନା : "ଶିକ୍ଷିତ, ଅଶିକ୍ଷିତ ଓ ଶିକ୍ଷାଭିମାନୀ" ଏହି କ୍ଷୁଦ୍ର ପ୍ରବନ୍ଧଟିକୁ ଧ୍ୟାନପୂର୍ବକ ପାଠ କଲେ ଯେ କେହି ସେହି ବିନ୍ଦୁରେ ଉପନୀତ ହୋଇପାରିବ ଯାହା ଗଙ୍ଗାଧରଙ୍କ ବକ୍ତବ୍ୟର ଅସଲ ନିର୍ଯ୍ୟାସ। ପ୍ରବନ୍ଧଟିର ଆଲୋଚ୍ୟ ବିଷୟ ଉପରେ କିଞ୍ଚିତ ଆଲୋକପାତ କଲେ ଗଙ୍ଗାଧରଙ୍କ ଚିନ୍ତନର ଚୌହଦୀ ଭିତରକୁ ଆମେ ପ୍ରବେଶ କରିପାରିବା ଅନାୟାସରେ। ଶିକ୍ଷିତ କହିଲେ ବାସ୍ତବରେ ଆମେ କେଉଁ ସୁଗୁଣସଂପନ୍ନ ବ୍ୟକ୍ତିଙ୍କୁ ବୁଝିବା, ଅଶିକ୍ଷିତ ବାସ୍ତବରେ କିଏ, ତାହା ଜାଣିବା ସଙ୍ଗେସଙ୍ଗେ ଆଉ ଏକ ପର୍ଯ୍ୟାୟରେ ମଣିଷକୁ ଚିହ୍ନିପାରିବା ଯେଉଁମାନେ ହେଉଛନ୍ତି ଶିକ୍ଷାଭିମାନୀ।

ଶିକ୍ଷିତ ବ୍ୟକ୍ତିର ମହାନତା ବର୍ଣ୍ଣନା କରି ଗଙ୍ଗାଧର ଲେଖିଛନ୍ତି ଯେ "ଶିକ୍ଷିତ ବ୍ୟକ୍ତି ମନୁଷ୍ୟ ପଦବାଚ୍ୟ। ଶିକ୍ଷିତ ବ୍ୟକ୍ତି ସତ୍‌କର୍ମରେ ନିରତ ଥାଇ ସତ୍‌ସଙ୍ଗରେ ଓ ସଦାଲାପରେ ପବିତ୍ର ଭାବରେ ଜୀବନଯାତ୍ରା ନିର୍ବାହ କରନ୍ତି।" ଏଭଳି ବ୍ୟକ୍ତି ଜଗତର ସମୁନ୍ନତି ସକାଶେ କିପରି ସତତ ଚିନ୍ତିତ, ତାହା ପ୍ରକାଶ କରିଦେଇଛନ୍ତି କବି। ମଙ୍ଗଳମୟ ପରମେଶ୍ୱରଙ୍କ କଲ୍ୟାଣସୂଚକ ତତ୍ତ୍ୱର ନିର୍ଯ୍ୟାସ ସେମାନେ ଉପଲବ୍ଧି କରିପାରିଥାଆନ୍ତି। ତାଙ୍କର ହୃଦୟ ଶ୍ରଦ୍ଧା, ଭକ୍ତି, ଦୟା, କ୍ଷମା ଆଦି ଦିବ୍ୟଗୁଣରେ ସମ୍ପ୍ରସାରିତ।

ଶିକ୍ଷା କହିଲେ କ'ଣ ହୋଇପାରେ, ତାହାର ସଂଜ୍ଞା ଯଦି ଅନ୍ୱେଷଣ କରାଯାଏ ଗଙ୍ଗାଧରଙ୍କ ରଚିତ କାବ୍ୟଟିଏ କେତେ ଯଥାର୍ଥ, ତାହା ଅନୁଭବ କରିହୁଏ। କବି ଲେଖନ୍ତି, "ଶିକ୍ଷା ବିଦ୍ୟାଳୟରେ ଶେଷ ହୁଏନାହିଁ; ଶିକ୍ଷା ମନୁଷ୍ୟର ଜୀବନବ୍ୟାପୀ ମହାବ୍ରତ। ଜଗତ ଶିକ୍ଷାଳୟ ଓ ପ୍ରକୃତି ନିତ୍ୟ ପଠନୀୟ ବିରାଟ ଗ୍ରନ୍ଥ।" ଜ୍ଞାନଲାଭର ଶେଷ ସୀମା ବୋଲି ଯେ କିଛି ନାହିଁ, ଏହା ସୁଶିକ୍ଷିତ ବ୍ୟକ୍ତିବୃନ୍ଦ ହୃଦୟଙ୍ଗମ କରିପାରିଥାଆନ୍ତି। ସାହିତ୍ୟ ପ୍ରତି ଗଭୀର ଅନୁରକ୍ତି ସେମାନଙ୍କ ବ୍ୟକ୍ତିତ୍ୱର ଏକ ବିଶେଷ ଦିଗ। ଏଭଳି ବହୁ ଶିକ୍ଷିତ ଲୋକଙ୍କ ମଧ୍ୟରେ ଜ୍ଞାନୀ ବୋଲି ଯାହାଙ୍କୁ ଅଭିହିତ କରାଯିବ ସେ ଜ୍ଞାନକୁ କୋହେନୂର ହୀରା ଅପେକ୍ଷା ଅଧିକ ମୂଲ୍ୟବାନ ମନେକରନ୍ତି। ସେମାନଙ୍କ

ହୃଦୟ ପର୍ବତ ଭଳି ଆକାଶଚୁମ୍ବି, ସାଗର ପରି ପ୍ରଶସ୍ତ ଓ ଗଭୀର। ଅର୍ଥ ଓ ପଦଲାଭ ପ୍ରଲୋଭନରୁ ସେମାନେ ବହୁ ଉର୍ଦ୍ଧ୍ୱରେ ଜ୍ଞାନାଲୋକ ଦ୍ୱାରା ଆଲୋକିତ ହୋଇ ରହିଥାଆନ୍ତି। ଅତି ସ୍ୱଳ୍ପ ଶବ୍ଦ ମଧ୍ୟରେ ଶିକ୍ଷିତ ବ୍ୟକ୍ତି ଓ ଜ୍ଞାନଦୀପ୍ତ ମାନବର ମାନସ ମନ୍ଥନ ଯେପରି କରିପାରିଛନ୍ତି ଗଙ୍ଗାଧର, ତାହା ବିଶ୍ୱ ସାହିତ୍ୟର ଅମୂଲ୍ୟ ରତ୍ନ ନିଶ୍ଚୟ।

ଅଶିକ୍ଷିତ ଲୋକ ବୋଲି କାହାକୁ କୁହାଯିବ, ତାହାର ଉତ୍ତର ମଧ୍ୟ ଏହି ରଚନାରେ ନିହିତ ହୋଇ ରହିଛି ଖୁବ୍ ସ୍ୱଷ୍ଟ ଭାବରେ। ଅଶିକ୍ଷିତ ବ୍ୟକ୍ତିକୁ ପଶୁତୁଲ୍ୟ ବୋଲି ବର୍ଣ୍ଣନା କରନ୍ତି ଗଙ୍ଗାଧର। ତାର ଜୀବନ ଭୋଜନ ଓ ନିଦ୍ରାରେ ଅତିବାହିତ ହେଉଥାଏ ଅତ୍ୟନ୍ତ ନିକୃଷ୍ଟସଙ୍ଗ ପ୍ରଭାବରେ। ସେ ଆଚରଣ ଓ ଉଚ୍ଚାରଣରେ ନିଜ ଉଦ୍ରେଚିତ ଚରିତ୍ରର ପରିଚୟ କଦାପି ଦେଇପାରେ ନାହିଁ। କାମ କ୍ରୋଧ ଆଦି ବିକୃତ ଦୁର୍ଗୁଣ ତାର ଜୀବନକୁ କରିଦିଏ ଅର୍ଥହୀନ। ଏପରି ବିଷୟ ବର୍ଣ୍ଣନା ବାସ୍ତବିକ୍ ଗଙ୍ଗାଧରଙ୍କ ଅନ୍ତର୍ଦୃଷ୍ଟିର ପରିଚୟ ବି।

ଶିକ୍ଷିତ, ଜ୍ଞାନୀ ଆଉ ଅଶିକ୍ଷିତ ବ୍ୟକ୍ତିଙ୍କ ସଂପର୍କରେ ଲେଖିଥିଲେ ଯଥେଷ୍ଟ ହୋଇଥାନ୍ତା। କିନ୍ତୁ ତାହାରି ମଧ୍ୟରେ ଯେଉଁ ଏକ ସ୍ୱତନ୍ତ୍ର ମାନବ ଗୋଷ୍ଠୀକୁ ଶିକ୍ଷାଭିମାନୀ ବୋଲି ସେ ଚିହ୍ନଟ କରିଦେଇଛନ୍ତି, ତାହାର ତୁଳନା କ୍ୱଚିତ୍ କ୍ଷେତ୍ରରେ କରାଯାଇପାରେ। ଏହି ଶିକ୍ଷାଭିମାନୀମାନେ ଉପରକୁ ସତ୍ କାର୍ଯ୍ୟ କରୁଥିବା ଭଳି ମନେ ହେଉଥିଲେ ମଧ୍ୟ ସେମାନେ ପ୍ରତିମୁହୂର୍ତ୍ତରେ ପ୍ରଦର୍ଶନ କରୁଥାନ୍ତି ନିଜସ୍ୱ ଛଦ୍ମରୂପର ଅସ୍ଥାୟୀ ଓ କ୍ଷଣଭଙ୍ଗୁର ପ୍ରଭାବହୀନ ଦୁର୍ଦ୍ଦଶା। ସାମାନ୍ୟ ଜ୍ଞାନ ଆହରଣ କରିବାରେ ସେମାନେ ସର୍ବଦା କୁଣ୍ଠିତ ହେଉଥିଲେ ମଧ୍ୟ ନିଜକୁ ଜ୍ଞାନୀ ବୋଲି ପ୍ରଚାରିତ କରିବାରେ ସେମାନେ ସୁନିପୁଣ। ଯେଉଁମାନେ ପଦପଦବୀ ଓ ବିଭିନ୍ନ କ୍ଷମତା ତଥା ଧନଜନର ଅଧିକାରୀ ସେମାନଙ୍କୁ ପ୍ରଶଂସା କରି ନିଜର ସଂକୀର୍ଣ୍ଣ ସ୍ୱାର୍ଥସାଧନ କରୁଥାନ୍ତି। ମିଥ୍ୟା, କପଟତା, କୁଟିଳତା ପ୍ରଭୃତି ଆସୁରିକ ବିକୃତିରେ ସେମାନଙ୍କ ମନ ନରକଠାରୁ ଆହୁରି ଦୁର୍ଗନ୍ଧମୟ। ନିଜକୁ ସୁଯୋଗ୍ୟ ପ୍ରମାଣିତ କରିବା ପାଇଁ କେବଳ ତାଙ୍କର ଆବଶ୍ୟକ ହୋଇଥାଏ ଶିକ୍ଷାନୁଷ୍ଠାନର ପ୍ରମାଣପତ୍ର। ବିଷମ ପ୍ରକୃତିର ପରିଚୟ ଦେଇଥାନ୍ତି ସେମାନେ। ବାହାରେ ସେମାନେ ସତ୍ୟ ଆଉ ନିଃସ୍ୱାର୍ଥପର। ଭିତରେ ଅସଭ୍ୟ, ବର୍ବର ଓ ସ୍ୱାର୍ଥପର। ଏହି ଗୋଷ୍ଠୀର ଦ୍ରୁତ ସଂକ୍ରମଣ ପୃଥିବୀର ପରିବେଶକୁ କିପରି କରିଦିଏ ନୈରାଶ୍ୟପୂର୍ଣ୍ଣ, ତାହା ଉପଲବ୍ଧି କରିପାରିବା ଗଙ୍ଗାଧରଙ୍କ ଅନ୍ତଃର୍ଦୃଷ୍ଟିସମ୍ପନ୍ନ ଏହି କ୍ଷୁଦ୍ର ପ୍ରବନ୍ଧଟି ନିଷ୍ଠାର ସହିତ ଅଧ୍ୟୟନ କଲେ। ବାସ୍ତବରେ ଏହି ଶିକ୍ଷାଭିମାନୀ ଗୋଷ୍ଠୀର କୁପ୍ରଭାବ ଆମ ପରିବେଶକୁ କିପରି ବିଷାଦମୟ ତଥା ବିପଜ୍ଜନକ - ସେହି ନିଷ୍ଠୁର ଅପ୍ରିୟ ସତ୍ୟ ଉଦ୍‌ଘୋଷିତ ହୋଇପାରିଛି ଏଥିରେ। ଏହି ସବୁ ଦୃଷ୍ଟିରୁ ଗଙ୍ଗାଧରଙ୍କ ରଚିତ ପ୍ରବନ୍ଧଟି ଆଲୋକ ଉନ୍ମୁଖ ମଣିଷମାନଙ୍କ ନିମିତ୍ତ ପ୍ରେରଣାଧର୍ମୀ ଏକ ସ୍ନିଗ୍ଧ ଆଲୋକରେଖା।

ରବୀନ୍ଦ୍ରନାଥ ଶିକ୍ଷା ସଂପର୍କରେ ଯେଉଁ ବିସ୍ତୃତ ଆଲୋଚନା କରିଯାଇଛନ୍ତି, ସେପରି ବିସ୍ତୃତିର ବିଭବ ଗଙ୍ଗାଧର ସାହିତ୍ୟରେ ଅନୁପସ୍ଥିତ। କିନ୍ତୁ ସକଳ ସଂକୀର୍ଣ୍ଣତା ଓ ଛଦ୍ମତା ତ୍ୟାଗ କରି ମାନବିକତା ଅଭିମୁଖୀ ହେବା ପାଇଁ ଗଙ୍ଗାଧରଙ୍କଦ୍ୱାରା ପ୍ରଦତ୍ତ ଦିଗ୍‌ଦର୍ଶନ ପ୍ରତିଟି ଯୁଗ ସକାଶେ ଯେ ଏକାନ୍ତ ହିତକାରକ, ଏଥିରେ ସନ୍ଦେହ ନାହିଁ। କିଏ କେତେ ବୃହତ ଗ୍ରନ୍ଥ ରଚନା କରିଛନ୍ତି, ତାହା ତାଙ୍କ ପ୍ରତିଭାର ପ୍ରମାଣ ହୋଇପାରେନା। ସ୍ୱଳ୍ପ ଲିଖନ ମଧ୍ୟରେ ବି ଯେଉଁମାନେ ଅସଲ ମର୍ମବାଣୀକୁ ଫୁଟାଇ ଦେଇପାରନ୍ତି ସେମାନେ ହିଁ ହେଉଛନ୍ତି ଅନୁସରଣୀୟ। ରବୀନ୍ଦ୍ର-ପ୍ରତିଭାର ଅନ୍ତଃଦୃଷ୍ଟି ମଧ୍ୟରୁ ପ୍ରାଣବାନ ଉଷ୍ଣ ଲୋତକ ବିନ୍ଦୁ ବାଢ଼ି ଆଣି ପାରିଲେ ତାହା ଯେଉଁ ରୂପ ପରିଗ୍ରହ କରିପାରନ୍ତା, ତାହାହିଁ ହେଉଛି ଗଙ୍ଗାଧରଙ୍କ କେତୋଟି ମାତ୍ର ଗଦ୍ୟ ସୃଷ୍ଟି। ଏ ଦୃଷ୍ଟିରୁ ଉଭୟ ମହାନ ପ୍ରତିଭା ଯେ କିପରି ପ୍ରେରଣାଦୀପ୍ତ, ଏହା କହିବା ବାହୁଲ୍ୟ ମାତ୍ର।

■

ନୋବେଲ ପୁରସ୍କାର : ରବୀନ୍ଦ୍ରନାଥ ଓ ଗଙ୍ଗାଧର

ଏକଥା କିଏ ଜାଣିନାହିଁ ଯେ, ବିଶ୍ୱକବି ରବୀନ୍ଦ୍ରନାଥ ଠାକୁର ୧୯୧୩ ମସିହାରେ ପୃଥିବୀର ମର୍ଯ୍ୟାଦାଜନକ ନୋବେଲ ପୁରସ୍କାର ତାଙ୍କ 'ଗୀତାଞ୍ଜଳି' କବିତା ସଂକଳନ ସକାଶେ ଲାଭ କରିଛନ୍ତି। ଏହା ସମଗ୍ର ଭାରତବର୍ଷ ସକାଶେ ଯେ ଏକ ଗୌରବୋଦୀପ୍ତ ଅନୁଭୂତି, ଏଥିରେ ସନ୍ଦେହର ଅବକାଶ ନାହିଁ।

ରବୀନ୍ଦ୍ରନାଥଙ୍କ କବିତାରେ ଭାରତୀୟ ବୈଦିକ ଋଷିର ଯେଉଁ ମନ୍ତ୍ର ଧ୍ୱନିତ ହେଲା ନୂତନ ଛନ୍ଦରେ, ତାହା କେବଳ ଭାରତବାସୀଙ୍କୁ ମୁଗ୍ଧ କରିବାରେ ସୀମିତ ରହିଲା ନାହିଁ, ବରଂ ସମଗ୍ର ପୃଥିବୀର ଆଧ୍ୟାତ୍ମିକ ଅନୁସନ୍ଧିତ୍ସୁ ମାନବାତ୍ମାକୁ ତାହା ପ୍ରଦାନ କଲା ଶାନ୍ତ, ସ୍ନିଗ୍ଧ, ଶୀତଳତାର ଏକ ମହିମ୍ନ ସ୍ପର୍ଶ। ଗୀତାଞ୍ଜଳିର ଭାବ-ସମ୍ଭାର ମଧ୍ୟରେ ପ୍ରତିବିମ୍ବିତ ହୋଇ ରହିଛି ଯେଉଁ ଈଶ୍ୱରୀୟ ଅନୁଭବର ଗାମ୍ଭୀର୍ଯ୍ୟ ଓ ମାଧୁର୍ଯ୍ୟ, ତାହାରି ମଧ୍ୟରେ ନିନାଦିତ ହୋଇଉଠିଛି ଭାରତ-ଭୂମିର ଅତୁଳନୀୟ ଅଭୀପ୍ସା।

ଯେଉଁମାନେ ସ୍ୱଭାବକବି ଗଙ୍ଗାଧର ମେହେରଙ୍କ କବିତା ପାଠ କରି ଅଭିଭୂତ ହୋଇଉଠିଛନ୍ତି, ସେମାନେ ମର୍ମେ ମର୍ମେ ଅନୁଭବ କରିଛନ୍ତି ଯେ, ଯଦି ଗଙ୍ଗାଧରଙ୍କ କବିତା ଇଂରାଜୀ ଭାଷାରେ ଅନୂଦିତ ହୋଇପାରିଥା'ନ୍ତା, ତା'ହେଲେ ତାହା ନୋବେଲ ପୁରସ୍କାର ଲାଭ ସକାଶେ ଉପଯୁକ୍ତ ବିବେଚିତ ହୋଇଥା'ନ୍ତା ନିଶ୍ଚୟ। ରବୀନ୍ଦ୍ରନାଥଙ୍କ ଗୀତାଞ୍ଜଳି ସ୍ୱୟଂ ରବୀନ୍ଦ୍ରଙ୍କ ଦ୍ୱାରା ହିଁ ଇଂରାଜୀ ଭାଷାରେ ଅନୂଦିତ ହୋଇପାରିଥିଲା ଓ ଏହା ସମ୍ପୂର୍ଣ୍ଣ ଭାବରେ ପାଠକରିବା ପରେ ସୁବିଖ୍ୟାତ ଇଂରାଜୀ କବି ଡବ୍ଲୁ.ବି.ୟେଟ୍‌ସଙ୍କ ରଚିତ ମୁଖବନ୍ଧ ସେଥିରେ ସଂଯୋଜିତ ହୋଇ ତାହାର ଆଶାନୁରୂପ ଗୌରବ ବର୍ଦ୍ଧନ

କରିବାରେ ହେଲା ସକ୍ଷମ। ଗଙ୍ଗାଧର ଉଚ୍ଚଶିକ୍ଷାରୁ ଥିଲେ ବଞ୍ଚିତ। ତେଣୁ ନିଜସ୍ୱ ରଚନାକୁ ଇଂରାଜୀ ଭାଷାରେ ଅନୁବାଦ କରିବାର କଳ୍ପନା ସୁଦ୍ଧା ସେ କରିପାରିନାହାନ୍ତି। ଅନ୍ୟ କୌଣସି ଇଂରାଜୀ ପ୍ରବୀଣ ବିଜ୍ଞ ପ୍ରତିଭା ମଧ୍ୟ ସେ ଦିଗରେ ସେତେବେଳେ ଦୃଷ୍ଟି ଦେଇପାରିନାହାନ୍ତି। ତେବେ ଗଙ୍ଗାଧରଙ୍କ କବିତା ଇଂରାଜୀରେ ଅନୂଦିତ ହେବା ଫଳରେ ସେ ଯେ ନିଶ୍ଚିତ ଭାବରେ ନୋବେଲ ପୁରସ୍କାର ଲାଭ କରିପାରିଥାନ୍ତେ, ଏକଥା କେବେ ହେଲେ କୁହାଯାଇପାରିବ ନାହିଁ। ଏହାର କାରଣ ହେଲା ଗଙ୍ଗାଧରଙ୍କ କବିତା ଓଡ଼ିଶାର ସୀମା ଅତିକ୍ରମ କରି ଅନ୍ୟାନ୍ୟ ପ୍ରଦେଶକୁ ମଧ୍ୟ ପହଞ୍ଚିପାରିନଥିଲା। କେବଳ ସେତିକି ନୁହେଁ; ରବୀନ୍ଦ୍ରନାଥ ଶାନ୍ତିନିକେତନ ପ୍ରତିଷ୍ଠା କରିବା ମାଧ୍ୟମରେ ଓ ନିଜସ୍ୱ ସାରସ୍ୱତ ସଂପର୍କକୁ ସମଗ୍ର ପୃଥିବୀରେ ସମ୍ପ୍ରସାରିତ କରିଦେବାରେ ଯେଉଁ ଅନନ୍ୟ ଭୂମିକା ଗ୍ରହଣ କରିଥିଲେ, ତାହା ଅନ୍ୟ କବି ବା ଲେଖକଙ୍କ ଦ୍ୱାରା ସେତେବେଳେ ସମ୍ଭବ ହୋଇପାରିନଥା'ନ୍ତା। ଅନେକ ଇଂରାଜୀ ଭାଷାଭିଜ୍ଞ କବି ଓ ଶିକ୍ଷାବିତ୍ ରବୀନ୍ଦ୍ରଙ୍କ ଇଂରାଜୀ ଅନୁବାଦର ଉଚ୍ଚମାନତା ସଂପର୍କରେ ସନ୍ଦେହାଚ୍ଛନ୍ନ। ଅପର ପକ୍ଷରେ ଓଡ଼ିଶାର ବିଶିଷ୍ଟ ଇଂରାଜୀ ପ୍ରଫେସର ଓ ଓଡ଼ିଆ କବି ତଥା ଗଦ୍ୟ ସ୍ରଷ୍ଟା ମାୟାଧର ମାନସିଂହ ତାଙ୍କ ଦ୍ୱାରା ରଚିତ 'ଇଙ୍ଗ-ଭାରତୀୟ ସାହିତ୍ୟ' ଶୀର୍ଷକ ପ୍ରବନ୍ଧଟିରେ ଦର୍ଶାଇଦେଇଛନ୍ତି ଯେ, ଇଂରାଜୀ ଭାଷାରେ କବିତା ଲେଖିବାର ଯଦି କାହାର ଅଧିକାର ଥାଏ, ତାହା ରବୀନ୍ଦ୍ରଙ୍କ ପରି ପ୍ରତିଭା ପକ୍ଷରେ କେବଳ ସମ୍ଭବ। ସେଥିପାଇଁ ଇଂରାଜୀ ଅନୁରକ୍ତ କବି ଓ ଲେଖକଙ୍କୁ ସେ ଇଂରାଜୀରେ ନଲେଖି ନିଜ ମାତୃଭାଷାରେ ସାହିତ୍ୟ ସୃଷ୍ଟି ନିମନ୍ତେ ପ୍ରଦାନ କରିଛନ୍ତି ସୁଚିନ୍ତିତ ପ୍ରେରଣା।

କେବଳ ଗଙ୍ଗାଧର କାହିଁକି, ଓଡ଼ିଶାର ଅନ୍ୟବିଶିଷ୍ଟ କବି ଲେଖକମାନେ ମଧ୍ୟ ଯେପରି ପ୍ରେରଣା ଉଦ୍ଦୀପକ ନବ-ଚେତନା-ସମୃଦ୍ଧ ସାହିତ୍ୟ ସୃଷ୍ଟି କରିଛନ୍ତି, ସେମାନେ ମଧ୍ୟ ଯେ ନୋବେଲ ପୁରସ୍କାର ଲାଭ କରିବା ପାଇଁ ଏକାନ୍ତ ଯୋଗ୍ୟ, ଏଥିରେ ଦ୍ୱିମତ ନାହିଁ। ବ୍ୟାସକବି ଫକୀରମୋହନ ସେନାପତି କଥା ସାହିତ୍ୟ ସୃଷ୍ଟିରେ ଯେଉଁ ଅସାମାନ୍ୟ ପ୍ରତିଭାର ପରିଚୟ ଦେଇଛନ୍ତି, ତାହା କେତେ ପ୍ରଭାବଶାଳୀ, ଏକଥା କାହାକୁ ଅବିଦିତ ନାହିଁ। କେବଳ ଓଡ଼ିଶା କାହିଁକି, ସମଗ୍ର ଭାରତ ବର୍ଷରେ ମଧ୍ୟ ଏଭଳି ଅନେକ କବି ଲେଖକ ଉକ୍ତ କାଳଖଣ୍ଡ ମଧ୍ୟରେ ନିଜସ୍ୱ ପ୍ରତିଭାବଳରେ ଅପୂର୍ବ ବିସ୍ମୟ ସୃଷ୍ଟି କରିପାରିଛନ୍ତି; ଯେଉଁମାନେ ମଧ୍ୟ ଏହି ପୁରସ୍କାର ନିମିତ୍ତ ସୁଯୋଗ୍ୟ ପ୍ରତିଭା - ଏହା ଭାରତୀୟ ପାଠକଶ୍ରେଣୀ ଉପଲବ୍ଧି କରିପାରନ୍ତି। ହିନ୍ଦୀ ସାହିତ୍ୟ କ୍ଷେତ୍ରରେ ପ୍ରେମଚନ୍ଦ ଓ ବଙ୍ଗଳା ସାହିତ୍ୟ କ୍ଷେତ୍ରରେ ଶରତଚନ୍ଦ୍ର ଚଟ୍ଟୋପାଧ୍ୟାୟ ସେହିପରି ଏକ ଏକ ଗୌରବୋଜ୍ଜ୍ୱଳ ଉଦାହରଣ। ତେବେ ସମସ୍ତ ସୁଯୋଗ୍ୟ ପ୍ରତିଭାଙ୍କ ପ୍ରତି ଉକ୍ତ ନୋବେଲ

ସମ୍ମାନ ଅର୍ପିତ ହେବା କଣ ସମ୍ଭବ? ଆଉ ଏହି ସମ୍ମାନ ଲାଭ କରିନପାରିଲେ କାହାର ପ୍ରତିଭା ନିଷ୍ପ୍ରଭ ହୋଇଯିବାର କୌଣସି ଆଶଙ୍କା ରହିଛି କି? ବିଶ୍ୱ ସାହିତ୍ୟ ପ୍ରତି ଦୃଷ୍ଟି ନିକ୍ଷେପ କଲେ ଋଷିୟ କଥାଶିଳ୍ପୀ ଋଷି ପ୍ରତିମ ଲିଓ ଟଲଷ୍ଟୟ ଯେ ନୋବେଲ ପୁରସ୍କାର ପାଇନାହାନ୍ତି, ଏଥିପାଇଁ ତାଙ୍କର କୌଣସି ଅବମାନନା କେହି କରିପାରିବାର କ୍ଷମତା ନାହିଁ। ମହାତ୍ମାଗାନ୍ଧୀଙ୍କ ପରି ଶାନ୍ତି ଓ ଅହିଂସାର ଶ୍ରେଷ୍ଠ ବାର୍ତ୍ତାବହ ଓ ସାଧକ, ଶ୍ରୀ ଅରବିନ୍ଦଙ୍କ ପରି ମହାଯୋଗୀ ଓ ମହାକବି, ନୋବେଲ ପୁରସ୍କାରର ବିଚାର ପରିସର ମଧ୍ୟକୁ କିପରି ଆସିଛନ୍ତି ବା ଆସିପାରିନାହାନ୍ତି, ତାହା ଅନୁସନ୍ଧାନ ସାପେକ୍ଷ। ତାହା ବୋଲି ଏହି ବିସ୍ମୟକର ବିଭୂତିମାନଙ୍କ ଶକ୍ତି - ପ୍ରଭା କେବେ ହେଲେ ମଳିନ ପଡ଼ିଯିବା ସମ୍ଭବ ନୁହେଁ।

ଯେକୌଣସି ଏକ ପୁରସ୍କାର ଯେତେବେଳେ ଜଣକ ପ୍ରତି ଉଦ୍ଦିଷ୍ଟ ହୋଇ ଅର୍ପଣ କରାଯାଏ, ତାହା ତାଙ୍କର ଏକାନ୍ତ ବ୍ୟକ୍ତିଗତ ସଫଳତା ବୋଲି ନିର୍ଣ୍ଣିତ ହେବା ଦ୍ୱାରା ଅବସୋସର ଅସଂଖ୍ୟ ତରଙ୍ଗମାଳା ସୃଷ୍ଟି ହେବା ସ୍ୱାଭାବିକ। ରବୀନ୍ଦ୍ରନାଥଙ୍କୁ ନୋବେଲ ପୁରସ୍କାର ପ୍ରଦାନ କରିବା ହେଉଛି ଏହି ଲେଖକର ବିନମ୍ର ଉପଲବ୍ଧି ଅନୁସାରେ ଏକ ସାଂକେତିକ ଘଟଣା ମାତ୍ର। ରବୀନ୍ଦ୍ରଙ୍କୁ ସମ୍ମାନିତ କରିବାର ଅର୍ଥ ହେଉଛି ଯେ, ଭାରତୀୟ ଚେତନାର ଦିବ୍ୟ ତଥା ଶାଶ୍ୱତ କଳା-ସୃଜନ ପ୍ରତି ଏକ ବିଶ୍ୱସ୍ତରୀୟ ଆନ୍ତରିକ ସ୍ୱୀକୃତି ମାତ୍ର। ପୁରସ୍କାର ତେଣୁ ବ୍ୟକ୍ତିନାମରେ ଦିଆଯାଏ ସିନା, କିନ୍ତୁ ନିର୍ଦ୍ଦିଷ୍ଟ ଶରୀରଧାରୀ କୌଣସି ବ୍ୟକ୍ତି-ସତ୍ତା ପ୍ରତି ଏହା ଅଭିପ୍ରେତ ନୁହେଁ। ବରଂ ଏହା ହେଉଛି ଏକ ସୁନିର୍ଦ୍ଦିଷ୍ଟ ମାନବବାଦୀ ଚିନ୍ତନ ଓ ଶୁଭାକାଂକ୍ଷାର କଳାତ୍ମକ ଅଭିବ୍ୟକ୍ତି ପ୍ରତି ଏକ ହାର୍ଦ୍ଦିକ ସମର୍ଥନ।

ନୋବେଲ କମିଟିର ବିଚାରକମାନଙ୍କ ଚୂଡ଼ାନ୍ତ ନିଷ୍ପତ୍ତିରେ ଅନେକ ସମୟରେ ପକ୍ଷପାତିତାର ଅଭିଯୋଗ ହୋଇଛି। ନୋବେଲଠାରୁ ଆରମ୍ଭ କରି ରାଜ୍ୟ ସ୍ତରୀୟ କୌଣସି ପୁରସ୍କାର ବିବାଦ ମୁକ୍ତ ଅଥବା ସନ୍ଦେହମୁକ୍ତ ଯେ ନୁହନ୍ତି ଏହା ବାରମ୍ବାର ପ୍ରମାଣିତ ମଧ୍ୟ ହୋଇସାରିଛି। ଉଚ୍ଚମାନର ପ୍ରତିଭା ସଂପନ୍ନ ଲେଖକମାନଙ୍କ କୃତିକୁ ଉପେକ୍ଷା କରାଯାଇ ନ୍ୟୁନମାନର ପୁସ୍ତକକୁ ମଧ୍ୟ ପୁରସ୍କୃତ କରାଯିବାର ଦୃଷ୍ଟାନ୍ତ କମ୍ ନୁହେଁ। ତେବେ ଏସବୁ ସତ୍ତ୍ୱେ ଯେଉଁମାନେ ଉଚ୍ଚତର ଚେତନାର ସାହିତ୍ୟଶିଳ୍ପୀ, ସେମାନେ ସମସ୍ତେ ଯେ ଅବହେଳିତ ବା ଉପେକ୍ଷିତ ହୋଇଛନ୍ତି ତାହା ମଧ୍ୟ ସତ୍ୟ ନୁହେଁ। ଅର୍ଥାତ୍ ସମସ୍ତ ପକ୍ଷପାତିତା, ଅବିଚାର ସତ୍ତ୍ୱେ ଏପରି ଲେଖକ ଲେଖିକାମାନଙ୍କ ମଧ୍ୟରୁ ଅନେକଙ୍କୁ ଶ୍ରେଷ୍ଠ ପୁରସ୍କାର ଅର୍ପିତ ହୋଇପାରିଛି। ତେଣୁ ଏହି ଯେଉଁ ବିଚାରକ ମଣ୍ଡଳୀଙ୍କ ଗୁଣଗ୍ରାହୀତା ଓ ନିରପେକ୍ଷତା ଉଚ୍ଚକୋଟୀର ଲେଖକ ଲେଖିକାଙ୍କୁ ପୁରସ୍କାର ପ୍ରଦାନ ସକାଶେ ମନୋନୀତ

କରିପାରିଛି, ତାହାକୁ ଉଦାର ଓ ବ୍ୟାପକ ଦୃଷ୍ଟିକୋଣରୁ ବିଚାର କରିବାର ଆବଶ୍ୟକତା ଏକାନ୍ତ ବାଞ୍ଛନୀୟ।

ଶ୍ରୀଯୁକ୍ତ ମନୋଜ ଦାସଙ୍କୁ ଯେତେବେଳେ 'ଧୂମ୍ରାଭ ଦିଗନ୍ତ ଓ ଅନ୍ୟାନ୍ୟ କାହାଣୀ' ସକାଶେ ଶାରଳା ପୁରସ୍କାର ପ୍ରଦାନ କରାଯାଇଥିଲା, ସେ ସମୟରେ ସମ୍ବର୍ଦ୍ଧନାର ଉତ୍ତର ଦେଇ ମନୋଜ ଦାସ କହିଥିଲେ ଯେ, 'ମୋ ବ୍ୟକ୍ତିତ୍ୱର ଯେଉଁ ଅଂଶଟି ଏହି ଗଳ୍ପରଚନା କରିପାରିଛି, ସେହି ସୃଜନଶୀଳ ସତ୍ତାଟିକୁ ହିଁ ଆପଣମାନେ ପୁରସ୍କୃତ କରିଛନ୍ତି। ମୋତେ ନୁହେଁ।' ଏପରି ଏକ ଦୃଷ୍ଟାନ୍ତର ଉପସ୍ଥାପନ କରିବାର ଅର୍ଥ ହେଉଛି ଯେ, ପୁରସ୍କାର ବ୍ୟକ୍ତିକୁ ନୁହେଁ, ତାହାର ସୃଜନ-ଶକ୍ତିକୁ ହିଁ ପ୍ରଦତ୍ତ ହୋଇଥାଏ।

ସେହି ଦୃଷ୍ଟିରୁ ଦେଖିଲେ ରବୀନ୍ଦ୍ରନାଥଙ୍କ ନୋବେଲ ପୁରସ୍କାର ପ୍ରାପ୍ତି ତାଙ୍କ ବ୍ୟକ୍ତିଗତ ସଂପତ୍ତି ଅନ୍ତର୍ଭୁକ୍ତ ବୋଲି କୁହାଯାଇପାରିବ ନାହିଁ। 'ଗୀତାଞ୍ଜଳି'କୁ ନୋବେଲ ପୁରସ୍କାର ପ୍ରଦାନ କରିବାର ପ୍ରକୃତ ଅର୍ଥ ଯେ ଅତ୍ୟନ୍ତ ବ୍ୟାପକ, ଏହା ସହୃଦୟ ପାଠକଙ୍କୁ ବୁଝାଇବାର ଆବଶ୍ୟକତା ପଡ଼େ ନାହିଁ। ବ୍ୟକ୍ତିକୁ ନୁହେଁ ନୋବେଲ ପୁରସ୍କାର ଅର୍ପିତ ହୋଇଛି ଏକ ଆଲୋକଦୀପ୍ତ ଉଚ୍ଚତର ଚେତନା ଉଦ୍ଦେଶ୍ୟରେ। ଏହାର ନିଗୂଢ଼ ଅର୍ଥ ହେଲା ଯେ, ଭାରତ ବର୍ଷରେ ଯେଉଁମାନେ ରବୀନ୍ଦ୍ରଙ୍କ ପରି ମୌଳିକ ଚେତନାରେ ଭାସ୍ୱର, ସେ ସମସ୍ତଙ୍କ ପ୍ରତି ଏହା ଏକ ଅନୁଚ୍ଚାରିତ ଉପହାର। ସେହି ବିଶାଳ ଆୟତନର ଚେତନା ବଳୟ ମଧ୍ୟରେ ଅନ୍ତର୍ଭୁକ୍ତ ବଙ୍କିମଚନ୍ଦ୍ର, ଶରତଚନ୍ଦ୍ର, ପ୍ରେମଚନ୍ଦ, ଫକୀରମୋହନ, ଆଉ ସ୍ୱଭାବକବି ଗଙ୍ଗାଧର ଓ ସେମାନଙ୍କ ସମକକ୍ଷ ଅନ୍ୟ ଉଚ୍ଚ-ଭାବନା-ସମ୍ପନ୍ନ ସ୍ରଷ୍ଟା ବୃନ୍ଦ।

'ଗୀତାଞ୍ଜଳି'ରେ ପ୍ରତିଫଳିତ ଭାରତୀୟ ଚିରନ୍ତନ ଭାବଧାରାକୁ ଯଦି ଶ୍ରେଷ୍ଠ ପୁରସ୍କାର ପ୍ରାପ୍ତ ହୋଇପାରିଲା, ତା' ହେଲେ ବ୍ୟାପକ ଅର୍ଥରେ ଆମକୁ ବୁଝିନେବାକୁ ପଡ଼ିବ ଯେ, ସ୍ୱଭାବ କବିଙ୍କ ଅମ୍ଳାନ ସାହିତ୍ୟ ସଂପଦ ପ୍ରତି ଏହା ଅର୍ପିତ ହୋଇଥିବା ଏକ ଅଦୃଶ୍ୟ ଅଥଚ ଉଚ୍ଛ୍ୱସିତ ଅଭିନନ୍ଦନ। ଗଙ୍ଗାଧର ନୋବେଲ ପୁରସ୍କାର ପାଇନାହାନ୍ତି ବୋଲି ଏ କ୍ଷେତ୍ରରେ ଦୁଃଖ କରିବା ନିଷ୍ପ୍ରୟୋଜନ। କାରଣ ତାଙ୍କର ପ୍ରତିଭାର ଯାହା ସୂକ୍ଷ୍ମ-ସ୍ପନ୍ଦନ, ତାହା ରବୀନ୍ଦ୍ରଙ୍କ ମାଧ୍ୟମରେ ଲାଭ କରିସାରିଛି ଉପଯୁକ୍ତ ସମ୍ମାନ। ଯିଏ ରବୀନ୍ଦ୍ର, ସିଏ ଗଙ୍ଗାଧର। ଜଣେ ବିଖ୍ୟାତ ହୋଇପାରନ୍ତି ବିଶ୍ୱକବି ଭାବରେ, ଜଣେ ସ୍ୱଳ୍ପ-ଖ୍ୟାତ ହୋଇ ରହିପାରନ୍ତି ଓଡ଼ିଶାର ପରିସୀମା ମଧ୍ୟରେ। କିନ୍ତୁ ଏହି ସୁଖ୍ୟାତିର ପରିସରକୁ ନେଇ ପ୍ରତିଭାର ପରିଚର୍ଚ୍ଚା କରାହୁଏ ନାହିଁ। ଯିଏ ଯେଉଁଠି ଜନ୍ମ ନେଇଥାଆନ୍ତୁ ନା କାହିଁକି, ଯିଏ ଯେତିକି ପରିସରରେ ପରିଚିତ ଓ ପ୍ରତିଷ୍ଠିତ ହୋଇ ରହିଥାଆନ୍ତୁ ନା କାହିଁକି, ତାଙ୍କର ଚେତନା ଉଦ୍ଦେଶ୍ୟରେ ନିଶ୍ଚୟ ହୋଇପାରିବ ଶ୍ରଦ୍ଧା ଓ ଶୁଭେଚ୍ଛାର

ଆବେଗ ବର୍ଷଣ। ସମଗ୍ର ପଶ୍ଚିମ ବଂଗରେ ରବୀନ୍ଦ୍ରନାଥଙ୍କ ଜୟନ୍ତୀ ଅପୂର୍ବ ଉଲ୍ଲାସ ଉଚ୍ଛ୍ୱାସ ସହକାର ଯେପରି ପାଳିତ ହୁଏ, ଗଙ୍ଗାଧରଙ୍କ ଶୁଭ ଜନ୍ମ ବାର୍ଷିକୀ ସେହିପରି ସୁନିର୍ମଳ ଆଉ ସ୍ୱଚ୍ଛ ଅନୁରାଗର ସହିତ ପଶ୍ଚିମ ଓଡ଼ିଶାରେ ତଥା ଓଡ଼ିଶା ରାଜ୍ୟର ବିଭିନ୍ନ ସ୍ଥାନରେ ଅନୁଷ୍ଠିତ ହୁଏ, ଯାହାର ସମ୍ବାଦ ଖବର କାଗଜରେ ପ୍ରକାଶ କରିବା ପାଇଁ ସ୍ଥାନ ନିଅଣ୍ଟ।

ରବୀନ୍ଦ୍ରନାଥଙ୍କ ସ୍ଥାନରେ ଗଙ୍ଗାଧର ନୋବେଲ-କୀର୍ତ୍ତି ଅର୍ଜନ କରିଛନ୍ତି ବୋଲି ଚିନ୍ତନ କରିବା ଦ୍ୱାରା କୌଣସି ସାହିତ୍ୟ ସ୍ରଷ୍ଟାଙ୍କୁ ନ୍ୟୂନ ବିଚାର କରିବା ଓ ତାଙ୍କ ପ୍ରତି ଅବିଚାର ହୋଇଛି ବୋଲି ଅଭିଯୋଗ ବା ଅଭିମାନ ପ୍ରକାଶ କରିବା, ସାହିତ୍ୟିକ ବିଚାର-ବୋଧ ଓ ଶାଳୀନତାର ଅଭାବକୁ ହିଁ ଇଙ୍ଗିତ କରେ। ଆମେ ଅସନ୍ତୁଷ୍ଟ, ଅତୃପ୍ତ, ଅପୂର୍ଣ୍ଣ ନୋହୁଁ। ଆମେ ଚାହୁଁ ପୂର୍ଣ୍ଣତା ଆଉ କୃତଜ୍ଞତା। ରବୀନ୍ଦ୍ର ତେଣୁ ପୁରସ୍କାର ଲାଭ କରିବାରେ ଆମେ ନିଜକୁ ରବୀନ୍ଦ୍ର ଜ୍ଞାନ କରିବା ଓ ଗଙ୍ଗାଧର ହୋଇ ପରିପୂର୍ଣ୍ଣତା ପ୍ରାପ୍ତିର ଆନନ୍ଦରେ ନିମଜ୍ଜିତ ହେବାରେ ଅସୁବିଧା କେଉଁଠି ?

■

ସହାୟକ ଗ୍ରନ୍ଥସୂଚୀ

ଓଡ଼ିଆ

୧. କୃଷ୍ଣ କୃପାଳିନୀ, ରବୀନ୍ଦ୍ରନାଥ ଠାକୁର। (ଅନୁବାଦ-ବସନ୍ତ କୁମାର ପଣ୍ଡା), ନ୍ୟାସନାଲ ବୁକ୍ ଟ୍ରଷ୍ଟ, ଇଣ୍ଡିଆ, ୧୯୯୯।

୨. ଘୋଷ ଶିଶିର କୁମାର, ରବୀନ୍ଦ୍ରନାଥ ଠାକୁର। (ଅନୁବାଦ- ବିନୋଦ ଚନ୍ଦ୍ର ନାୟକ), ପ୍ରଥମ ପ୍ରକାଶ, ସାହିତ୍ୟ ଏକାଡେମୀ, ନୂଆଦିଲ୍ଲୀ-୧, ୧୯୯୭।

୩. ଦାଶ ଦେବେନ୍ଦ୍ର କୁମାର, ଗଙ୍ଗାଧର: କବିତା ଓ କବିଆତ୍ମା। ପ୍ରଥମ ସଂସ୍କରଣ, ପ୍ରଗତି ଉତ୍କଳ ସଂଘ, ରାଉରକେଲା, ୧୯୯୫।

୪. ଦାସ ଚିତ୍ତରଂଜନ, ରବୀନ୍ଦ୍ର କତିପୟ, ପ୍ରଥମ ପ୍ରକାଶ, ପଥିକ ପ୍ରକାଶନୀ, ଭୁବନେଶ୍ୱର-୨୫, ୨୦୦୯।

୫. ଠାକୁର ରବୀନ୍ଦ୍ରନାଥ, ନିବନ୍ଧମାଳା। (ଅନୁବାଦ-ଚିନ୍ତାମଣି ବେହେରା), ପ୍ରଥମ ସଂସ୍କରଣ, ଗ୍ରନ୍ଥମନ୍ଦିର। ୧୯୭୭।

୬. ଠାକୁର ରବୀନ୍ଦ୍ରନାଥ, ଏକୋତ୍ତରଶତୀ (ଅନୁବାଦ- ସଚ୍ଚିଦାନନ୍ଦ ରାଉତରାୟ), ପ୍ରଥମ ପ୍ରକାଶ, ସାହିତ୍ୟ ଏକାଡେମୀ, ରବୀନ୍ଦ୍ର ଭବନ, ୩୫ ଫିରୋଜ ସାହା ରୋଡ଼, ନୂଆଦିଲ୍ଲୀ-୧, ୧୯୭୫।

୭. ଠାକୁର ରବୀନ୍ଦ୍ରନାଥ, ଏକୋଇଶଟି ଗଳ୍ପ (ଅନୁବାଦ- କାଳିନ୍ଦୀ ଚରଣ ପାଣିଗ୍ରାହୀ), ଚତୁର୍ଥ ମୁଦ୍ରଣ, ସାହିତ୍ୟ ଏକାଡେମୀ, ନୂଆଦିଲ୍ଲୀ-୧। ୧୯୯୪।

୮. ଠାକୁର ରବୀନ୍ଦ୍ରନାଥ, ଗୀତାଞ୍ଜଳି (ଅନୁବାଦ- ନୀଳଲୋହିତ ସିଂହଦେବ), ପ୍ରଥମ ପ୍ରକାଶନ, ଲିପିକା, ପୁରୀ-୫୦। ୨୦୧୩।

୯. ଠାକୁର ରବୀନ୍ଦ୍ରନାଥ, ଗୀତାଞ୍ଜଳି (ଅନୁବାଦ-ହରପ୍ରସାଦ ଦାସ), ପ୍ରଥମ ସଂସ୍କରଣ, ଫ୍ରେଣ୍ଡସ୍ ପବ୍ଲିଶର୍ସ, ବିନୋଦ ବିହାରୀ, କଟକ-୨। ୨୦୦୪।

୧୦.ଠାକୁର ରବୀନ୍ଦ୍ରନାଥ, ଶିକ୍ଷା ମନୁଷ୍ୟର ଧର୍ମ (ଅନୁବାଦ-ଚିତ୍ତରଂଜନ ଦାସ), ଦ୍ୱିତୀୟ ପ୍ରକାଶ, ଶିକ୍ଷାସନ୍ଧାନ, ଭୁବନେଶ୍ୱର। ୨୦୧୨।

୧୧.ମେହେର ଗଙ୍ଗାଧର, ସ୍ୱଭାବକବି ଗଙ୍ଗାଧର ଗ୍ରନ୍ଥାବଳୀ (ସଂପାଦନା- ଡ. ମଣୀନ୍ଦ୍ର କୁମାର ମେହେର)। ପ୍ରଥମ ସଂପୂର୍ଣ୍ଣ ସଂସ୍କରଣ, ଗ୍ରନ୍ଥମନ୍ଦିର, କଟକ-୨।୧୯୯୮

୧୨.ମେହେର ଭଗବାନ, ପିତୃପ୍ରସଙ୍ଗ (ସଂପାଦନା-ଡ. ମଣୀନ୍ଦ୍ର କୁମାର ମେହେର)। ପରିବର୍ଦ୍ଧିତ ଓ ପରିମାର୍ଜିତ ନୂତନ ସଂସ୍କରଣ; ଓଡ଼ିଶା ବୁକ୍ ଷ୍ଟୋର, ବିନୋଦ ବିହାରୀ, କଟକ-୨। ୨୦୧୧

୧୩. ମେହେର ମନୋରଂଜନ, ଅମୃତ-ସାଗର-ବିନ୍ଦୁ, ପ୍ରଥମ ସଂସ୍କରଣ, ମା ପ୍ରକାଶନୀ, ବରଗଡ଼, ୨୦୦୦।

ବଙ୍ଗଳା

୧. ଠାକୁର ରବୀନ୍ଦ୍ରନାଥ, ଗୀତାଞ୍ଜଳି। ନୂତନ ସଂସ୍କରଣ, ବିଶ୍ୱଭାରତୀ ଗ୍ରନ୍ଥାଳୟ, ୨ ବଙ୍କିମ ଚଟୋପାଧ୍ୟାୟ ଷ୍ଟ୍ରୀଟ, କଲିକତା, ୧୩୬୫।

୨. ଠାକୁର ରବୀନ୍ଦ୍ରନାଥ, ସାହିତ୍ୟେର ସ୍ୱରୂପ। ପୁନର୍ମୁଦ୍ରଣ, ବିଶ୍ୱଭାରତୀ, କଲିକତା-୧୭, ୧୯୮୬।

୩. ଠାକୁର ରବୀନ୍ଦ୍ରନାଥ, ବିଚିତ୍ରା। ପରବର୍ତ୍ତୀ ସଂସ୍କରଣ, ବିଶ୍ୱଭାରତୀ ଗ୍ରନ୍ଥବିଭାଗ, କଲିକତା-୭। ୧୩୭୮।

ପତ୍ରିକା

ବଙ୍ଗଳା

୧. ଦେଶ। ଡିସେମ୍ବର, ୧୯୮୮।

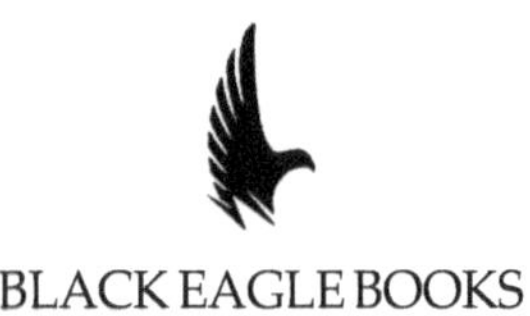

www.blackeaglebooks.org
info@blackeaglebooks.org

Black Eagle Books, an independent publisher, was founded as a nonprofit organization in April, 2019. It is our mission to connect and engage the Indian diaspora and the world at large with the best of works of world literature published on a collaborative platform, with special emphasis on foregrounding Contemporary Classics and New Writing.

www.ingramcontent.com/pod-product-compliance
Lightning Source LLC
Chambersburg PA
CBHW031349060726
47590CB00007B/2701

* 9 7 8 1 6 4 5 6 0 2 7 9 8 *